Alexander von Schönburg

Alles, was Sie schon immer über Könige wissen wollten, aber nie zu fragen wagten

♛

Rowohlt · Berlin

1. Auflage Oktober 2008
Copyright © 2008 by
Rowohlt · Berlin Verlag GmbH, Berlin
Alle Rechte vorbehalten
Lektorat Susann Rehlein
Satz aus der Janson Text PostScript (InDesign)
bei KCS GmbH, Buchholz bei Hamburg
Druck und Bindung CPI – Clausen & Bosse, Leck
Printed in Germany
ISBN 978 3 87134 604 0

♛

Für Irina

INHALT

Es war einmal …
11

Kapitel eins
Wie redet man Könige an?
27

Kapitel zwei
Wie wird man König?
37

Kapitel drei
Wie wachsen Könige auf?
50

Kapitel vier
Warum darf ein König nicht allzu klug sein?
65

Kapitel fünf
Und warum sitzt ein König auf einem Thron?
82

Kapitel sechs
Warum tragen Könige eigentlich Kronen?
90

Kapitel sieben
Gibt es unter Königen Rangunterschiede?
106

Kapitel acht
Müssen Könige unbedingt im Palast wohnen?
119

Kapitel neun
Was tun Royals, wenn sie «unter sich» sind?
129

Kapitel zehn
Warum machen Könige so ein Brimborium?
142

Kapitel elf
Sind Könige auch beim Sex höflich?
153

Kapitel zwölf
Wie angelt man sich einen Kronprinzen?
164

Kapitel dreizehn
Was hat die Queen in ihrer Handtasche?
(Und andere royale Geheimnisse)
174

Kapitel vierzehn
Warum haben Könige keine Kreditkarten?
190

Kapitel fünfzehn
Warum haben Könige Pferde lieber als Menschen?
198

Kapitel sechzehn
Dürfen Könige eine politische Meinung haben?
206

Kapitel siebzehn
Wie hat ein König zu sterben?
215

Und wenn sie nicht gestorben sind …
241

Kurze Kunde europäischer Herrscherhäuser
259

Statt einer Bibliographie
266

Bildnachweis
272

Es war einmal ...

Queen Mary, die Großmutter der jetzigen Königin von England, eine geborene Prinzessin von Teck, hatte eine seltsame Angewohnheit. Immer wenn sie sich nach dem Befinden eines ihrer Untertanen erkundigte, fragte sie: «Wie geht es Ihrer armen Mutter?» Oder: «Wie geht es Ihrer armen Tochter?» Sie benutzte das Adjektiv «arm» so häufig, dass man sich bei Hofe fragte, was genau sie damit wohl meinte. Dabei ist die Sache ganz einfach: Arm, im Sinne von Queen Mary, war schlicht jeder, der nicht königlicher Herkunft war. Wie recht sie doch hatte! Bei meinem ersten Zusammentreffen mit Königin Elisabeth II. musste auch ich das einsehen. Es war am Vorabend der Hochzeit von Prinz Edward mit Sophie Rhys-Jones. Edward erhob als jüngster Sohn der Queen keinen Anspruch auf einen Staatsakt, und die Royals waren vermutlich erleichtert, dass man diese Hochzeit als Familienfest feiern durfte. Es waren auch eine Handvoll deutscher Verwandter nach Windsor eingeladen. Darunter die Großnichte der Queen, Prinzessin Irina von Hessen, und der seit ein paar Wochen mit ihr verheiratete Mann, ein Journalist. Ich. Als Journalist bei Familienfeiern auf Schloss Windsor dabei sein zu dürfen ist ungewöhnlich.

Eher erhält ein Lude aus St. Pauli eine Einladung zum Tee beim Papst. Es gibt wohl keinen Berufsstand, der in Windsor eine derart uneingeschränkte Geringschätzung genießt wie der des Reporters. Eine besonders dezidierte Meinung zum Thema Journalismus hat Irinas Großonkel Prinz Philip. Als ihm bei einem Besuch in Gibraltar der berühmte Affenfelsen gezeigt wurde, sagte er, so laut, dass ihn die ganze Horde der ihn belagernden Presse-Fotografen hören konnte: «Also, welche sind nun die Affen und welche die Reporter?» Bei einem Staatsbesuch in Pakistan stürzte ein Paparazzo von einer hohen Leiter, der von dort oben einen besseren Winkel für seine Fotos hatte haben wollen. Philips zartfühlender Kommentar: «Hoffentlich hat er sich das Genick gebrochen.»

Ich werde mich also hüten, nun die schlimmsten Befürchtungen meiner großzügigen Gastgeber zu bestätigen, indem ich Einzelheiten meines Aufenthalts in Windsor ausbreite. Eine solche Verletzung des Inner Sanctums kann die schwerwiegendsten Folgen nach sich ziehen. In einem der folgenden Kapitel werde ich erzählen, was mit denen geschah, die das gewagt haben. Hier will ich nur schildern, wie es *mir* ergangen ist, wie es in *mir* aussah, als ich mich plötzlich inmitten der englischen Königsfamilie wiederfand. Sich an einem Königshof zu bewegen verlangt äußerste Konzentration, ständig ist man darauf bedacht, ja nicht das Falsche zu tun, das Falsche zu sagen. Jede Bewegung, jeder Atemzug ist kontrolliert, man möchte ja niemandem missfallen, alle Nerven und Sinne sind darauf ausgerichtet, in einem fort das Verhalten der anderen Höflinge zu deuten, von morgens bis abends befindet man sich in einer ständigen Habt-Acht-Stellung. Das alles ist sehr, sehr anstrengend.

Gleich am ersten Abend in Windsor wurde ich neben die Königin platziert. Offenbar wollte die Queen den Mann ihrer Großnichte begutachten. Sie ist in der seltsamen Lage, dass sie außerhalb ihrer Familie so gut wie nie jemandem begegnet, der in ihrer Gegenwart unverkrampft ist. Eine ihrer Hofdamen erzählte mir später, dass sie sich über die Jahre an die kuriosesten Reaktionen hat gewöhnen müssen. Selbst mächtige Staatsmänner stottern plötzlich, wenn sie vor ihr stehen, andere sagen aus lauter Verlegenheit Sachen, für die sie sich im Nachhinein jahrelang schämen. Glücklicherweise gehört es zu den ureigenen royalen Tugenden, anderen Menschen möglichst rasch jede Verlegenheit zu nehmen und sie, wenn nötig, aus peinlichen Situationen zu retten. Als General de Gaulle kurz vor dem Ende seiner Amtszeit einmal mit seiner Frau Yvonne bei einem Abendessen in Windsor war, fragte jemand Madame de Gaulle quer über den Tisch, worauf in ihrem Ruhestand sie sich besonders freue. Madame de Gaulle antwortete – und hier muss man sich jetzt bitte einen sehr starken französischen Akzent dazudenken: «Ä penis!» Stille. Blankes Entsetzen. Selbst die Diener blieben verdattert stehen. Bis die junge Queen die Situation rettete und übersetzte, was Madame de Gaulle in ihrem gebrochenen Englisch zu sagen versucht hatte: «Ah, happiness.»

NÄCHSTE SEITE: *Die Hochzeit von Prinz Edward von Großbritannien mit Sophie Rhys-Jones im Juni 1999. Mit gutem Auge sieht man Irina und mich in der letzten Reihe (Vierter und Fünfte von rechts).*

Als ich nun neben der Queen saß, war das Gefühl, vor dem Jüngsten Gericht zu stehen, dank der vor dem Essen gereichten Dry-Martini-Cocktails einem gewissen Übermut gewichen. Ich war redebereit. Aber worüber redet man eigentlich mit der Königin von England zwischen Vor- und Hauptspeise? Die Antwort: erst mal über gar nichts. Ich saß in meinem uralten, aber freundlicherweise von einem königlichen Diener aufgebürsteten Smoking neben ihr und wartete darauf, dass die Königin mich eines Wortes würdigte. Oder wenigstens eines Blickes! Doch das geschah nicht. Ich war Luft für sie. Was ich nicht wusste (das hätte mir vorher ruhig jemand sagen können!): Die Konversation am englischen Hof gehorcht anderen Gesetzen als auf dem Kontinent. Während man auf dem europäischen Festland möglichst mühelos abwechselnd mit seinem rechten und dem linken Tischnachbarn redet, ist es hier üblich, dass man die erste Hälfte des Essens mit seinem Nachbarn auf der rechten und die zweite Hälfte des Essens mit seinem Nachbarn auf der linken Seite plaudert. Ich saß an der linken Seite der Queen. Als sie sich mir endlich zugewandt hatte, befand ich mich bereits in einer Art Schockstarre. An genaue Details unserer Unterhaltung kann ich mich daher beim besten Willen nicht erinnern.

Ein Erlebnis der apokalyptischen Art war auch die Dreiviertelstunde, zu der ich ein andermal als Tischherr der Princess Royal, also der ältesten Tochter der Queen, verurteilt war. Auch bei Anne stehen Journalisten auf dem Speiseplan ganz oben. Überhaupt gilt sie nicht gerade als Menschenfreund. Ihr Vater hat einmal über sie gesagt, dass die einzigen Wesen, für die Anne etwas übrighat, Heu kauen, vier Beine haben und furzen. Ich blickte meiner Tischkonversation mit Prinzessin Anne also mit der Entschlossenheit eines Menschen entgegen, der nichts zu verlieren hat. Das Ergebnis war ein entzückender Abend, was – wenn von Begegnungen mit der Princess Royal die Rede ist – einfach bedeutet, ohne Blessuren überlebt zu haben. Meine Überlebensstrategie war: Ich habe ausschließlich über Pferde geredet.

Auch wenn ich an dieser Stelle der Versuchung widerstehe, meinen Abend in Windsor weiter auszubreiten, werde ich in diesem Buch nicht umhinkommen, manche Geheimnisse königlicher Hoheiten zu lüften. Und das, obwohl ich ahne, dass ich damit der Institution, die ich beschreibe, schade. Schließlich, so notierte bereits 1867 der große englische Staatsrechtler Walter Bagehot, macht «das Mysterium den Kern des Königtums aus, wir dürfen kein Tageslicht eindringen lassen». Wahrscheinlich können sich selbst eingefleischte Republikaner der Faszination, die Königshäuser ausüben, deshalb nicht entziehen, weil sie in unserer durch das Scheinwerferlicht der Fernsehkameras ausgeleuchteten Welt die letzten Institutionen sind, die noch über ein gewisses Mysterium verfügen. «Prominent» zu sein bedeutet heute schließlich überhaupt nichts mehr. In unserer Zeit der Rund-um-die-Uhr-Beschallung durch Sendungen, die jedem von uns versprechen, reich, berühmt und schön zu werden, und angesichts der unendlichen Selbstdarstellungsmöglichkeiten im Internet ist «prominent» sein heute wirklich nichts Außergewöhnliches mehr. Die Welt ist voller Berühmtheiten. Die einen sind dafür berühmt, dass sie reich sind, die anderen für ihre Schönheit, wieder andere für ihre Leistungen oder für ein Verbrechen; manche sind sogar fürs Berühmtsein berühmt. Die Royals sind die Einzigen, die ihren Ruhm schlicht und einfach ihrem Sein verdanken, die nichts tun müssen, um von einer unauslotbaren Bedeutung umgeben zu sein. Gerade in unserer Zeit der industrialisierten Plastik-Prominenz haben die verschlossenen Tore von Balmoral, Zarzuela und Fredensborg einen letzten, echten Reiz.

Nimmt dieser Reiz mit jedem Lichtstrahl ab, der das Innere der Paläste erhellt? Als Ende der sechziger Jahre der englische Dokumentarfilmer Richard Cawston den offiziellen Auftrag des Hofes erhielt, einen Film zu machen, der die Royals «als ganz normale Familie» porträtieren sollte, warnte Filmemacher Richard Attenborough ihn, mit diesem Film werde er der Monarchie schaden. Attenborough sprach mit der Autorität des Dokumentarfilmers, der etliche Filme über Naturvölker gedreht hatte. «Die ganze Institution der Monarchie», erklärte er, «basiert auf der Mystik des Häuptlings in seinem Häuptlingszelt. Sobald ein Mitglied des Stammes das Innere dieses Zeltes zu sehen bekommt, ist das System des Häuptlingswesens hinfällig – und der Stamm wird daran zugrunde gehen.»

Was nun, wenn ich auf den folgenden Seiten erzähle, wie Royals sind, wenn sie «unter sich» sind, oder wenn ich den Spitznamen verrate, mit dem die Königin von England von ihrer Familie bedacht wurde? Ist das eine Harmlosigkeit? Eine Indiskretion? Oder mehr? Die ägyptischen Pharaonen trugen stets zwei Namen. Einen, den das Volk kannte. Und einen Geheimnamen. Die Geschichtsschreibung weiß bis heute die Namen der alten Könige Siams nicht, so streng geheim wurden sie gehalten.

Sei's drum. Die Queen wird von ihren Vettern und Cousinen «Lillibet» genannt, ihr Mann hat das Vorrecht, sie «Sausage», Würstchen, zu nennen. Im alten Burma hätten mich diese zwei Zeilen den Kopf gekostet.

Doch die Zeiten ändern sich. Das zeigt schon der Raum, in dem ich diese Zeilen verfasse. Ich sitze an einem Schreibtisch aus Pressholz, der Fußboden ist aus Laminat. Die einzigen Einrichtungsgegenstände in diesem Raum sind der Schreibtisch, ein Schrank und ein Bett. Ich befinde mich in einem Fünfziger-Jahre-Anbau eines der größten und ältesten Klöster Europas, Stift Heiligenkreuz in Niederösterreich. Ich bin hierhergekommen, weil ich mir in den Kopf gesetzt hatte, den Grundriss dieses Buches in der berühmten Bibliothek des Stifts zu verfassen. Und zwar in deren prachtvollem barockem Goldenen Saal. Ich malte mir aus, wie ich diese Zeilen umgeben vom Geruch jahrhundertealter Bücher zu Papier bringen würde. Nun aber sitze ich in dieser Zelle in der Klausur der Mönche. Längere Aufenthalte in der Bibliothek ohne Atemschutzmaske sind untersagt, denn: Die Bestände sind seit einer Renovierung von Schimmelpilz befallen. Die einzigen Gäste, die sich derzeit ungehindert in der Bibliothek aufhalten, heißen Rhizopus stolonifer, Aspergillus glaucus und Botrytis cineria. Der einzige Geruch, der dort derzeit zu genießen ist, ist der von Terpentin. Die abertausend Bücher werden einzeln mit Terpentin gesäubert, bevor sie luftdicht verpackt und dann in ein Labor geschickt werden, wo die Pilze durch Bestrahlung ausgerottet werden sollen.

Ist nicht auch die Idee des Königtums von solchen Pilzen befallen? Glaubt heute noch jemand an die «Erhabenheit» von Königen? Glauben die Mitglieder der Königshäuser selbst noch daran? Es sind ja nicht so sehr die gelegentlichen Exzesse mancher Prinzen, die das Königtum gefährden. Bedrohlicher ist, dass die Könige selbst darauf erpicht zu sein scheinen, ihre eigene Banalisierung zu betreiben. Sie wollen möglichst gewöhnlich sein. Es ist nicht nur «Volksnähe», auf die sie aus sind. Sie wollen «sein» wie das Volk.

Im Juli 2007 wunderten sich die Leser der spanischen Illustrierten *Hola!* über Bilder ihrer Königsfamilie beim Sommerurlaub. Man hatte sich an von Paparazzi alljährlich mit Teleobjektiven aufgenommene Fotos gewöhnt, die die Königsfamilie an Bord ihrer Segelyacht «Bribon» zeigten. Plötzlich aber sah man König Juan Carlos und Königin Sophia es sich wie Hinz und Kunz aus Wuppertal an einem öffentlichen Strand bequem machen, stilecht mit in Alufolie gewickelten Butterbroten. Die Wirkung dieser Bilder war kalkuliert. Die Botschaft lautete: Seht, wir sind wie ihr!

Wenn der spanische Thronfolger Felipe und seine Frau Letizia Interviews geben, endet jeder zweite Satz mit «como todo el mundo», also mit der gebetsmühlenartigen Beteuerung, dass bei ihnen alles genauso ist «wie bei allen anderen Leuten» auch. Prinz Charles und seine Söhne geben Fernsehzeitschriften Interviews, in denen sie über ihre Kochgewohnheiten berichten, erzählen, wie sie Spiegeleier braten und dass sie gerne im Supermarkt einkaufen. Die holländische Königin fährt – demonstrativ – mit dem

Die PR-Berater im Buckingham-Palast sind bemüht, der Queen ein volksnahes Image zu geben. Im Übereifer zwang man die Monarchin sogar zu einem Besuch bei McDonald's.

Fahrrad durch die Hauptstadt, statt sich chauffieren zu lassen. Die Royals unserer Tage wollen mit aller Gewalt gewöhnlich wirken.

Verraten die Könige durch ihre Assimilierung an ihre Untertanen die einzige, die letzte wirklich unbestreitbare Aufgabe, die ihnen zukommt? Nämlich die, eben nicht gewöhnlich zu sein? Oder benötigt das Königtum all das um sie herum geschaffene Brimborium überhaupt nicht? Kann das Lüften des Schleiers, vor dem Attenborough warnte, dem Königtum womöglich gar nichts anhaben, weil ein König immer ein König bleibt, ganz gleich, ob er in vollem Staatsornat in einer Wolke von Weihrauch über uns thront oder in einer Küchenschürze in einer Kochsendung auftritt? Vielleicht ist das verschlossene Häuptlingszelt ja nicht zu seinem, sondern zu unserem Schutz da? Weil es uns hilft, das Mysterium zu ertragen? Oder ist vielleicht das Königtum, in dem der Monarch das Haupt und die Mitte des Staates darstellt, längst passé? Schon allein deshalb, weil so ein Königtum auf einem hierarchischen Weltverständnis fußt, das ebenfalls passé ist?

Wirkt es andererseits nicht ein wenig verspätet, am Anfang des 21. Jahrhunderts einen Nachruf auf das Königtum anzustimmen? Zu Beginn der letzten zwei Jahrhunderte hätte das jedenfalls sehr viel überzeugender geklungen. Man nehme das Jahr 1801: Frankreich hatte sich – nach über tausend Jahren ununterbrochener Tradition – der ältesten europäischen Erbmonarchie entledigt. In England brachte Georg III. seine Tage in einer Zwangsjacke zu. In Madrid regierte Karl IV., weil der eigentlich rechtmäßige König, sein älterer Bruder Philipp, offiziell für wahnsinnig erklärt worden war, in Kopenhagen herrschte Christian VII., der ein Faible dafür entwickelt hatte, die Möbel seines Palastes kurz und klein zu schlagen, und im Palast von St. Petersburg hauste Paul I. und hatte Spaß daran, die Teller durch den Speisesaal zu schleudern, um amüsiert zuzusehen, wie seine Diener eilig alles aufwischten. Der Anfang des 19. Jahrhunderts war ganz offensichtlich eine denkbar ungünstige Zeit, um sich überzeugend für den Erhalt der erblichen Monarchie starkzumachen.

Hundert Jahre später sieht es nicht viel besser aus. Das 19. Jahrhundert endete für Europas Königshäuser mit der Ermordung des russischen Zaren Alexander II. und Kaiserin Sissis von Österreich. Das 20. Jahrhundert begann mit dem Attentat auf Umberto I. von Italien. Wenige Jahre später ereilten Karl I. von Portugal und den König von Griechenland das gleiche Schicksal. Der Erste Weltkrieg wurde durch einen Chauffeur ausgelöst, der in Sarajevo eine falsche Abzweigung genommen hatte und unglücklicherweise seinen Wagen genau dort wendete, wo ein Attentäter mit einer halbautomatischen Pistole stand. Kurz darauf lagen in dem offenen Auto ein toter österreichischer Thronfolger und seine Frau, meine Urgroßtante.

Und heute? Ein paar wacklige Neo-Monarchien wie die griechische und die persische sind verschwunden, dafür stehen alle anderen so solide da wie seit 1789 nicht mehr. Zwar würde jeder ernsthafte Staatstheoretiker den Gedanken an einen mystisch-religiösen Kern der modernen Monarchie lächerlich finden, aber das nicht theoretisierende

Volk lebte unbeeindruckt in den Jahren der Diana-Manie seine Sehnsucht nach einer geradezu mittelalterlichen Königsidee aus: Besuchte sie ein Krankenhaus, wurden der Prinzessin von Wales kranke Kinder entgegengestreckt, damit sie sie berühre. All die handgefertigten Altäre, Abertausende Blumen und Bittgesuche an den Toren des Kensington-Palasts nach Lady Dianas Tod – bei ihrer Beerdigung die weltweit über drei Milliarden Menschen vor den Fernsehschirmen –, Symptome von Massenhysterie? Oder einer im Volk verwurzelten Sehnsucht?

Irgendetwas scheint dem Wesen des Königtums eigen zu sein, das es gegen die Verwerfungen der Moderne immun macht. Es ist ja fast schon ein Gemeinplatz, dass es nach über zweihundertjährigem Dauerbeschuss aus den Kanonen der Aufklärung, des Liberalismus, des Sozialismus, des Materialismus und unzähliger weiterer Ismen sowie nach jahrhundertelangen Mühen, sämtliche Geheimnisse der Welt zu lüften, eine Sehnsucht des modernen Menschen nach dem Numinosen, dem Unerklärbaren, dem Spirituellen gibt. Zweifellos profitiert das Königtum von dieser diffusen Sehnsucht.

Ich weiß nicht, ob es mir hier gelingt, alle Fragen zu beantworten, die sich mir gestellt haben, besonders wenn ich mich in so überaus bedeutende Regionen verirre wie die Sakralität des Königtums oder den Inhalt der Handtasche der Queen. Auch bitte ich um Nachsicht, falls meine Schilderungen manchmal etwas respektlos klingen. Ich würde dieses Buch nicht schreiben, hätte ich nicht eine gewisse Schwäche für Könige. Ich erinnere mich, wie aufgewühlt ich als neunjähriger Junge auf die Nachricht reagierte, dass beim Fest zum fünfzigsten Geburtstag meines Vaters der «König von Sachsen» da sein werde. Der erwartete Gast war natürlich kein König im strengen Sinne, sondern der Markgraf von Meißen, der König gewesen wäre, hätte Sachsen seine Monarchie behalten, aber das war mir egal. Ich war starr vor Ehrfurcht, als ich ihm dann endlich gegenüberstand, obwohl ich, ehrlich gesagt, auch ein wenig enttäuscht war, einen älteren, irgendwie unspektakulären Herrn ohne Krone und Zepter, dafür mit Krückstock, vor mir zu sehen.

Bei aller Schwäche für das Königliche muss ich aber auch zugeben, dass ich nicht ganz frei bin von jener antiroyalistischen Missgunst, die in meiner Klasse, also jener Schicht knapp unterhalb der königlichen Hoheiten, Tradition hat. Es wird ja gerne angenommen, der Adel hege eine besondere Sympathie für Könige. Dieses in bürgerlichen Kreisen verbreitete Klischee beruht auf einem klassischen Missverständnis. Viel typischer für den Hochadel ist dessen Feindseligkeit den Königshäusern gegenüber. In der europäischen Geschichte sind die Adeligen meist die schlimmsten Gegner der Könige gewesen. Wenn sich Kaiser und Könige bei Hofe mit hohen Adeligen umgaben und sie in Dienst nahmen, dann nicht, weil man den Adel schätzte oder ihm gar vertraute, sondern um die Gefahr, die von ihm ausging, zu zähmen und ihn wahlweise durch Gefälligkeiten und Belohnungen gefügig zu machen oder durch Demütigungen kleinzuhalten.

Man muss sich nur vor Augen führen, wie ein Vorfahre von mir, Fürst Michael Galitzin, von seiner Herrin behandelt wurde ... Er hatte Russlands Zarin Anna Iwanowna dadurch verärgert, dass er eine italienische Katholikin heiratete. Als die frühzeitig gestorben war, wir schreiben das Jahr 1740, zwang ihn die Zarin, ein weiteres Mal zu heiraten. Diesmal aber eine Dienstmagd, die zu allem Übel noch, schenkt man zeitgenössischen Beschreibungen Glauben, außergewöhnlich hässlich gewesen ist. Die Hochzeit, verkündete die Zarin, sollte das vollkommenste Spektakel werden, das Russland je gesehen hätte. Mein Ahne und die Magd wurden von einer gigantischen Prozession durch die Straßen St. Petersburgs begleitet, angeführt von Schweinen, Ziegen, Hunden und Kühen. Der kaiserliche Hofpoet war eigens mit einer Ode beauftragt worden, die den Titel «Jubel für das idiotische Hochzeitspaar» trug. Nach der Trauung wurden die beiden an den Ort ihrer Hochzeitsnacht geführt, einen gigantischen, eigens für den Anlass errichteten Eispalast. Die Zarin begleitete sie in das Innere des schmucken Kühlschranks, befahl ihnen, sich auszuziehen und auf einem aus Eis gehauenen Bett die Nacht zu verbringen. Die beiden überlebten diese Tortur nur knapp. Die Zarin amüsierte sich köstlich.

Ganz sicher bin ich nicht, wie mein Experiment ausfällt. Werde ich mit all dem, was ich über die Könige zusammentrage – den Legenden und dem Hintertreppenklatsch –, in meinem Herzen einen royalen Scherbenhaufen aufhäufen, oder werde ich ihnen ein Denkmal errichten? Ich bin gespannt.

Heiligenkreuz, im November 2007

> It's not easy being a Princess
> · *Aufschrift auf dem Lieblingskissen*
> *von Prinzessin Margaret*

Kapitel eins
WIE REDET MAN KÖNIGE AN?

*E*in Abendessen in Paris. Wir befinden uns in der alpinen Zone des europäischen Sozialgefälles. Madame Chirac, die Frau des ehemaligen Präsidenten, ist da, Lee Radziwill (die Schwester von Jackie O.), eine Handvoll Rothschilds, der Herzog von Marlborough, einer der vielen Brüder des saudischen Königs. Alles spricht also dafür, dass dies ein netter Abend wird.

Obwohl hier niemand ist, der sonderlich von Minderwertigkeitsgefühlen geplagt wird, ist eine gewisse Nervosität spürbar. Denn der Ehrengast des heutigen Abends ist die zurzeit vielleicht glamouröseste Monarchin der Welt. Rania von Jordanien. Vor ihrer Ankunft gibt die Gastgeberin einem jungen Rothschild noch ein paar Anweisungen.

«Eine kleine Marschorder für später», sagt sie, «die Königin legt keinen gesteigerten Wert darauf, besonders behandelt zu werden. Also bitte keine allzu tiefen Verneigungen. Ein simpler Handkuss genügt.»

Ob man im Umgang mit ihr etwas beachten müsse, will er wissen.

«Tja, ... nein, eigentlich nicht. Sie ist, wie gesagt, völlig unkompliziert. Allerdings müssen Sie wissen, dass die Königin sich über die geringfügigsten Kleinigkeiten aufregen kann. Also bitte etwas Vorsicht bei den Gesprächen.»

«Gibt es denn ein paar Anhaltspunkte? Ein Thema, das man besser umschiffen sollte?»

«Nein, nein, ich sagte doch, sie ist ganz unkompliziert, sehr aufgeschlossen, geradezu liebenswürdig. Manchmal kriegt sie halt etwas in den falschen Hals, da muss man eben ein bisschen aufpassen.»

«Aha, ich verstehe, aber wenn man nicht genau weiß ..., ich meine, dann ist es doch schwer, überhaupt etwas zu sagen. Ach, und übrigens: Wie rede ich sie eigentlich an?»

«Also, das wäre schon mal ein grober Fehler. Selbstverständlich warten Sie, bis Sie angesprochen werden!»

«Natürlich, natürlich. Also, wenn ich ihr gegenübersitze, mit übereinandergeschlagenen Beinen, einen Drink in der Hand ...»

Die Gastgeberin wird langsam nervös: «Mit übereinandergeschlagenen Beinen würde ich an Ihrer Stelle nicht dasitzen!»

Der junge Mann, inzwischen vollends verunsichert: «Vielleicht wäre es das Beste, ich würde gleich nach dem Essen verschwinden. Oder würde das unangenehm auffallen?»

«Nein, nein», sagt die Gastgeberin, «keineswegs.»

Ausgestattet mit diesen für den Umgang mit königlichen Hoheiten eigentlich universell geltenden Instruktionen, erwarten wir gespannt das Eintreffen Ihrer Majestät Rania Al-Abdullah, Königin von Jordanien, der Ehefrau des haschemitischen Herrschers und direkten Nachkommen des Propheten Mohammed, Abdullah II. bin Al-Hussein von Jordanien. Als sie endlich kommt, in einem hauchdünnen Chloé-Kleid, kaum Schmuck, dafür aber ein huldvolles Lächeln auf den Lippen und eine Hermès-Tasche unter dem Arm, lässt sie sich jeden Gast einzeln vorstellen. Als ich an der Reihe bin, murmele ich verlegen ein paar unverständliche Worte und verbringe den Rest des Abends in einer Art Trance.

Ich habe schon ein oder zwei wirklich schöne Frauen in meinem Leben gesehen. Aber Rania von Jordanien, that's a whole new ballgame, wie man in Brooklyn sagen würde. Die Frau hat Charme. Und klug ist sie auch noch. Und dann diese aufreizend unnahbare Art. Als einer der Dienstboten mit einem Tablett neben ihr auftaucht, gebraucht sie gerade mal zwei Finger, um ihn fortzuscheuchen.

Den jungen Rothschild, der den Großteil des Abends neben ihr klebt und sie anhimmelt, würdigt sie keines Blickes. Ich glaube, so etwas nennt man in Paris allure. Sagt man in Paris von einer Dame, sie habe «allure», ist das bewundernd gemeint, das Wort hat hier eine ganz andere Bedeutung als das deutsche «Allüren». Im Laufe des Abends kommt es, wie es kommen muss, natürlich zu einem Fauxpas. Irgendjemand hat die Stirn, die Königin auf die Ressentiments anzusprechen, die man auch in aufgeklärten arabischen Kreisen gegenüber dem Westen hegt. Die Königin reagiert pikiert und verlässt das Abendessen vor dem Dessert.

Grundsätzlich ist es im Umgang mit königlichen Hoheiten empfehlenswert, gar nichts zu sagen. Nur dann kann man garantiert nichts falsch machen. Einmal habe ich erlebt, wie der Vetter meiner Frau, der «gefürchtete» Prinz Ernst August von Hannover, einem sogenannten Berliner Society-Event beiwohnte. Es war die «Aids-Gala», die jedes Jahr in der Deutschen Oper stattfindet. Irgendjemand hatte den Chef des Welfenhauses unvorsichtigerweise überredet, daran teilzunehmen. Ich konnte beobachten, wie eine der hiesigen Society-Größen ihn von der Seite anredete: «Wie soll man Sie eigentlich ansprechen?» Er würdigte ihn keines Blickes und sagte: «Am besten gar nicht!» Damit sprach er gelassen eine große Wahrheit aus.

Sein Onkel Prinz Georg von Hannover, der langjährige Direktor des Internats Salem am Bodensee, löste das Problem anders. Nie ließ er es sich entgehen, persönlich am traditionellen Hockey-Turnier *Lehrer gegen Schüler* teilzunehmen, seine Mitspieler hatten aber verständlicherweise enormen Respekt vor ihm und haderten mit der Frage, wie sie ihn auf dem Spielfeld rufen sollten. «Herr Direktor», «Königliche Hoheit» oder auch nur «Hoheit» war im Eifer des Spiels eher unpraktisch. Also legte er sich – für die Dauer des Spiels – ein Pseudonym zu: Max Pumpe. Mit diesem Namen ging der legendäre – und sehr sportliche – Direktor von Salem in die Annalen des Internats ein.

Im Grunde genommen ist es ein schmerzliches Defizit der deutschen Sprache, dass man hier niemanden höflich ansprechen kann, ohne seinen Namen zu wissen, «mein Herr» klingt ja leider etwas sehr kellnerhaft. Seit der Barockzeit hat sich im deutschen Sprachraum eine Anredevielfalt entwickelt, die es jedem, der sich nicht in sämtlichen Verzweigungen des Zeremoniells auskannte, fast unmöglich machte, die richtige Anrede zu finden. Die deutsche Neigung, die Anredeformen («hochfürstliche Durchlaucht», «erlauchtigste Majestät» ...) ins Phantastische zu komplizieren, hat dazu geführt, dass jeder, der nicht zum Hofmarschall berufen ist, der Frage der korrekten Anrede von königlichen Hoheiten mit Unsicherheit und Unbehagen gegenübersteht – mit dem Ergebnis, dass das ganze Thema als Last empfunden und gleich alle Form über Bord geworfen wird. Als Königin Silvia von Schweden einmal bei «Wetten, dass ...?» auftrat (hier bitte ein Stirnrunzeln dazudenken!), wurde sie von Thomas Gottschalk hartnäckig als «Hoheit» angeredet – und das war eben *falsch*. Hoheiten sind allenfalls die Mitglieder an der Peripherie einer Königsfamilie. Es gibt *eine* richtige Anrede: «Herr». Beziehungsweise: «Herrin». Streng genommen gibt es überhaupt keinen höheren Titel als «Herr». Eine Königin ist also «Herrin», «Madam», «Madame», «Señora» oder auf Schwedisch «Mästarinna».

In England spricht man den König als «Sire» an (ausgesprochen «Sai-er»), die Königin als «Madam» (ausgesprochen «M'am» wie Mäm). In Frankreich lautete die Anrede für den Chef des Hauses Bourbon «Sire» (ausgesprochen «Ssihr») und für seine Frau «Madame» (was ja eine Kurzform von «Mea Domina» ist, also eigentlich: «meine Herrin»), in Spanien «Señor» beziehungsweise «Señora».

In Russland wurde der Zar von den Bauern früher übrigens geduzt, also «Zar» und «Du». Das galt als besonderes Privileg der Bauern, die den Zaren auch zärtlich «Väterchen Zar» nannten.

Die Frage der Anrede von gekrönten Häuptern führt uns zu einer anderen Nuss, die noch zu knacken wäre. Was tut man eigentlich, wenn man in die Verlegenheit gerät, einem König oder einer Königin etwas schenken zu müssen? Die Antwort: entweder etwas absurd Extravagantes, ganz und gar Überflüssiges und sehr, sehr Teures. Oder einen gänzlich wertlosen Scherzartikel. Aber keinesfalls etwas, das irgendwie dazwischenliegt! Maßstäbe gesetzt in puncto passende Geschenke für Könige hat der Kalif Harun Al-Rashid, dessen Herrschaftsbereich zu Beginn des 9. Jahrhunderts von den Ufern des Indus bis zu den östlichen Gipfeln des Atlas reichte. Als ihm ein Gesandter vom Hofe Karls des Großen seine Aufwartung machte, war der Kalif entzückt über diese Abwechslung und gab dem Mann aus dem fernen Abendland einen weißen Elefanten für den Frankenkönig mit auf dem Weg. Der Elefant namens Abul Abbas überlebte die lange Reise sogar, und als er in Aachen ankam, wurde er zu *der* Sensation an Karls Hof. Karl war begeistert von dem Geschenk und führte den Elefanten auf Reisen gern als dekoratives Element mit sich. Erst Jahre später zog sich Abul Abbas leider eine Lungenentzündung zu und ging ein. In Aachen ist man bis heute stolz darauf, den ersten Elefanten nördlich der Alpen besessen zu haben.

Ein ähnlich gelungenes Geschenk brachte Sigismund II. von Polen Ferdinand I. von Österreich mit, als er diesen 1540 in Wien besuchte: das fast zweieinhalb Meter lange Horn eines Einhorns. Bis ins 17. Jahrhundert, als ein spielverderberischer dänischer Naturforscher namens Ole Worm nachwies, dass es sich bei den damals hundertfach in Gold aufgewogenen Geweihen des Fabeltiers in Wahrheit um Stoßzähne von Narwalen handelte, galt das Geweih eines Einhorns als kostbarste Substanz auf der Welt. Bis dahin zweifelte niemand an der Existenz des «seltenen» und «scheuen» Tieres, und man sprach ihm magische Fähigkeiten zu. Man glaubte, dass Einhörner als Einzelgänger in magischen Wäldern lebten, in denen ewiger Frühling herrsche und in denen es einen See geben müsse, in dem sich das zur Eitelkeit neigende Tier gerne im Spiegel betrachte.

Ferdinand I. ließ das Horn nach Innsbruck schicken, um es beim ersten Bildhauer des Landes, Silvester Lechner, in ein reichverziertes, aufrecht stehendes Schmuckobjekt zu verwandeln. Das «Ainkhürn» ist heute in der Schatzkammer der Wiener Hofburg zu besichtigen und trägt dort ernüchternderweise die Inventarnummer XIV 2.

Hat man kein Einhorn (oder wenigstens ein Fabergé-Ei) zur Hand, sollte man einem König lieber nichts allzu Wertvolles schenken. Man bringt ihn damit nur in Verlegenheit, weil das ganze geschenkte Zeug, egal, wie scheußlich es ist, schließlich irgendwo aufgehoben werden muss, damit es bei einem eventuellen Gegenbesuch hervorgeholt werden kann (wie die abscheuliche Miniaturversion des indonesischen Präsidentenpalastes aus Weißgold, den Königin Elisabeth II. einmal aus Jakarta mitbrachte). Auch sollte man tunlichst kein Tier schenken. Auf ihren Staatsbesuchen werden der Königin von England immer wieder Tiere aufgedrängt, die sie dann aus Höflichkeit nicht ablehnen darf. Sie landen grundsätzlich im Londoner Zoo. Wie der weiße Bulle, den ihr der König der Zulus 1995 bei ihrem Besuch in Südafrika schenkte, ein Elefant mit dem originellen Namen Jumbo (ein Präsent des Präsidenten von Kamerun) sowie etliche Schildkröten, drei Faultiere, zwei Grizzlybären, ein Krokodil und ein Zwerg-Hippopotamus.

Da die Schenkerei von Tieren bei Staatsbesuchen überhandgenommen hat, versuchen sich die Protokollbeamten am Hof von Buckingham bereits vor Reiseantritt mit den Gastgebern abzustimmen und raten inzwischen ihren Gegenübern von lebenden Tieren – mit Verweis auf die britischen Quarantänegesetze – ab. Die Königin selbst nimmt meist etwas «Persönliches» mit, etwa Wollschals mit schottischem Muster oder kleine, hölzerne Schmuckkästchen (aus der Manufaktur ihres Neffen David Linley). Allzu großzügige Geschenke werden als Wink mit dem Zaunpfahl grundsätzlich mit äußerst bescheidenen Gegenpräsenten beantwortet. Auf einer Reise nach Saudi-Arabien wurde Prinz Charles vom damaligen Kronprinz Abdullah ein Aston Martin im Wert von knapp hundertdreißigtausend Euro aufgedrängt. Charles schenkte ihm im Gegenzug eines seiner Aquarelle. Imelda Marcos bedachte Charles einmal mit einem Speedboat, er nahm es höflich an und ließ es (als der Marcos-Clan abgesetzt war) zugunsten einer Wohltätigkeitsorganisation versteigern.

Innerhalb der englischen Königsfamilie schenkt man sich zu Weihnachten grundsätzlich nur Scherzartikel. Als die Queen bei einem der zurückliegenden Weihnachtsfeste auf Schloss Sandringham das Paket ihres Enkels Harry aufmachte, zog sie zur großen Erheiterung der ganzen Familie eine Duschhaube mit der Aufschrift «Life's a bitch» hervor. Seinem Onkel Andrew schenkte Harry vergangene Weihnachten ein G-String-Badekostüm, wie es Sacha Baron Cohen als Borat berühmt gemacht hat. Die Königin schenkte ihrer Schwester Margaret einmal ein kleines Kissen mit der Aufschrift «It's not easy being a Princess». Margaret liebte dieses Kissen. Als vor ein paar Jahren «Big Mouth Billy Bass», der singende Fisch, in Geschenkläden auftauchte, war die Queen begeistert, ließ sich zwei Dutzend davon kaufen und verschickte ihn zu Weihnachten an ausgewählte alte Freunde.

Wenn «normale» Untertanen ihrer Königin Geschenke machen (jedes Jahr werden zwischen achttausend und zwölftausend Objekte unaufgefordert, aber hübsch verpackt, zum Buckingham-Palast geschickt), bereitet das den Hofbeamten vor allem eines: Mühe! Schließlich müssen die Dinge zunächst alle einzeln auf Sprengstoff untersucht, katalogisiert und irgendwo verwahrt werden. Und dann muss einer der Sekretäre auch noch artig Dankesbriefe schreiben. Aber es gibt Ausnahmen. Kürzlich besuchte die Königin das Queen Elizabeth Hospital in King's Lynn (Norfolk) und bekam von einer Patientin namens Betty Hyde eine Banane geschenkt. Das empfand die Queen als sehr aufmerksam. Betty Hyde revanchierte sich damit nämlich für eine Banane, die sie ihrerseits als fünfjähriges Mädchen von der jungen Prinzessin Elisabeth geschenkt bekommen hatte, als diese mit ihrer Mutter während des Krieges ebenfalls ein Krankenhaus besucht hatte. Es gibt sie also, passende Geschenke für gekrönte Häupter. Aber man bewegt sich hier auf hauchdünnem Eis. Man muss schon sehr genau wissen, was man schenkt.

Royals sind ein sehr eigenartiger Menschenschlag. Ganz werden wir sie nie verstehen. Um es wenigstens zu versuchen, werde ich mein Thema nun etwas systematischer angehen.

> Wie groß sind die Könige,
> wenn sie wissen, wovon sie sind,
> durch wen sie es sind und warum
> sie es sind!
>
> *Louis de Bonald*

Kapitel zwei
Wie wird man König?

Am 16. August 1923 erschien in der Londoner Tageszeitung *Evening Standard* folgende als Stellengesuch aufgemachte Meldung: «Gesucht: ein König. Englischer Landedelmann bevorzugt. Bewerbungen sind an die albanische Regierung zu richten.» Über siebzig Bewerbungen gingen ein. Leider waren die meisten Anwärter nicht Landedelleute, sondern Bewohner des Londoner Speckgürtels. Immerhin waren auch ein konservativer Parlamentsabgeordneter sowie ein amerikanischer Blechdosenfabrikant darunter.

Ende des 19. und Anfang des 20. Jahrhunderts, als das Osmanische Reich peu à peu zerfiel, gab es mehrere neue Throne in Europa, die besetzt werden wollten. Die Krone Griechenlands wurde, nachdem der unglückliche König

Otto aus dem Hause Wittelsbach in Athen gescheitert war, unter Fürstenfamilien in ganz Europa wie Sauerbier angeboten. Schließlich fiel die Wahl auf Prinz Georg von Schleswig-Holstein. Der wollte zwar nicht nach Athen ziehen, aber als sein Onkel, der König von Dänemark, ihm mit der Streichung seiner monatlichen Apanagen drohte, nahm er die Stelle doch an.

Noch größere Mühe, einen passenden König zu finden, hatte Bulgarien. Erst wurde Alexander von Battenberg (aus dem Hause Hessen-Darmstadt) auf den neugeschaffenen Thron gesetzt; da er nach sieben Jahre wieder vertrieben wurde, handelte sich Bulgarien nur noch Absagen ein. Nach der dritten (ein russischer Großherzog, ein dänischer Prinz und ein rumänischer Fürst hatten dankend abgelehnt) war die Lage der bulgarischen Emissäre, die zwischen den Schlössern Europas hin und her reisten, praktisch aussichtslos. Bis einer von ihnen in einem Wiener Kaffeehaus auf Prinz Ferdinand von Sachsen-Coburg traf. Der perfekte Kandidat. Sechsundzwanzig Jahre alt, gut aussehend, latent unterbeschäftigt, wohlhabend, ein wenig eitel und verwandtschaftlich bestens vernetzt, nämlich väterlicherseits mit dem englischen und mütterlicherseits mit dem französischen Königshaus verwandt. Als ihm die Krone Bulgariens angeboten wurde, zögerte er nicht lange, sondern sagte feierlich: «Ich betrachte es als meine heilige Pflicht, meinen Fuß so bald wie möglich auf bulgarischen Boden zu setzen.» Als seine Tante, Queen Victoria, die Nachricht erhielt, telegraphierte sie aus Windsor an ihren Premierminister Lord Salisbury: «Hoffe, dass Angaben betr. Prinz Ferdinand von Coburg als Kandidat nicht wahr.

Er ist völlig ungeeignet. Weich, exzentrisch und weibisch. Las es in der *Times*. Muss verhindert werden.»

Er wurde kein besonders populärer König. Sein Enkel Simeon, den wir im nächsten Kapitel noch näher kennenlernen werden, wurde immerhin Jahre später, nach dem Fall des Eisernen Vorhangs und dem Zusammenbruch des Kommunismus, in den ersten freien Wahlen Bulgariens zum Ministerpräsidenten des Landes gewählt und führte das Land in den Schoß der Europäischen Union.

Kurioserweise mangelte es ausgerechnet Albanien, dem rückständigsten der damals nach einem König fahndenden Länder, nicht an Kandidaten. Das Land hatte 1912 seine Unabhängigkeit vom Türkenreich erlangt, und als die Großmächte beschlossen, dort eine eigene Monarchie einzuführen, meldeten neben einem italienischen und einem französischen Markgrafen gleich mehrere Dynastien ihr Interesse an. König Nikolaus von Montenegro empfahl seinen Sohn Mirko, der Vatikan plädierte für den Prinzen Louis aus dem Hause Bonaparte, und aus Kairo meldete sich Prinz Ahmed Fuad. Die Wahl fiel schließlich auf einen in Potsdam lebenden deutschen Fürsten, der im Kavallerieregiment der preußischen Armee diente, Wilhelm zu Wied. Er war weder Muslim noch Katholik, noch Orthodoxer, sondern Protestant. Angesichts der ethnisch und religiös gespaltenen Nation erhoffte man sich von ihm eine gewisse Neutralität. Versessen auf den Job war er nicht gerade, zumal ihn sein entfernter Vetter, Kaiser Wilhelm II., warnte, dass jeder, dem seine geistige Gesundheit lieb sei, besser einen großen Bogen um den Balkan mache. Wilhelm zu Wied gab aber dem Drängen seiner

Frau nach, meiner seligen Tante Sophie, einer Schönburg-Waldenburg, die von der Perspektive, Königin zu werden, entzückt war.

Sophie war eine ausgesprochen liebenswürdige, aber auch etwas naive Person. Im Gegensatz zu Babylons Semiramis zum Beispiel, die ein Blutbad anrichtete, als es vor ihren Palasttoren zum Volksaufstand kam, ließ sich Sophie, als in Albanien die Stimmung hochkochte, auf das Meer vor Tirana rudern, um dort auf der Harfe ein paar Klänge zu zupfen, in der Hoffnung, dies würde das aufgewühlte Volk beruhigen. Die Albaner waren davon leider überhaupt nicht beeindruckt, und Wilhelm und Sophie mussten schleunigst von einem Kanonenboot der kaiserlich deutschen Marine, keine sechs Monate nach ihrer Thronbesteigung, außer Landes gebracht werden. Die Albaner machten sich also abermals auf die Suche nach einem Monarchen. Und schließlich bemächtigte sich der Sohn eines Großbauern aus dem albanischen Hinterland, ein gewisser Ahmed Zogu, des albanischen Throns. Ein Mann, der laut zeitgenössischen Quellen nicht nur ein selten aufgeblähtes Ego hatte, sondern zu allem Überfluss neben seiner Tätigkeit als Putschist auch noch Journalist war. Die Londoner *Times* führte ihn auf ihrer Gehaltsliste als freien Mitarbeiter. Als Gerüchte von einem Staatsstreich in Tirana die *Times*-Redaktion erreichten und sich deren Nachrichtenchef beschwerte, weil ihr Korrespondent vor Ort es versäumt hatte, einen Bericht nach London abzusetzen, erhielt die *Times* ein Telegramm mit der Mitteilung: «Alles ruhig in Albanien. Ich nun König. Zogu.»

Ein Jahr später musste auch er flüchten.

Wie aber wird man nun König, wenn man nicht auf dem Stellenmarkt seiner Zeitung über ein entsprechendes Angebot stolpert? Als künftiger König geboren zu sein, ist alles andere als eine Garantie. Prinz Charles wartet schon sein ganzes Leben darauf. Wenn die Queen das Alter ihrer Mutter erreicht, ist er über achtzig, ehe er die Position, auf die er sein Leben lang gedrillt wurde, tatsächlich einnehmen kann. Ein besonders tragisches Beispiel hat Charles in Friedrich III. von Preußen vor Augen, der mit der ältesten Tochter Queen Victorias verheiratet war. Friedrich sehnte sich sein ganzes Leben lang nach dem Thron, er schmiedete ehrgeizige Pläne und wollte in Deutschland eine liberale, konstitutionelle Monarchie nach englischem Vorbild einführen. Als sein Vater dann starb, saß er noch genau neunundneunzig Tage auf dem Thron, bevor er selbst 1888 an Krebs starb. Statt seiner regierte sein Sohn Wilhelm II. jahrzehntelang und führte die deutsche Monarchie ihrem Ende entgegen.

Da die Weltgeschichte offenbar Sinn für Ironie hat, werden auffällig genug gerade jene nie Könige, die diese Position ihr Leben lang wie eine Karotte vor die Nase gehalten bekommen. Erasmus von Rotterdam vertrat die Auffassung, am besten sei zum König geeignet, wer nicht darauf erpicht sei, es zu werden. Die gegenwärtige Königin, Richard Löwenherz, Heinrich VIII. und Elisabeth I. – für England scheint das allemal zuzutreffen. Ganz gleich, ob man die Könige der verbrieften Geschichte nimmt oder jene aus dem Reich der Sagen, die glorreichsten, die berühmtesten, jene, die die Phantasie der Künstler am meisten angeregt haben, sind immer diejenigen, die über-

Charisma ist für einen König sehr hilfreich. Wenn König David auch nur halbwegs so gut aussah, wie Michelangelo ihn darstellte, hatten die Israeliten gar keine andere Wahl, als sich ihm bedingungslos zu unterwerfen.

raschend – man ist versucht zu sagen: durch Intervention von «ganz oben» – auf den Thron gelangt sind.

Die berühmteste mythologische Königsfigur in unserem Kulturkreis ist König Artus. Er war der Knappe seines älteren Stiefbruders, musste ihm die Stiefel polieren und sein Schwert hinterhertragen – und doch war es ausgerechnet er, der Unscheinbare, dem es gelang, das sagenumwobene Schwert aus dem Stein zu ziehen. Bei der berühmtesten Figur der jüdisch-christlichen Geschichte, König David, handelte es sich um einen einfachen Hirten, der nicht einmal ein Erstgeborener war. Und doch wurde gerade er von

Gott zum König von Israel auserkoren. In der Bibel steht, David sei so schön gewesen, dass Gott sich regelrecht in ihn verliebt habe.

Die Vorstellung, dass eine höhere Macht bei der Wahl von Königen ihre Hand im Spiel hat, ist uralt. Das älteste der Geschichtsschreibung bekannte Dokument, in dem das Wort «König» vorkommt, die Sumerische Königsliste aus dem 4. Jahrtausend vor Christus, beginnt mit den Worten: «Als das Königtum einst vom Himmel herabgestiegen war ...» Das ist der Kern des sogenannten «Gottesgnadentums». Was damit gemeint ist, illustriert am trefflichsten eine eigentümliche Geschichte, die von einem kleinen Fläschchen Öl handelt.

Im Herbst 1792, kurz nachdem in Frankreich die Republik ausgerufen worden war, begannen in der Basilika von Saint-Denis, wo seit Jahrhunderten die französischen Könige ihre letzte Ruhe fanden, jene Grabschändungen und Plünderungen, die bis heute eines der unappetitlichsten Kapitel der Französischen Revolution darstellen. Angefeuert von Soldaten mit roten Mützen, brach die hysterische Menschenmenge mit einem Rammbock die Türen zu den Grüften auf. Der erste «Tyrann», über den sich die tobende Masse hermachte, war Heinrich IV. Der Deckel seines Eichensarges wurde mit einer Brechstange aufgesprengt, die nach über hundertachtzig Jahren erstaunlich gut erhaltene Leiche wurde aufgerichtet und wie eine Puppe an einen Pfeiler gelehnt. Dort blieb sie mehrere Tage stehen, damit der Pöbel Gelegenheit hatte, seine Wut an dem Leichnam auszulassen. Was danach übrig geblieben war, wurde in eine der beiden drei Meter tiefen Gruben geworfen, die man neben der Basilika ausgehoben hatte. Es folgte Ludwig XIII., allerdings ohne ausgedehnte Schmähungen, denn er muss fürchterlich gestunken haben. Dem Leichnam Ludwigs XIV. schlitzte man den Bauch auf, dann brach ein Soldat seinen Kiefer und entnahm ihm einen schwarzen, verfaulten Zahn, den er der geifernden Masse wie eine Trophäe zeigte. So ging es immer weiter. Bis man jeden einzelnen Bourbonen aus seinem Grab gezerrt und verhöhnt hatte. Es muss fürchterlich gestunken haben. Immer wieder brannte man Pulver ab, schoss Salven ab, weil man hoffte, dadurch die Luft reinigen zu können. So wurde den Königen von Frankreich auf höchst groteske Weise noch einmal Salut geschossen. Die Ausbeute der Schändungen war mager. Frankreichs Monarchen wurden traditionell in einem einfachen Leinenhemd begraben, ohne Schmuck, ohne königliche Attribute.

Am 22. September 1792 wurde die Republik ausgerufen. Vier Monate später wurde Ludwig XVI. geköpft, neun Monate darauf Marie Antoinette. Die Königsgräber waren zerstört, die Leichen der Könige verscharrt, die Herrschaftszeichen eingeschmolzen. Fast alle Symbole des über tausend Jahre alten französischen Königtums waren zerstört. Und doch gab es noch einen unscheinbaren Gegenstand, vor dem die Abgeordneten des Nationalkonvents sich fürchteten. Ohne ihn zerstört zu haben, davon waren die Revolutionäre überzeugt, wäre ihr Werk unvollendet.

Es handelte sich um eine winzige Flasche, zweiundvierzig Millimeter lang, am unteren Ende neunundzwanzig Millimeter, am Hals sechzehn Millimeter breit. Sie war aus

Glas, gefüllt mit einer rötlichen Substanz. Der Flakon war damals noch in ein goldenes Reliquiar in Form einer Taube eingefasst, Schnabel und Füße aus Korallen: die sogenannte heilige Ampulle. Darin befand sich das Salböl, mit dem der Merowingerkönig Chlodwig I. nach seinem Übertritt zum Christentum getauft worden war. Nach der Legende war dem Bischof, der Chlodwig die Taufe spendete, die Ampulle mit dem Salböl vom Heiligen Geist in Gestalt einer Taube gebracht worden. Vom 8. Jahrhundert an wurden über tausend Jahre lang sämtliche französischen Könige mit genau jenem Öl aus der geheimnisvollen Ampulle gesalbt. Nur wer mit dem Öl aus der heiligen Ampulle gesalbt war, galt als rechtmäßiger König Frankreichs. Den Ritus der Königssalbung hatte man sich im Alten Testament abgeschaut, denn seit der Taufe Chlodwigs galt das französische Königtum, genau wie das davidische Königtum der Israeliten, als Bund mit Gott selbst. Mit jeder Königssalbung wurde dieser Bund erneuert. Zwar hat die französische Geschichtsschreibung seit der Aufklärung alles dafür getan, die Historizität ihres Nationalmythos lächerlich zu machen, doch zeigt die Versessenheit, mit der die Revolutionäre 1793 Jagd auf die heilige Ampulle machten, welche Kraft diesem Mythos innewohnte und wie hartnäckig sich auch unter Skeptikern der Glaube hielt, irgendetwas an dem kleinen Glasfläschchen sei übernatürlich und geheimnisvoll, von ihm gehe eine Gefahr für die Republik aus.

Am 16. September 1793 wurde also vom Nationalkonvent per Dekret beschlossen, einen Sonderbeauftragten, einen ehemaligen protestantischen Pastor deutsch-elsässischer Herkunft mit Namen Ruhl, nach Reims zu schicken, um die Ampulle sicherzustellen und sie zu zerstören. Am 7. Oktober 1793 wurde die Bevölkerung von Reims auf der vormaligen Place Royale zusammengerufen, um der Zerstörung beizuwohnen. Die Menge lechzte nach einer weiteren Hinrichtung; seit Robespierre an der Macht war, stand die Guillotine immer einsatzbereit am zentralen Platz jeder größeren Stadt. Aber an diesem Tag wurde keine Person hingerichtet, sondern ein Stück Glas. Man brachte am Sockel der ehemaligen Reiterstatue Ludwigs XV. eine Behelfstreppe an, Trommelwirbel, der Sonderbeauftragte Ruhl stieg auf den Sockel, streckte dem johlenden Volk die Ampulle entgegen, er nannte sie «heilige Kinderrassel der Narren», hielt eine flammende Rede und ließ sich vom Bürgermeister einen Hammer reichen. Dann zerschmetterte er sie.

Einige nicht ganz so eifrige Revolutionäre, denen das Vorhaben des Abgeordneten Ruhl gegen den Strich ging, hatten vor seiner Ankunft so viel Balsam wie möglich aus der Ampulle entfernt und in ein kleines Fläschchen umgefüllt. Und dieses Fläschchen wurde bis zum Ende der Revolution versteckt. Bis 1970 befand es sich dann im Tresor des Erzbischofs von Reims. Seit 1970 kann man es im Stadtmuseum von Reims hinter Panzerglas besichtigen. Erst durch diese Musealisierung hat man der Ampulle ihren Zauber geraubt. Die Revolutionäre damals haben ihn durch ihre Jagd verstärkt.

Wie stellt man es also an, wenn man eine Königsdynastie gründen will, die Bestand haben soll? Die frühen germanischen Könige machten für sich geltend, von Göttern abzustammen. Als das Christentum in Europa Fuß fasste, musste ein König wenigstens glaubhaft machen können, seine Legitimität von «ganz oben» zu haben. Ohne göttliche Schützenhilfe ging gar nichts. Die Vorstellung vom Königtum als einer Herrschaft göttlichen Ursprungs ist jedenfalls so alt wie die Menschheitsgeschichte selbst und – wie der große Anthropologe Sir James George Frazer (1854–1941) nachgewiesen hat – eine universale Idee, die bei Bewohnern pazifischer Inseln oder bei afrikanischen Naturvölkern ebenso selbstverständlich ist wie bei orientalischen Hochkulturen. In den Stammesgesellschaften unserer vorgeschichtlichen Urahnen, erklärt Frazer in seinem berühmten Werk «Der Goldene Zweig», war der Anführer immer auch der Mittler zwischen Mensch und Gott. In den archaischen Gesellschaften, so Frazer, war der Anführer immer zugleich ein Magier.

Einerseits muss diese Position beneidenswert, andererseits aber auch sehr heikel gewesen sein. Denn man erwartete von diesem offenbar, Regen, Sonnenschein und eine gute Ernte vermitteln zu können. Außerdem hatte er das Volk bei Gesundheit zu halten. Gelang ihm das nicht, konnte das, wie wir später noch sehen werden, für den Betroffenen ziemlich unangenehme Folgen haben.

Von den frühesten Kulturvölkern am Ganges, am Indus, im Zweistromland, am Nil wissen wir: Entweder wurden hier die Könige selbst als Götter verehrt, oder sie wurden als deren Stellvertreter gesehen. Unsere Kenntnisse über das vorchristliche Germanien sind sehr lückenhaft, aber auch hier steht fest: Die Häuptlinge der Franken, Angeln

Der Wesenskern der französischen Monarchie war sakral. Ludwig XIII. weihte ganz Frankreich der Muttergottes, ein Akt, der von Ingres pflichtgetreu ins Bild gesetzt wurde.

und Sachsen führten ihre Abstammung auf Wotan oder Odin zurück, die Merowinger waren sogar noch ein wenig origineller und behaupteten, von einem Seeungeheuer abzustammen. Dem Priester-Königtum der germanischen Völker wurde freilich durch die Verbreitung des Christentums ein schwerer Schlag versetzt. Nun wurde es als heidnische Irrlehre bekämpft. Die alten Ideen verschwanden aber nicht, sondern lebten unterschwellig im Bewusstsein des Volkes weiter. Den tiefwurzelnden Glauben an eine geheimnisvolle Macht (und auch die Heilkraft) der Könige konnte das Christentum dem Volk nie ganz austreiben. Das Königsamt ist zuweilen eine recht unangenehme Bürde. Nicht nur, dass man sein ganzes Leben in einer Art ritueller Zwangsjacke verbringt, es ist auch alles andere als ein Vergnügen, als Mittler zwischen Himmel und Erde für alles Ungemach hienieden verantwortlich gemacht zu werden. Die Mikados von Japan sind recht früh schon auf den schlauen Einfall gekommen, ihren noch unmündigen Kindern die Last der Kaiserwürde aufzuhalsen. Das Aufkommen der Schogune, der «Hausmeier» der japanischen Kaiser, wird auf die Abdankung eines Mikados zugunsten seines drei Jahre alten Sohnes zurückgeführt. In manchen Gegenden Westafrikas ist es heute noch so, dass, wenn der König stirbt, ein Familienrat abgehalten wird, um den Nachfolger zu bestimmen. Derjenige, auf den die Wahl fällt, wird ergriffen, gefesselt und in eine Hütte geworfen wo man ihn in Haft hält, bis er einwilligt, die Krone anzunehmen.

Von der gegenwärtigen Nummer zwei der englischen Thronfolge, Prinz William, ist bekannt, dass er bisweilen einen Widerwillen gegen den ihm vorgezeichneten Weg hegt, der mit jenem westafrikanischer Häuptlinge vergleichbar ist. Als er im Familienkreis wieder einmal über die auf ihn eines Tages zukommende Königswürde maulte, soll sein jüngerer Bruder Harry genervt geantwortet haben: «If you won't do it, I will.» Womit, wenn man dem Urteil des Erasmus von Rotterdam folgt, eindeutig feststeht, dass Harry nicht, William dafür aber umso besser für den Posten geeignet ist.

Achten Sie sich selbst,
und man wird Sie achten!
*Maria Josepha von Frankreich
zu ihrem Sohn*

Kapitel drei

WIE WACHSEN KÖNIGE AUF?

Dem Ahnherrn des modernen Klatschjournalismus, dem sich am Hof von Ludwig XIV. herumdrückenden Herzog von Saint-Simon, verdanken wir die Einsicht, dass Königskinder latent vom «abscheulichen Gift der Erzschmeichelei» bedroht seien. Da ist sicher etwas dran. Vom Erzieher Ludwigs XIV. zum Beispiel ist überliefert, dass er nicht selten «ja» sagte, bevor sein Zögling überhaupt eine Frage gestellt hatte.

Auch am habsburgischen Hof in Wien trieb die Umschmeichelung der jungen Erzherzöge die schönsten Blüten. Die Wiener Kaffeehaus-Society machte sich einen Spaß daraus, dies aufs Korn zu nehmen. Alfred Polgar erfand das berühmte Spiel «Der Erzherzog wird geprüft». Ein Spieler übernahm die Rolle des prüfenden Geschichtsprofessors, der andere spielte den Erzherzog. Der

eine musste sich für den durchlauchtigsten Prüfling eine Frage ausdenken, die so leicht war, dass man sie unmöglich falsch beantworten konnte. Gewonnen hatte der «Erzherzog», wenn es ihm gelang, dennoch eine falsche Antwort zu geben. Der «Professor» hatte gewonnen, gelang es ihm wiederum, die falsche Antwort nicht nur als richtig anzuerkennen, sondern auch zu begründen, warum sie richtig war. Das ging dann etwa so:
«Kaiserliche Hoheit, wie lange dauerte der Dreißigjährige Krieg?»
«Sieben Jahre.»
«Richtig, Kaiserliche Hoheit! Damals wurde ja nicht bei Nacht gekämpft, womit bereits mehr als die Hälfte der Kriegszeit wegfällt. Auch an Sonn- und Feiertagen herrschte Waffenruhe, was abermals eine ansehnliche Summe ergibt. Und wenn wir jetzt noch die historisch belegten Verhandlungspausen einrechnen, gelangen wir zu einer faktischen Kriegsdauer von genau sieben Jahren. Ich gratuliere, Kaiserliche Hoheit!»

Aus Prinz Williams Schulzeit in Eton wissen wir, dass einmal eines seiner Bilder aus dem Kunstunterricht im Vorraum der Schulbibliothek ausgestellt wurde. Seine Lehrer waren voll des Lobes. Was für ein begabter Maler doch der Schüler William Windsor sei, Vergleiche mit der abstrakten Kunst Mark Rothkos wurden angestellt – William war geknickt. Es war gar nicht seine Absicht gewesen, ein «abstraktes» Bild zu malen. Er hatte nämlich versucht, ein Haus zu malen.
William und Harry haben es dem Drängen ihrer Mutter

zu verdanken, dass man sich bei Hofe bemühte, den beiden eine möglichst «normale» Schulzeit zu ermöglichen. Sie wurden nicht wie noch ihre Großmutter zu Hause von Privatlehrern erzogen und auch nicht wie ihr Vater und Großvater auf das im weit entfernten Schottland gelegene Internat Gordonstoun verbannt, das einen Ruf als besonders strenge und unbarmherzige Lehranstalt genießt, sondern sie wurden nach Eton geschickt, eine Schule, die nicht nur in Fußentfernung zu Windsor Castle liegt, sondern auch am ehesten gewährleistete, dass die beiden nicht allzu bevorzugt behandelt wurden. Denn hier lernen traditionell die Erben reicher aristokratischer Familien und auch Kinder fremdländischer Potentaten, alle sind also gewissermaßen privilegiert. Hier werden die Schüler auch nicht gedrillt. Eton ist eine Kinder-Universität, Knirpse werden wie kleine Erwachsene behandelt. Auch die Wahl von Williams Universität, St. Andrew's in Schottland, statt Oxford oder Cambridge, erwuchs aus dem Bemühen, ihm eine möglichst unbeschwerte, von den Blicken der Öffentlichkeit unbeeinträchtigte Jugend zu ermöglichen. Mit ein paar Freunden, darunter Kate Middleton, mietete er sich eine kleine Studentenbude und tat sich dort als Koch (Spaghetti mit Tomatensoße) hervor. Die Presse ließ ihn weitgehend unbehelligt. Nur alle paar Monate erschienen in den Zeitungen Bilder, über die ganz England in Verzückung geriet, weil sie zeigten, wie er den örtlichen Supermarkt mit Familienpackungen Kartoffelchips und Sechserpacks Dosenbier verließ, also den Grundnahrungsmitteln des durchschnittlichen Engländers, wofür er, wie die Presse erregt notierte, «mit Kleingeld aus der eigenen

Tasche zahlte». Offenbar sind seine Vorstellungen von Lebensfreude und Genuss denen seiner künftigen Untertanen letztlich doch recht ähnlich. Seine Leidenschaft gilt vor allem schnellen Motorrädern. Williams erstes Motorrad war eine Daytona 600 (Höchstgeschwindigkeit 250 km/h), inzwischen hat er sich eine Honda Blackbird (Höchstgeschwindigkeit 280 km/h) angeschafft. Die ihn ständig begleitenden Sicherheitsbeamten haben immer wieder große Mühe, ihn bei seinen Exkursionen nicht aus den Augen zu verlieren. Es bereitet ihm ein diebisches Vergnügen, seine amtlich bestallten Verfolger abzuhängen. Und wenn er so durch London rast, kommt es immer wieder vor, dass ihn die Polizei aufhält. Dann setzt er den Helm ab und nimmt, höchst befriedigt darüber, «normal» behandelt zu werden, seinen Strafzettel entgegen. Enttäuscht ist er, wenn – und das ist der Regelfall – die Polizisten salutieren und ihn unbehelligt weiterfahren lassen.

Das Hauptaugenmerk königlicher Erziehung liegt traditionell nicht in der Vermittlung einer möglichst umfassenden Bildung. Sich «im Salon» benehmen zu können, das ist die «Königsdisziplin». Also sich immer freundlich geben, nie launisch sein, stets ein interessiertes Gesicht machen, auch wenn man todlangweiligen Gesprächen folgen muss. Um diese Technik zu perfektionieren, hat man am dänischen Hof eine besonders effiziente Trainingsmethode entwickelt: Damit die jungen Prinzen und Prinzessinnen lernen, eine uninspirierende Plauderei aufrechtzuerhalten, mussten sie üben – und zwar mit leeren Sesseln. An den Sesseln waren Karten befestigt, mit Aufschriften wie «Der englische Botschafter», «Der Bischof von X», «Der Gerichtspräsident». Wer es schafft, mit einem Möbelstück zu plaudern, ist für das Leben im Salon gerüstet.

Als Königin Margarete ein junges Mädchen war, wurde ihr und ihren Schwestern, Vettern und Cousinen eingebläut, dass, wenn sie in der Königsloge der Oper sitzen, zwischen den Akten alle Augen des Hauses auf sie gerichtet sind, sie also möglichst den Eindruck eines lebhaften Gedankenaustausches erwecken sollten. Also gewöhnten sie sich an, flüsternd bis hundert zu zählen.

«1, 2, 3, 4, 5, 6», sagte die Kronprinzessin.

«7, 8, 9, 10, 11», antwortete ihre jüngere Schwester.

«12, 13, 14», sagte die jüngste.

«15, 16, 17, 18, 19, 20, 21, 22, 23!», behauptete darauf die redselige Kronprinzessin.

«Wie angeregt sich unsere Königskinder doch unterhalten», wird man sich im Publikum entzückt zugeraunt haben.

Königskindern ein halbwegs bodenständiges Aufwachsen zu gewährleisten ist schon immer ein recht schwieriges Unterfangen gewesen. Nikolai Pawlowitsch, der spätere Zar Nikolaus I., fasste die Umstände seiner Kindheit mit unfreiwilliger Komik folgendermaßen zusammen: «Eigentlich sind wir aufgewachsen wie jedes andere Kind auch, abgesehen davon natürlich, dass jedem von uns sofort nach der Geburt eine Kinderschwester, zwei Dienstmädchen, vier Kammerzofen, eine Krankenschwester, zwei Leibdiener, acht Diener, zwei Leibgardisten und acht Fahrer zugeteilt wurden.»

Kinderschwestern waren übrigens eine relativ junge Errungenschaft. Was man auch über das höfische Leben im 19. und 20. Jahrhundert liest, man stolpert unwillkürlich – vom nahen Weimar bis ins ferne Burma – über die unvermeidliche englische Nanny, die mit ihrer Obsession für frische Luft, Haferbrei und Tee die Hoheit über die königlichen Kinderzimmer eroberte. Angeblich ist es die russische Zarin Katharina die Große gewesen, die mit ihrer Vorliebe für Kindermädchen aus England diese weltweite Mode ausgelöst hat. Wenn man bedenkt, dass es bis weit ins 19. Jahrhundert nichts Ungewöhnliches war, dass Königskinder wie kleine Erwachsene mit eigenem Hofstaat und strengem Protokoll lebten, war dies eine segensreiche Entwicklung.

Nannys stammten – im Gegensatz zu den gefürchteten Gouvernanten – meist aus Arbeiterfamilien und räumten in ihrer resoluten Art mit so manchem wenig kindgerechten Pomp auf. Eine legendäre Nanny am preußischen Hof war Ethel Howard, die nach ihrem Posten in Potsdam an den kaiserlichen Hof nach Japan ging und über ihre Erfahrungen dort das hinreißende Buch «Japanese Memories» verfasste. Ethel muss eine Art Mary Poppins gewesen sein, fest davon überzeugt, dass die Kinder am preußischen Hof zu behütet aufwachsen. Ihre vornehmste Aufgabe sah sie darin, ein wenig heilsame Unruhe in die Kinderzimmer zu bringen. Als sie erfuhr, dass die ihr anvertrauten Prinzen noch nie in ihrem Leben Schnee angefasst hatten, ließ sie, weil es den Prinzen nicht gestattet war, bei kaltem Wetter nach draußen zu gehen, ein paar Eimer Schnee in die oberste Etage des Neuen Palais von Potsdam bringen und veranstaltete im Kinderzimmer eine Schneeballschlacht.

Im Gegensatz zu Nannys waren Gouvernanten bei den königlichen Kindern verhasst. Meist lösten sie etwa ab dem siebten Lebensjahr der Kinder die Nannys ab. Typischerweise stammten sie aus «besserem Hause», nicht selten aus verarmtem Adel, was sie mit einem tiefsitzenden, aber natürlich nicht offen zur Schau getragenen Ressentiment und Neid gegenüber den «Herrschaften» ausstattete, ihren Verdruss über ihre Zwitterstellung zwischen Angestellter und Dame bei Hofe ließen sie an den Kindern aus. Sie fühlten sich den Nannys gesellschaftlich überlegen, neideten ihnen die Zuneigung der Kinder und triezten diese, wo sie nur konnten, meist in Koalition mit den ebenso verhassten Hauslehrern. Aus den Fängen der Gouvernanten und Hauslehrer wurden die Prinzen meist erst dann gerettet, wenn sie alt genug für die Kadettenschule waren. Die Prinzessinnen waren ihnen meist sehr viel länger ausgeliefert. Erst Mitte des 20. Jahrhunderts begann man in den Königshäusern, die Jungen auf Internate und die Mädchen auf Pensionate zu schicken, wodurch die meisten der Gouvernanten überflüssig wurden. Die Nannys gibt es bis heute.

Simeon von Bulgarien, der letzte Kindkönig Europas, hatte deutsche Gouvernanten. Aus heutiger Sicht bemängelt er deren fehlende Gelassenheit in Krisensituationen, etwas, wofür die englischen Nannys seiner Vettern und Cousinen so berühmt waren. Einmal, als das außerhalb von Sofia gelegene königliche Schloss Vrana mal wieder von englischen

Bombern malträtiert wurde, seien seine zwei deutschen Erzieherinnen kreischend in sein Zimmer gekommen und hätten ihn angebrüllt: «Schnell, schnell, anziehen, die Engländer kommen!» Man habe ihn aus dem Bett gerissen und in Eile beide Beine in ein Hosenbein gesteckt. «Natürlich bin ich sofort auf die Nase gefallen, und unsere beiden Kinderschwestern sagten: ‹Schau mal, der arme Junge, wie er Angst hat!›» Noch heute, sagt Simeon, nimmt er ihnen diese Bemerkung übel. «Ich hatte keine Angst. Die hatten mir einfach die Hosen falsch angezogen!»

Als Simeon König wurde, war er sechs Jahre alt.

Er blieb König bis zu seinem neunten Lebensjahr, wurde dann von den Kommunisten außer Landes geschafft und verbrachte den Rest seines Lebens als Exil-König, also als

Simeon von Bulgarien war der letzte Kindkönig Europas.
Ich bat ihn, mir ein Bild zu schicken, das ihn als jungen König zeigt. Er schickte mir dieses hier, es zeigt ihn umgeben von Soldaten bei einem Manöver im Jahre 1946, wenige Wochen vor seiner Verschleppung ins Ausland.

König ohne Reich. Ich besuchte Simeon von Bulgarien in Sofia, um mehr darüber zu erfahren, wie man als König aufwächst, denn in seinem Fall konzentrierte sich die Erziehung ja zwangsläufig auf das Wesentliche, den ideellen Kern des König-Seins ohne seine äußere Verkleidung. Manchen ist Simeon II. besser bekannt als Simeon Sakskoburggotski. Unter diesem «bürgerlichen» Namen kehrte er nach dem Fall des Eisernen Vorhangs in seine Heimat zurück, wo er auf Anhieb zum Ministerpräsidenten der jungen Demokratie gewählt wurde. Dass er als einst abgesetzter Monarch in freien Wahlen zum Regierungschef gewählt wurde, macht ihn zu einer historischen Kuriosität.

Unser Treffen findet in Vrana statt, dem bereits erwähnten ehemaligen königlichen Landsitz außerhalb der bulgarischen Hauptstadt Sofia. Die Atmosphäre ist eher gemütlich als höfisch. Statt eines behandschuhten Dieners ist es der König selbst, der einen Aperitif anbietet. Weißwein? Oder Rakia, den typisch bulgarischen Schnaps? Rakia bitte. Der König verschwindet in der Küche und kommt mit einem Silbertablett zurück, das dringend einmal poliert werden müsste. Die Königin, eine elegante Spanierin, Enkeltochter des Marquis de Cortina, trinkt Cola. Wir nehmen in einer Sitzgruppe Platz, die ebenso gut in eine gepflegte spanische Pension passen würde. Nur die den Fenstersims säumenden, gerahmten und mit handgeschriebenen Widmungen versehenen Fotos gekrönter Häupter erinnern daran, dass wir uns hier eben nicht in der Vorstadtvilla eines Chefarztes befinden.

Ich will wissen, ob er sich noch daran erinnert, wie es war, als er König wurde. Sein Vater, König Boris III., war 1943 unter mysteriösen Umständen nach seiner Rückkehr von Verhandlungen mit Hitler gestorben. «Ich sehe es deutlich vor mir, wie einen Film. Es war der 28. August 1943. Meine Schwester und ich hatten den Tag auf dem Land verbracht. Wir waren von einem langen Spaziergang mit unseren Gouvernanten zurückgekehrt, als einer der Adjutanten sich vor mir aufbaute und mich plötzlich so anredete, wie sonst nur mein Vater angeredet wurde: ‹Majestät!› Als wir nach Sofia zurückkehrten, war die ganze Stadt schwarz beflaggt. Am Eingang von Vrana stand meine Mutter, über und über in Schwarz gekleidet, einen schwarzen Schleier vor ihrem Gesicht. Sie nahm uns beide an der Hand und fuhr mit uns in die Alexander-Newski-Kathedrale. Dort lag mein Vater aufgebahrt. Es war schauderlich. An diesem Tag endete meine Kindheit.»

Die Nationalversammlung erklärte den sechs Jahre alten Simeon zum König der Bulgaren. Ein Regentschaftsrat wurde gegründet, der von seinem Onkel Kyril geleitet wurde. Ein Jahr später marschierte die Rote Armee in Bulgarien ein. Unter der sowjetischen Besatzung wurde die Regierung Prinz Kyrils abgesetzt und ein Volkstribunal einberufen. Tausende Todesurteile wurden verhängt. Auch die Mitglieder des Regentschaftsrats, darunter Simeons Onkel Kyril, wurden exekutiert. Als Vormund des Kindkönigs, der mit seiner Mutter und seiner Schwester in Vrana eingesperrt war, wurde der Chefideologe der Kommunistischen Partei eingesetzt.

Formell blieb Simeon selbst in der Zeit der sowjetischen

Besatzung, zwischen September 1944 und September 1946, König. Warum hatte man ihn nicht einfach abgesetzt? Warum war ihm das Schicksal seines Onkels erspart geblieben?
«Weil die Sowjets wussten, dass es dann zum Bürgerkrieg gekommen wäre. Bevor man mich absetzte, musste man dies erst durch eine Volksbefragung legitimieren.»
Diese Volksbefragung fand im September 1946 statt. Das Resultat: 99,2 Prozent der Bulgaren sprachen sich gegen die Monarchie und für die Republik aus. War das Ergebnis manipuliert?
«Erstens: ja, natürlich. Und zweitens: Das spielt keine Rolle. Völkerrechtlich ist ein Referendum, das in einem besetzten Land abgehalten wird, ohnehin null und nichtig.»
Die Oliven, die der König vor uns hingestellt hatte, sind inzwischen verzehrt. Sie wurden von der Königin und mir höchst demokratisch geteilt. Aus der Küche dringt der Duft von gegrilltem Lachs in den Salon. «Genau hier, wo wir jetzt sitzen», sagt der König, «eröffnete man uns damals, einen Tag nach dem Referendum, dass wir das Land zu verlassen hätten. Wir sollten mit dem Zug in die Türkei und von dort weiter per Schiff nach Ägypten gebracht werden.»
Erinnert er sich an die Umstände seiner Deportation?
«Am 16. September 1946 wurden wir von der gesamten kommunistischen Staatsspitze zum Bahnhof von Kazichane gebracht. Meine Mutter redete kein Wort. Ich nehme an, sie war sicher, dass wir Istanbul nie erreichen, sondern unterwegs umgebracht werden sollten. Wir stiegen in einen

Zug. Es waren drei Waggons. Zwei kommunistische Parteifunktionäre wurden uns als Begleiter zugeteilt. Mitten in der Nacht hielt der Zug plötzlich. Das quietschende Geräusch der Bremsen werde ich nie vergessen. Für uns war klar: Jetzt ist es so weit. Sie werden uns aus dem Waggon schleifen, erschießen und irgendwo verscharren. Nach drei oder vier unerträglichen Stunden fuhr der Zug plötzlich doch weiter. Erst Jahre später habe ich erfahren, was geschehen war. Der Lokomotivführer hatte sich geweigert, seinen König außer Landes zu bringen. Es musste erst eine Lok aus der Türkei angefordert werden, damit die Fahrt fortgesetzt werden konnte. Ich habe nie herausgefunden, was mit dem Lokomotivführer geschehen ist.»

Das Exil in Ägypten dauerte knapp fünf Jahre. 1951 bot die spanische Regierung der bulgarischen Königsfamilie an, sich in Madrid niederzulassen. Als die Königinmutter mit ihren beiden Kindern in das noch heute von der Familie bewohnte Haus in Madrids Avenida del Valle zog, war Simeon vierzehn Jahre alt. Franco stellte damals eine Ehrengarde ab, die rund um die Uhr vor dem Haus Wache zu halten hatte.

An welche Grundprinzipien seiner Erziehung erinnert er sich? Wuchs er im Bewusstsein auf, ein König zu sein?

«Mir wurde eingebläut, dass andere Menschen Rechte und Pflichten hätten, ich hingegen ausschließlich Pflichten. Täglich nahm mich meine Mutter in die Mangel. Meine Schwester und ich hatten einen Spitznamen für sie: tornillo de banco, Schraubstock.»

Was seine Position anbetraf, war seine Erziehung einigermaßen schizophren. Im Mikrokosmos seines Hauses und der die Familie umgebenden Exil-Bulgaren war er der König. Im Makrokosmos außerhalb seines Hauses war er angehalten, die Rolle des namenlosen Flüchtlings zu spielen. Außerhalb der eigenen vier Wände trug er das Pseudonym Simeon Rylski. Nach Abschluss seiner Schulausbildung wurde er nach Amerika auf die Valley-Forge-Militärakademie in Pennsylvania geschickt, als Kadett Rylski. Dass er den legendär gnadenlosen Drill dieser Kadettenanstalt als Befreiung von der erdrückenden Erziehung zu Hause empfand, spricht für sich.

Das vorläufige Ende der Geschichte ist großartig und auch ein wenig traurig. In den sechziger Jahren kehrte Simeon nach Spanien zurück. Er wurde Geschäftsmann und – nicht zuletzt dank seiner guten Kontakte zu den Monarchen arabischer Staaten – ein wohlhabender Mann. Als der Eiserne Vorhang fiel, zögerte er nicht und kehrte zurück in das Land, zu dessen König er als Kind gekrönt worden war.

Am Tag seiner Rückkehr läuteten alle Kirchenglocken des Landes. Es war ein «Hosianna!», dem wohl zwangsläufig ein «Kreuziget ihn!» folgen musste. Er wurde zum Ministerpräsidenten Bulgariens gewählt, eine Bürde, die man seinem ärgsten Feind nicht wünscht. Eine Regierung in einem der rückständigsten europäischen Länder zu leiten, ohne auf einen eingespielten Beamtenapparat zurückgreifen zu können, in einem Land, das von Korruption zerfressen war und dessen Wirtschaft von mafiösen Zirkeln dominiert, dessen Staatsfinanzen desolat und dessen Justiz und Polizeiapparat käuflich waren ... Dies wäre selbst für einen politisch erfahrenen Mann eine undankbare Aufgabe gewesen. Simeon übernahm diese Aufgabe, schlug einen rigiden Sparkurs ein, um Bulgarien für die Maastricht-Kriterien der Europäischen Union zu qualifizieren, und wurde in kürzester Zeit zum meistgehassten Mann des Landes. Wahrscheinlich hat niemand in der jüngeren Geschichte derart nachhaltig zur Zerstörung des königlichen Nimbus beigetragen wie Simeon Sakskoburggotski. Die Menschen hatten ihn als Wundertäter gewählt – ein Nachklang der Sage von der Heilkraft der Könige. Doch Wunder blieben aus. Die Enttäuschung war vorhersehbar. Durch Versprechungen, den Lebensstandard zu verbessern und die Einkommen zu erhöhen, Versprechen, die er natürlich nicht einhalten konnte, tat er seinen Teil, um diese Enttäuschung noch zu verstärken. Zwar hat er, wie er heute sagt, inzwischen seine «Mission erfüllt», Bulgarien ist EU-Mitglied, das Land ist grundlegend reformiert, die Staatsfinanzen sind saniert. Doch sein Ruf ist ebenso dahin wie seine Unantastbarkeit. Viele Bulgaren sehen sich als Verlierer des radikalen wirtschaftlichen Wandels, nicht wenige sehnen sich nach der «guten alten Zeit» des Kommunismus zurück. Und die Schuld daran trägt in den Augen der meisten Bulgaren: Simeon, der als Wundertäter versagte.

«Le roi règne, mais il ne gouverne pas.» Der König darf gebieten, aber nicht regieren. Gegen diese uralte Formel hat Simeon verstoßen. Vielleicht hätte er es ähnlich machen sollen wie Sonia Gandhi? Die war ja auch Nachfahrin der quasiroyalen Familie Indiens, sie ließ sich zur Ministerpräsidentin wählen, zog sich aber nach gewonnener Wahl in den Hintergrund zurück und blieb so als Autorität unantastbar und durch die Tagespolitik nicht kompromittierbar. Dass Simeon die unmittelbare Verantwortung auf sich nahm, dass er den Kopf hinhielt, war äußerst ehrenhaft, widersprach aber eklatant der Idee der konstitutionellen Monarchie, die er für sein Land – zumindest insgeheim – womöglich anstrebte.

Wir sind inzwischen beim Dessert angelangt. Es gibt gegrillten Kürbis mit Honig, er empfiehlt, ein paar Nüsse darüberzustreuen. Diese Nachspeise gehört eindeutig zum osmanischen Erbe dieses Landes. Auf dem Tisch steht Schlagsahne – aus der Sprühdose. «Ich habe meine Aufgabe hier erfüllt und werde dieses Land nicht mehr verlassen», sagt Simeon.

Ob er es denn bereut habe, sich in die Niederungen der Politik begeben zu haben, will ich von ihm wissen. So einiges, gibt er zu, habe er bereut. Er habe aber keine andere Wahl gehabt. Sein Leben lang war er dazu gedrillt worden, Verantwortung für sein Land zu übernehmen. «Ich ... äh ... ich meine ... Bulgarien konnte sich nicht leisten, auf die Nase zu fallen.» Dieser kleine Versprecher, denke ich beim Hinausgehen, sagt eigentlich alles.

> Die monarchische Regierung ist jene,
> die am besten ohne die Geschicklichkeit
> des Herrschers auskommt.
> Darin liegt vielleicht
> ihr wesentlichster Vorzug.
>
> *Joseph de Maistre*

Kapitel vier
WARUM DARF EIN KÖNIG NICHT ALLZU KLUG SEIN?

Ganz gleich, was königliche Hoheiten tun, ob sie jagen, malen oder philosophieren, sie tun es mit Entschiedenheit. Selbst wenn sie im totalen Stumpfsinn leben, dann mit eiserner Konsequenz. Mein verstorbener Schwager, Fürst Johannes von Thurn und Taxis, der über einen recht gnadenlosen Sinn für Humor verfügte, sagte über Schwedens König Carl Gustaf, es sei ratsam, bei Gesprächen mit ihm «einen Kanal runterzuschalten», am besten rede man ausschließlich über Autos. Um seiner Aufmerksamkeit sicher zu sein, sollte man nach Möglichkeit in gewissen Abständen Laute wie «Brumm-brumm» von sich geben. Ich war mir sicher, dass dies eine der typischen

Johannes-Übertreibungen war. Bis ich eines Tages dem König von Schweden begegnete. Es war am Starnberger See, im Haus eines deutschen Vetters des Königs. Vor der Tür stand ein nagelneuer Maserati. Der König redete nur wenig. Wenn er sprach, hörte sich das in etwa so an: «Morgen fahren wir über die Tauernautobahn Richtung Italien, brrrrrm, brrrrm!» Alle nickten freundlich und fuhren mit ihren Gesprächen fort. Einige Minuten später unterbrach uns der König wieder freudig erregt: «Und übermorgen fahren wir dann über Mailand weiter nach Florenz, brrmm, brrmm, brrmmmmm!» Seine Frau, die deutsche Königin Silvia, blickte ihn gutmütig an. So gutmütig, dass es fast schon ein wenig mitleidig wirkte.

Wenn Dänen über ihren Kronprinzen Auskunft geben, gehört folgende Episode zum festen Repertoire: Frederik und Mary hatten dem Sitz der EU-Kommission in Brüssel einen Besuch abgestattet, anschließend stellte sich Frederik den Fragen der Presse. Die Fragen waren, zugegeben, ziemlich banal. Was ihnen der Besuch gebracht habe und so weiter. Doch Frederik gelang das Kunststück, die Banalität der Fragen durch seine Antworten noch zu übertreffen. «Wir hatten sehr viel ... ähh ... an dem Besuch», sagte der Kronprinz in die ihm entgegengestreckten Mikrophone, «wir haben auf jeden Fall eine ... äh ... Sicht bekommen, also auf körperliche Art und Weise. Wir haben auch die, wie heißen sie doch gleich ... ach ja, Kommissare getroffen. Sehr nett. Spannend! Sie zu hören, meine ich, als wir bei Speis und Trank beisammensaßen, wie man so sagt.» Die Unbedarftheit des dänischen Kronprinzen ist – wenn man bedenkt, was für eine kluge und gebildete Frau seine

Mutter ist – einigermaßen überraschend, zumal sein Vater, Prinz Henrik von Dänemark, gar nicht aus einer so alten Familie stammt, dass er das Recht hätte, degeneriert zu sein.

Für Angehörige amtierender Königshäuser ist eine gewisse Weltfremdheit eigentlich kein Manko. Unangenehm wird es erst für Hoheiten, die im Limbo zwischen royaler Vergangenheit und bürgerlicher Existenz hängen. Meine Frau zum Beispiel hat fast nur Könige und Kaiserinnen unter ihren Vorfahren, darunter die heilige Elisabeth von Thüringen und Queen Victoria, sie ist also in einer Familie aufgewachsen, die seit gut tausend Jahren darauf konditioniert ist, im Palast zu leben und alle alltäglichen Dinge von hilfsbereiten Geistern abgenommen zu bekommen. Nun muss aber Irinas Familie seit zwei Generationen damit zurechtkommen, sich in einer bürgerlichen Welt zu behaupten, für die sie überhaupt nicht disponiert ist. Die erblich bedingte Verkümmerung des Sinns für die banalen Details des täglichen Lebens bezeichnet man in unseren Kreisen als «Hö-Tö»-Problem. «Hö-Tös», höhere Töchter, sind natürlich besonders liebenswert, aber sie haben mit einem Handicap zurechtzukommen, das im täglichen Leben wirklich unpraktisch ist und das sie zum Beispiel (und das habe ich keineswegs erfunden!) in einen Zug nach Frankfurt an der Oder einsteigen lässt, obwohl sie nach Frankfurt am Main wollen. Überhaupt Namen. Für Royals sind Namen, außer den geläufigen – also Windsor-Mountbatten, Habsburg, Bourbon, Hohenzollern, Romanow –, ein fast so undurchschaubares Rätsel wie für Staubgeborene

Irina und ich heirateten 1999 in Schloss Wolfgarten. Unsere Ehrengäste waren Königin Sophia von Spanien und Erzherzogin Regina von Österreich. Aber bürgerliche Freunde durften auch kommen (wie Fincki und Uwe Ochsenknecht).

die Quantenphysik. Meine Schwiegermutter weiß, glaube ich, bis heute nicht genau, wie ich heiße, ob Schönborn (wie die Fürstbischöfe), Schönberg (wie der Komponist) oder eben Schönburg.

Mit der Bildung ist es auch so eine Sache. Eigentlich war es nur der französische Hof, an dem Bildung eine gewisse Achtung genoss. An allen anderen Höfen gilt sie seit jeher als unkleidsam, um nicht zu sagen: ordinär. Typisch für die meisten europäischen Höfe sind eher Figuren wie der letzte König von Sachsen, Friedrich August III., der, als ihm bei der Ausstellung der «Blauen Reiter» in Dresden Franz Marc vorgestellt wurde, diesen fragte: «Sagen Sie mal, warum haben Sie die Pferde denn blau gemalt?» Als ihm der Künstler antwortete «Das sehe ich so, Majestät», sagte der König: «Ach, Sie Ärmster, haben Sie das schon lange?» Oder Kaiser Ferdinand I. von Österreich, der in die Geschichtsschreibung gnädigerweise als «der Gutmütige» einging. Als er auf der Jagd einmal einen Adler erlegte und man ihm das Tier präsentierte, war er bitter enttäuscht, dass der Vogel nur einen Kopf hatte, auf seinem Familienwappen hatte er schließlich zwei. Egal, wie lange man in der einschlägigen Literatur stöbert, vom «gutmütigen» Ferdinand ist nur ein einziger zusammenhängender Satz zu finden: «Ich bin der Kaiser, und ich will Knödel!»

Zur Verteidigung der Königshäuser muss gesagt werden, dass eine dynastische Heiratspolitik, die jahrhundertelang auf mehr oder wenige systematische Inzucht hinauslief, kaum geeignet ist, großartigen Geist zu züchten. Der 1914 in Sarajevo erschossene österreichische Thronfolger Franz Ferdinand von Österreich fasste das Dilemma der auf «Ebenbürtigkeit» versessenen königlichen Heiratspolitik folgendermaßen zusammen: «Wenn unsereiner jemanden gernhat, findet sich im Stammbaum irgendeine Kleinigkeit, die die Ehe verbietet, und so kommt es, dass bei uns immer Mann und Frau zwanzigmal miteinander verwandt sind. Das Resultat ist, dass von den Kindern die Hälfte Trottel und Epileptiker sind.» Er entschied sich, worauf ich später noch eingehen werde, für eine «unstandesgemäße» Heirat mit einer einfachen Gräfin, meiner Urgroßtante.

Queen Victoria hat die Gefahren des Untereinander-Heiratens schon lange vor der Entdeckung der Gentechnik erkannt. In einem ihrer Briefe an ihre älteste Tochter

Vicky, die Mutter Wilhelms II. (und Ururgroßmutter meiner Frau), heißt es: «Ich würde mir so sehr wünschen, dass wir ein oder zwei dunkeläugige Prinzen und Prinzessinnen für unsere Kinder finden. Ich muss immer wieder daran denken, was der liebe Papa immer wieder sagte, dass doch nur durch kleine Imperfektion in der Abstammung frisches Blut in unsere Familien kommt ... Immer nur diese hellen Haare und blauen Augen machen das Blut doch so lymphatisch ... Wir sollten Papas Worte nicht auf die leichte Schulter nehmen, denk daran, wie er immer sagte: ‹Wir brauchen ein wenig starkes Blut.›»

Es ist unwahrscheinlich, dass Queen Victoria, als sie diesen Brief schrieb, genauere Vorstellungen darüber hatte, was genau mit dem Blut der englischen Königsfamilie nicht in Ordnung war. Die heutige Forschung ist da sehr viel weiter. In den sechziger Jahren erschien das maßgebliche Buch zu dem Thema («George III. and the Mad Business») von Richard Hunter und Ida Macalpine. Ihre These lautete, dass Georg III. (1738–1820), der als wahnsinnig in die Geschichte eingegangene hannoveranische Vorfahre Queen Victorias, nicht etwa an einer Psychose gelitten habe oder an Schizophrenie, sondern an einer inzestbedingten Stoffwechselstörung namens Porphyrie. Eine der Begleiterscheinungen der Porphyrie sei die Neigung zu manischen Anfällen. Seither haben sich immer wieder Mediziner und Historiker mit den genetischen Defekten im Hause Hannover-Windsor befasst, ohne letztlich zu einem schlüssigen Ergebnis zu kommen. Zuletzt hat der britische Historiker John C. G. Röhl den Versuch unternommen, nachzuweisen, dass sämtliche Nachkommen Queen Victorias an einer Neigung zur Porphyrie leiden. Um das zu beweisen, hätte er aber Stuhlproben lebender Nachkommen benötigt, die Krankheit ist anhand eines Enzyms zu erkennen, das im Stuhl nachweisbar ist. Da Queen Victoria neun Kinder hatte, die sich allesamt fleißig fortgepflanzt haben, gibt es inzwischen über achthundert Nachkommen (darunter, daher muss ich mich an dieser Stelle etwas zurückhalten, auch meine Kinder). Nur scheiterte Professor Röhls Beweisführung daran, dass sich unter diesen Nachkommen bislang niemand bereit erklärt hat, dem Professor seine Exkremente auszuhändigen. Nur der Vater von Ernst August von Hannover machte mit, allerdings hauptsächlich, um sich einen Spaß zu erlauben, denn er schickte Röhl nicht etwa eine Stuhlprobe von sich selbst, sondern den von einem seiner Hausgäste. Trotz mehrfacher sehr freundlicher Anfragen weigert sich der heutige Chef des Hauses Hannover, Prinz Ernst August, verständlicherweise, einschlägigen Wünschen nachzukommen. Leider werden wir wohl nie wissenschaftliche Gewissheit darüber erlangen, warum Prinz Charles mit Blumen spricht und Ferfried von Hohenzollern einen derart seltsamen Frauengeschmack hat. Was uns allerdings niemand nehmen kann, sind die gutdokumentierten Beispiele exzentrischen Verhaltens etlicher Nachkommen des Hauses Hannover.

Der erste englische König aus dem Hause Hannover, Georg I. (1660–1727), kam von einem Hof, an dem man gerade erst den Höflingen hatte verbieten müssen, «bei der Hoftafel einen Dritten mit Fleisch, Brot, Knochen und Braten zu bewerfen oder mit den verabreichten Speisen seine Taschen zu füllen.» Georg sprach kein Wort Englisch und war es aus Hannover gewohnt, ohne störendes Parlament zu regieren. Da er das englische Parlament nicht ausschalten konnte, zog er es vor, überhaupt nicht zu regieren und sich allabendlich mit mitgebrachtem hannöverschem Bier zu betrinken.

Seine Nachfolger waren fast alle entweder ein bisschen wahnsinnig, ein bisschen schwachsinnig oder beides. Georg II. (1683–1760) hasste alles, was nach Bildung und Wissenschaft roch. Seine Frau, Karoline von Ansbach, musste heimlich lesen, der König bekam Wutanfälle, wenn er sie dabei erwischte. Sein Nachfolger, Georg III., war der besagte «Mad King George», dessen Sohn, Georg IV. (1762–1830), ging als größter Hypochonder seines Zeitalters in die Geschichte ein, knapp gefolgt von seiner Nichte, Queen Victoria, die auch noch unter schweren Depressionen litt. Ihr Sohn «Bertie», der spätere Edward VII. (1841–1910), galt als Kind als auffällig lernfaul, später entwickelte er eine unvorteilhafte Fressgier und diverse Ticks. So hatte er die zwanghafte Angewohnheit, von jedem seiner Gäste das exakte Gewicht zu dokumentieren. Berties ältester Sohn Albert Victor, genannt «Eddie», galt selbst in den Augen seiner liebenden Eltern als Schwachkopf. Edward und Alexandra gaben sich große Mühe, den Thronfolger zu fördern, und heuerten die besten Lehrer des Landes an, um ihn für ein Studium in Cambridge fit zu kriegen. Offenbar war aber jede Mühe vergebens, denn in einem der für seine Eltern verfassten Bulletins hieß es: «Seine Königliche Hoheit hat Mühe zu begreifen, was mit dem Begriff ‹lesen› gemeint ist.»

Eddie starb noch vor seinem Vater, also folgte Georg V. (1865-1936) diesem auf den Thron. Auch er, der Großvater der heutigen Königin, muss ein ziemliches Original gewesen sein. Er war geistig absolut uninteressiert, seine Ignoranz in politischen, wirtschaftlichen und kulturellen Fragen trug er wie ein Ehrenabzeichen. Edward, sein ältester Sohn, hielt es für seine allererste Pflicht, das ausgelassene Leben der wilden zwanziger Jahre auszukosten, während sein jüngerer Bruder Henry seine Tage hauptsächlich damit verbrachte, Zeichentrickfilme anzusehen. König Olaf von Norwegen ließ er einmal fast eine Stunde lang warten, weil er sich nicht von einer Episode von «Popeye der Seemann» losreißen konnte. Edward musste 1936 zugunsten seines Bruders Georg (1895-1952) abdanken, dem Vater der heutigen Queen, was für England ein Glücksfall war, denn er, der als Georg VI. firmiert, galt als der einzig Zurechnungsfähige unter den Geschwistern.

Hält man sich diese wirklich beeindruckende Reihe von Sonderlingen vor Augen, muss es eigentlich überraschen, dass Großbritannien in der Regierungszeit dieser oft wenig kompetenten Herrscher zu einem derart mächtigen Weltreich aufgestiegen ist und heute über eine Monarchie verfügt, die wahrscheinlich als die stabilste überhaupt gelten muss. Wahrscheinlich liegt das Geheimnis einer funktionierenden Monarchie eben nicht in der Weisheit der Throninhaber, das Amt des Königs scheint vielmehr so groß zu sein, dass die Person des Königs dahinter geradezu verschwindet. Entscheidend für einen König ist schlicht, dass er da ist, dass man ihn sieht, so wie den Kirchturm über der Stadt. Nach Max Weber ist der entscheidende politische Vorteil der konstitutionellen Monarchie völlig unabhängig von der Begabung des Königs, da dessen Herrschaftsgewalt ohnehin hauptsächlich symbolischer Natur ist – entscheidend ist, dass der parlamentarische Monarch eine Funktion versieht, «die ein gewählter Präsident nicht erfüllen könnte: Er begrenzt das Machtstreben der Politiker formal dadurch, dass die höchste Stelle im Staate ein für alle Mal besetzt ist.» Diese Funktion sei, «politisch betrachtet, die praktisch wichtigste».

Es gibt keine erblichen Chirurgen, keine erblichen Kapitäne und auch keine erblichen Straßenfeger, warum ist also ausgerechnet das Königsamt erblich? Um eine möglichst plausible Antwort auf diese Frage zu finden, verabredete ich mich mit dem langjährigen Präsidenten der «International Monarchist League», Merlin Hanbury-Tracy, den siebten Lord Sudeley. Der etwa siebzig Jahre alte Herr ist einer dieser Menschen, die in einer homogenisierten Gesellschaft wie der deutschen ein unbeachtetes Dasein als Sonderlinge führen würden, in Englands Gesellschaft aber ihren festen Platz haben. Obwohl man ehrlicherweise sagen muss, dass Lord Sudeley selbst für englische Verhältnisse ein wenig exzentrisch ist. Bis zur Reform des Oberhauses, als die meisten erblichen Lords von Tony Blair entsorgt wurden, verpasste er keine Sitzung des House of Lords und besetzte dort mit Wonne die Rolle des unverbesserlichen, ewiggestrigen Reaktionärs. Jahrelang war er Vorsitzender des von Margaret Thatcher gefürchteten Monday Clubs, eines Zirkels stockkonservativer Torys, die sich immer montags trafen und den im Thatcherismus aufgestiegenen

Mittelklasse-Torys das Leben schwermachten. In seinem Eintrag im Who's who steht unter Hobbys: «Ahnenverehrung». Sympathischerweise ist er auch Schirmherr der Bankruptcy Association, wie die meisten Abkömmlinge der wirklich alten, ehrwürdigen englischen Familien ist er natürlich völlig verarmt. Über tausend Jahre residierte seine Familie in Toddington Manor, einem der ältesten Herrensitze Englands, der Anfang des 19. Jahrhunderts schon so verfallen war, dass sein Ururgroßvater ihn im Stil des Regency neu erbauen ließ. Inzwischen befindet er sich im Besitz des millionenschweren Pop-Künstlers Damien Hirst. Sudeley wohnt in einer etwas verwahrlosten Wohnung im Nordwesten Londons, gleich gegenüber der Marylebone Station.

Er empfängt mich in einem etwas mitgenommenen Blazer, seine fleckige Krawatte ist natürlich jene blau-rot gestreifte, wie sie nur von ehemaligen Eton-Schülern getragen werden darf, sein Hemd wirkt, als diene es gleichzeitig als Pyjama. Die Luft ist voll von Staub und Rauch. An der Wand seiner engen, von Büchern und Papieren überfrachteten Gelehrtenstube hängen zwei Ahnenbilder. Eines der Bilder zeigt seinen Großvater, Lieutenant Felix Hanbury-Tracy, in der Uniform der Scots Guards. Auf Nachfrage sagt er mir, dass sein Großvater 1914 im Kampf gegen die Deutschen in den Schützengräben von Fromelles gefallen sei. Daneben hängt ein Bild seines Vaters, Captain Michael Hanbury-Tracy, ebenfalls Offizier der Scots Guards, gefallen in Dünkirchen, ebenfalls im Kampf gegen die Deutschen. Etwas abseits hängt ein Porträt, das ihn selbst als jungen Mann zeigt. Das Hanbury-Tracy-Gen scheint auffallend gutaussehende Männer hervorzubringen, fast ein wenig zu gut aussehend, ihre doriangrayhaften Gesichtszüge haben etwas geradezu Lasterhaftes.

Seine Begrüßung ist sehr freundlich. «Wie sind Sie nur auf mich gekommen?», fragt er, als sei er aufrichtig dankbar, dass es noch Menschen gibt, die auf seine Meinung Wert legen. «Man kommt doch an Ihnen nicht vorbei, wenn man sich mit Fragen des Königtums beschäftigt», sage ich. Er bietet mir großzügig einen Drink an, ich gebe mich bescheiden und bitte um ein Glas trübes Londoner Leitungswasser. Er ist sichtlich erleichtert über diese Wahl, bedeutet sie doch, dass er den kümmerlichen Rest in der vor ihm stehenden Sherryflasche nicht teilen muss.

Das erste Thema, auf das ich Lord Sudeley anspreche, ist Loyalität. Seine Familie ist in England nämlich Synonym für bedingungslosen Gehorsam gegenüber Monarchen. Einer von Lord Sudeleys direkten Vorfahren ist Sir William de Tracy, der durch einen barbarischen Akt berühmt wurde. Sir William und drei weitere Ritter ermordeten im Dezember 1170 Thomas Becket, den Erzbischof von Canterbury, in seiner Kathedrale. Und das nur, weil sie gehört hatten, wie Heinrich II. nach jahrelangem Streit um kirchenrechtliche Fragen in einem missgelaunten Moment gestöhnt hatte: «Wer schafft mir diesen fürchterlichen Priester vom Hals ...» Sir William verstand das als Mordbefehl, nahm sich drei Getreue, ritt nach Canterbury und ermordete den höchsten Geistlichen des Landes.

Der Sessel, in dem ich sitze, ist offensichtlich eines der wenigen Überbleibsel aus besseren Zeiten. Er ist burgunderfarben, das Leder ist berauschend weich. Ich habe immer gedacht, solche Sessel gäbe es nur noch in Agatha-Christie-Verfilmungen. Vergliche man bei einem Blindtest die Weichheit des Leders mit der eines Babypopos, würde der Sessel gewinnen.

Meine erste Frage lautet: *Hätte Ihr Vorfahre vielleicht gut daran getan, noch einmal nachzufragen, bevor er sich nach Canterbury aufmachte, um Thomas Becket zu ermorden?*
Wie meinen Sie das? Nachfragen!? Wenn ein König einen Befehl gibt, fragt man doch nicht nach. Wo denken Sie hin?

Verstehe. Eigentlich bin ich ja hier, um mit Ihnen über die unterschiedliche Begabung von Herrschern zu sprechen. Bereitet es einem treuen Untertan Unbehagen, einem König zu dienen, von dem man weiß, dass er nicht ganz zurechnungsfähig ist?
Das Funktionieren der Monarchie hat nichts mit der Begabung des Monarchen zu tun. Entscheidend für das monarchische Prinzip ist der Glaube an die Zwei Körper des Königs.

Bereits beim Konzil von Toledo im Jahre 653 wurde definiert, dass der König über einen irdischen und einen übernatürlichem Körper verfügt.

(Er springt auf, greift nach einem ledergebundenen Band der Encyclopaedia Britannica, schlägt nach und liest mir eine Passage über das Konzil von Toledo vor.) «Zum König macht ihn das Recht, nicht seine eigene Person, weil er nicht König ist dank seiner Mittelmäßigkeit, sondern dank der Erhabenheit seines Amtes.» (Nach einem Schluck

Sherry fährt er fort:) Diese Unterscheidung zwischen Amt und Person geht auf den uralten, vorchristlichen Gedanken der Unsterblichkeit des Königs zurück, die völlig unabhängig von der Körperlichkeit des Königs ist.

Ein König hat also nach monarchistischer Sicht zwei Körper?

Sie müssen sich das vorstellen wie bei einem Piloten. Der Pilot eines Flugzeugs vereinigt zwei Personen in sich. Einerseits ist er ein Passagier, wie alle anderen Personen an Bord, andererseits ist er auch Pilot. Ein Sturm beispielsweise beeinträchtigt ihn als Passagier, aber nicht als Piloten.

Das ist ja recht praktisch. Nach der Zwei-Körper-Theorie ist es also vollkommen gleichgültig, ob der König, wie Georg III., zeitweilig eine Zwangsjacke trägt oder wie Ludwig II. von Bayern freundschaftliche Gefühle für eine Stechpalme entwickelt, das Königtum bleibt davon unberührt.

Genau so ist es. Der König ist immer der König. Auch wenn seine physische Existenz beeinträchtigt ist. Der König kann kein Unrecht begehen, nicht einmal Unrecht denken, in ihm ist keine Narrheit oder Schwäche. Nach englischem Verständnis repräsentiert die königliche Seite seiner Existenz absolute Vollkommenheit. Aller Boden, jedes Tier, jeder Fluss, alles im Land gehört dem König, ist den Untertanen nur geliehen, es gibt keinen Ort, den der König nicht betreten darf. Alle Gesetzgebung geht vom König aus, er ist die Quelle von Würde und Ehre, er verkörpert die Majestät des gesamten Gemeinwesens, sein Handeln ist das der Nation, der König ist eine corporation sole, eine juristische Person, die niemals stirbt, keine Seele hat, die unsichtbar ist und nur im Recht existiert. Genau das macht die Stärke der englischen Monarchie aus: dass der König ein Ideal ist, welches von der Realität nicht beeinträchtigt wird. Er ist gewissermaßen ein lebendes Paradoxon, ihm ist theoretisch alles, praktisch aber nichts erlaubt. Die englische Monarchie funktioniert nur deshalb, weil der König streng genommen eine Fiktion ist, die das Gleichgewicht zwischen Krone und Staat herstellt. Das macht England so einzigartig! Die Grundlage unseres Staates ist eine Fiktion, die das unlösbare Paradoxon der eigentlichen Entrechtung des Königs hinnimmt, ohne den Versuch, es zu schlichten und damit seiner Kraft zu berauben.

Das hört sich sehr schön an. Aber es hat doch auch Könige gegeben, die ihre Entrechtung nicht hingenommen haben, die Staatsgeschäfte an sich gerissen haben. Man muss schon ein recht eingefleischter Monarchist sein, um daran vorbeizusehen, dass ein dummer Monarch viel Schaden anrichten kann.

Eine recht engstirnige Sicht, junger Mann. In Wahrheit ist es doch so, dass in der jüngeren Geschichte viel Unheil von den angeblich begabten Monarchen angerichtet worden ist. Das Wirken minderbemittelter Monarchen war hingegen oft überaus segensreich! Ihnen als Deutschem müsste dies doch besonders einleuchten! Denken Sie an Ihren Friedrich den Großen! Er korrespondierte mit Voltaire, war sicher alles andere als ein Banause – und dennoch reduzierte er durch seine fürchterlichen Kriege seine Untertanen um knapp die Hälfte. Oder nehmen Sie Friedrich III. von Preußen und seine Frau Vicky. Sie waren ohne Zweifel für ihren Stand ungewöhnlich kluge und fortschrittliche Menschen, aber gerade das führte dazu, dass sie ihren Sohn, den späteren Wilhelm II., unendlich quälten, weil jener weder geistig noch körperlich ihren hochgesteckten Erwartungen entsprach. Das Ergebnis ist bekannt: ein zwischen Minderwertigkeitskomplexen und Größenwahn schwankender deutscher Kaiser, der das Reich nicht, wie seine kluge Mutter es sich gewünscht hatte, herrlichen Zeiten entgegen-, sondern in den Weltkrieg und die Monarchie in den Untergang führte.

Aber es gibt doch auch Fälle von Wahnsinn, die einen Herrscher regierungsunfähig machen. Was ist mit Georg III.?

Ein sehr gutes Beispiel. Das Desinteresse unserer hannoveranischen Könige am Regieren machte die Schaffung des Amtes des Premierministers überhaupt erst notwendig und brachte die historisch einzigartige frühe Stärkung des Parlaments in unserem Land hervor. Jeder Demokrat müsste Georg III. ewig dankbar sein. Auch mag Georg III. mental zeitweilig etwas instabil gewesen sein, zudem war er alles andere als ein großer Freund der Wissenschaften, aber durch seine finanzielle Hilfe ermöglichte er den größten Astronomen seiner Zeit epochemachende Forschungen. Und obwohl er selbst kein Gelehrter war, häufte er dennoch die größte und bedeutendste Buchsammlung seines Jahrhunderts an. Gehen Sie ins British Museum und sehen Sie sich dort die King's Library an! Georg III. war auch sicher kein Freund der Künste, und doch gründete er in London die weltberühmte Royal Academy of Arts.

Was zeichnet also einen guten Monarchen aus, wenn nicht Klugheit und Weitsicht?

Ein guter Monarch hat sich gefälligst der zeremoniellen Last seines Amtes zu fügen, er hat sein Schicksal als Symbolfigur zu tragen und sich nicht in die Geschäfte des Staates einzumischen. Ein König ist dazu da, verehrt zu werden und die Identität des Staates zu verkörpern – nicht um zu herrschen. Ein Napoleon, der sich täglich um den Spielplan des Theaters von Lyon, den Lehrplan seiner Unteroffiziere und den Straßenbau in Spanien Sorgen macht, ist kein echter König.

Ich verabschiedete mich von Lord Sudeley mit der für mich überraschenden Einsicht, dass es auf die Frage, ob ein König klug zu sein hat, nur eine sinnvolle Antwort gibt: nein! Um es mit Lord Sudeleys Worte zu sagen: «Zu viel Geist verführt einen König nur dazu, sich unbotmäßig in die Politik einzumischen oder, weil er einsieht, dass er dazu nicht in der Lage ist, schwermütig zu werden.» Damit ist diese Frage immerhin geklärt.

> No pain, no palm
> No thorns, no throne
> *William Penn*

Kapitel fünf
Und warum sitzt ein König auf einem Thron?

Während seiner Studienzeit in Oxford unternahm Lord Sudeley eine Reise nach Marokko und wurde von König Hassan II. empfangen. Dem König gefiel der junge Mann, er bot ihm den Posten des Erziehers des jungen Thronfolgers Prinz Mohammed an. Merlin Sudeley lehnte ab. Er zog es vor, seine Studien fortzusetzen. Eine für mich völlig unverständliche Entscheidung. Was für eine Vorstellung, einen künftigen Monarchen erziehen zu können! Dadurch einen klitzekleinen Einfluss auf den Lauf der Geschichte zu haben! Sollte ich einmal wiedergeboren werden, dann bitte, bitte als Hauslehrer an einem Königshof!

Ich wüsste sogar ein paar passende Gutenachtgeschichten. Ich würde dem Königssohn von Thronen erzählen. Davon, dass bei den alten Ägyptern der Thron selbst wie eine Gottheit verehrt wurde, dass bei den Römern der leere Kaisersessel auf Münzen geprägt wurde, dass, gerade weil er leer blieb, von ihm eine ungeheure suggestive Macht ausging, dass auch in der Artussage der leere, «gefährliche Sitz» eine wichtige Rolle spielte, auf dem sich nur der Gralsheld ungestraft niederlassen konnte, der aber jeden Unberufenen tötete. Ich würde ihm erzählen, wie in Byzanz der Kaiser an gewöhnlichen Tagen auf dem rechten Teil des Thrones, an Festtagen jedoch auf dem linken saß, weil an diesen Tagen der Ehrenplatz rechts einem Größeren, Unsichtbaren gebührte, Gott selbst, von dem der Herrscher in Demut zu weichen hatte. Ich könnte ihm vom Thron der dänischen Könige erzählen, der angeblich aus Elfenbein vom Einhorn besteht. Ich würde ihm aber auch sagen, dass in den ritterlichen Zeiten die Könige keinen Prunk brauchten, um ihr Volk zu beeindrucken. Die Throne im Mittelalter waren nicht aus Gold – sondern aus Stein oder Holz. Die ersten germanischen Könige kannten Throne überhaupt nicht und hoben ihre Anführer auf einen Schild. (Fest stehende Throne waren schon deshalb nicht sinnvoll, weil die frühen germanischen Könige nicht sesshaft waren.) Ich würde ihm von Aachen erzählen, von der Pfalzkapelle, die Karl der Große um das Jahr 800 an einen Ort bauen ließ, den schon die Germanen als magischen Kultort genutzt hatten. Ich würde ihm erzählen, dass sich Karl der Große den Thron aus Steinen bauen ließ, die aus dem Tempel von Jerusalem stammten. Die Nachfolger Karls des Großen fühlten sich von diesem Thron geradezu magnetisch angezogen, mehr als dreißig Kaiser ließen sich dort krönen, weil sie fest davon überzeugt waren, dass dies ein heiliger Ort sei, dass nur, wenn sie auf diesem Thron säßen, sie sich wahrhaft als Rex Germaniae betrachten könnten. Und um ihn zum Lachen zu bringen, würde ich ihm erzählen, wie sich auch ein korsischer Parvenü namens Napoleon der Anziehungskraft dieses Ortes nicht entziehen konnte und dass Joséphine de Beauharnais, als sie mit ihrem Gatten 1805 die Aachener Pfalzkapelle besuchte, drauf bestand, sich kurz auf den Thron zu setzen. Dankenswerterweise hat Victor Hugo für die Nachwelt festgehalten, dass sie sich dabei eine lästige Blasenentzündung zugezogen hat.

Vor allem aber würde ich dem Königssohn die Geschichte des legendären Stone of Scone erzählen, einem steinernen Thron. Der hatte nämlich eine ganz besondere Fähigkeit: Er konnte zwischen rechtmäßigen und unrechtmäßigen Herrschern unterscheiden!

Vor langer, langer Zeit, so würde ich wahrscheinlich beginnen, lebte in England ein grausamer König. Nördlich seines Reiches lag das stolze Schottland. Dort lebten die Menschen in Stammesverbänden. Jeder Berghügel, jedes Tal dort wurde von einem anderen Stamm bewohnt. Früher hatten diese Stämme oft grausame Kriege gegeneinander geführt, doch als Edward König von England war, herrschte schon seit über hundert Jahren Frieden. Die Schotten hatten auch einen König. Starb ein schottischer König, versammelten sich die Häuptlinge aller Stämme zu einem großen Fest, bei dem sie einen neuen König wählten. Als der König von England hörte, dass wieder ein schottischer König gestorben war, wollte er sich das stolze Schottland unterwerfen und marschierte mit seinen Truppen dort ein.

Die schottischen Krieger waren zwar tapferer und mutiger als die Engländer, aber gegen die Waffen und die Rüstungen der Engländer waren sie, die oft mit bloßen Händen kämpften, wehrlos. Der englische König besetzte mit seinen Truppen das Land und ernannte einen Mann zum König, dem er traute, obwohl er Schotte war. Seinen Landsleuten aber war jener Mann als Verräter verhasst. Immer wieder versuchten die Schotten, sich gegen die englischen Besatzer zu wehren. In einer großen Schlacht, von der sich die Alten noch heute grausame Geschichten erzählen, starben die tapfersten der schottischen Häuptlinge.

Der siegreiche englische König wollte verhindern, dass ihm je wieder ein schottischer Häuptling gefährlich werden könnte. Um dies sicherzustellen, ließ er den Thron des schottischen Königs nach London, in seine Hauptstadt, bringen. Denn dieser Thron war kein gewöhnlicher Thron, sondern ein geheimnisvoller Stein, den die Schotten den «Stein von Scone» nannten, nach dem Ort, an dem er stand. Von alters her war es dieser Stein, auf dem die schottischen Könige thronten. Der König ließ sich einen Thron aus Holz bauen, in den er – für alle sichtbar – den Stein einfügte. Diesen Thron stellte er dann in der größten und wichtigsten Kirche Londons auf, damit jeder sehen konnte, wo der rechtmäßige König Schottlands herrschte.

Warum der Stein von Scone ein besonderer Stein war? Den Grund dafür sprach man in Schottland nur flüsternd aus: Er bezeichnete die Mitte der Welt. Auf ihm hatte der Prophet Jakob geruht, als ihm im Traum Engel erschienen und ihm zeigten, dass Himmel und Erde mit einer unsichtbaren Leiter verbunden sind. Auf dem Sterbebett hatte Jakob dann seinen Söhnen vorausgesagt, Gott werde das Volk der Juden eines Tages in das Gelobte Land führen und alle Könige Israels sollten auf diesem Stein mit heiligem Öl gesalbt werden. Und genauso geschah es. Jahrhundertelang befand sich der Stein im Tempel von Jerusalem – und zwar an einem Ort, zu dem nur der König Zutritt hatte.

Eines Tages wurde Jerusalem von den Kriegern des mächtigen Babylon zerstört und der Tempel niedergerissen. Nur der Stein konnte gerettet werden. Es war der Prophet Jeremia, der ihn aus dem Tempel gebracht hatte, damit er nicht in die Hände der Babylonier fiele. Mit der Tochter des jüdischen Königs flüchtete Jeremia aus Israel und gelangte nach langer Irrfahrt schließlich auf die Insel Irland. Die Prinzessin, die Iren nannten sie Tamar Tephi, wurde mit dem mächtigsten der irischen Stammesfürsten vermählt. Sein Name war Eochaidh Heremon. Ihm schenkte die Prinzessin den Stein. Fortan wurden alle irischen Könige auf diesem Stein gekrönt. Die Iren nannten den Stein Lia Fal, das ist gälisch und heißt: Stein des Schicksals. In den alten Schriften irischer Mönche heißt es, dass der Stein selbst es war, der darüber entschied, wer König sein sollte. Wenn die Stammesältesten zur Wahl ihres Königs zusammenkamen und sich für einen Kandidaten entschieden hatten, musste er seinen Fuß auf den Stein setzen. War es der rechtmäßige König, so gab der Stein ein dunkles tiefes, geheimnisvolles Geräusch von sich, eine Art Schreien, aber kein menschliches Schreien, es klang wie Rufen aus einer anderen Welt. Schwieg der Stein, so musste von neuem gewählt werden. Seit dem Tag, an dem Christus am Kreuz starb, so steht in den Zeugnissen der Mönche, schreit der Stein nicht mehr bei der Königswahl, denn nun war das Kreuz und nicht mehr der Stein der Mittelpunkt der Welt, die Iren aber bewahrten die alte Sitte, den Stein des Schicksals als Thron für ihre Könige zu verwenden.

Viele Jahrhunderte später machte sich ein irischer König mit Namen Fergus auf, um sein Reich auf die unbewohnte Westküste des schottischen Hochlandes auszudehnen. Und weil die Alten sagten, dass nur, wer auf dem Stein des Schicksals thront, auch ein wahrer König ist, ließ Fergus Lia Fal nach Schottland bringen. Von nun an war er der König von Schottland, und alle seine Nachfolger wurden auf ebendiesem Stein gekrönt. Fünfhundert Jahre lang. Bis zu jenem schicksalhaften Tag, als Edward Schottland eroberte und den Stein nach London brachte. Eines Tages, so steht es geschrieben, wird dieser Stein wieder in Schottland sein. Und erst dann wird Schottland wieder einen eigenen König haben.

Inzwischen wird mein junger Kronprinz sicher eingeschlafen sein und davon träumen, selbst einmal auf diesem Stein zu sitzen.

Seit dem 13. Jahrhundert haben alle englischen Könige bei ihrer Krönung auf dem Stein des Schicksals gesessen, einschließlich Elisabeth II., die bei ihrer Krönung 1952 im Westminster Abbey auf dem Coronation Chair saß, in den der Stein von Scone eingelassen war.

Mit Hilfe des Steins wird versucht, Jerusalem und die da-

Ohne den «Stone of Scone» ist der Coronation Chair im Westminster Abbey nur ein alter Stuhl.

vidische Tradition für England zu vereinnahmen (ähnlich wie die Franzosen es mit der Anlehnung ihrer Königssalbung an die Salbung Davids taten). David ist nämlich nicht nur das Urbild des gerechten und gottgefälligen Königs, er ist das Urbild des von Gott zu seinem Amt bestimmten Königs überhaupt. Er war es, dem Gott versprochen hat, sein Haus werde bis zum Ende der Zeit herrschen.

Das erklärt, warum die Genealogen am englischen Hofe seit jeher nachzuweisen versuchten, dass die Mitglieder ihres Königshauses in direkter Linie von jener aus dem Hause David stammenden Prinzessin Tamar Tephi abstammen. Selbst bei der Krönung Elisabeths II. wird in den Krönungsdokumenten noch einmal darauf verwiesen. Und schließlich wird davon die Lehrmeinung abgeleitet, das englische Königshaus sei das «neue Haus David» und werde – wie in den biblischen Prophezeiungen vorausgesagt – auf ewig herrschen und am Ende der Tage die Welt von Jerusalem, dem Zentrum der Welt, aus regieren.

Dies freilich nur unter der Bedingung, dass auch künftig englische Könige auf dem Stein des Schicksals gekrönt werden ... Und damit sieht es im Moment nicht so gut aus. Seit 1996 befindet sich der Stein des Schicksals nämlich nicht mehr im Westminster Abbey! Tony Blair ließ den Stein am 15. November 1996 als Geste der Aussöhnung mit dem seit Jahrhunderten okkupierten Schottland in einer feierlichen Zeremonie nach Edinburgh bringen. Was ihn für traditionsbewusste Engländer natürlich zum Verräter machte. Da die Schotten davon träumen, sich eines Tages von England abzuspalten (ihren Stein haben sie zumindest schon mal wieder), ist es durchaus vorstellbar, dass Elisabeth II. der vorerst letzte englische Monarch seit dem 13. Jahrhundert war, der auf dem Stein des Schicksals gekrönt wurde. Ein Albtraum für englische Monarchisten. Ohne diesen Stein ist der Thron im Westminster Abbey nichts weiter als ein alter Holzstuhl. Den Engländern und Schotten ist nämlich egal, ob die Geschichte vom Lia Fal «historisch» ist. Es gibt da etwas, was auch auf die Legenden im folgenden Kapitel zutrifft: Maßgebend ist nicht, was geschehen, sondern was über Jahrhunderte *gedacht* worden ist. Die innere Wahrheit der Legenden ist mächtiger als die äußere der Geschichtlichkeit.

> Eine Krone tragen,
> eine Ungeheuerlichkeit!
>
> *Thomas Bernhard*

Kapitel sechs
WARUM TRAGEN KÖNIGE EIGENTLICH KRONEN?

Um wesentlichen staatstheoretischen Fragen auf den Grund zu gehen, muss man «Tim und Struppi» lesen. In «König Ottokars Zepter» zum Beispiel retten der Reporter Tim und sein Terrier das osteuropäische Land Syldavien vor einem Staatsstreich und der Machtübernahme durch ein diktatorisches Regime. Dreh- und Angelpunkt von Hergés Geschichte ist das Zepter des Königs. Um den König zu entmachten, ist kein Königsmord notwendig – es genügt, ihm das Zepter zu entwenden. Denn: Nur wer im Besitz des Zepters ist, ist der rechtmäßige Herrscher über Syldavien. Die Putschisten stehlen also Ottokars Zepter aus dem Königspalast und versuchen, es außer Landes zu bringen – was Tim natürlich in letzter Sekunde vereitelt. Klingt ein wenig weit hergeholt – und ist deshalb völlig realistisch. George Remi, alias Hergé, hatte ein Faible dafür, sich für seine Geschichten durch wahre Geschehnisse inspirieren zu lassen. 1938, als er «König Ottokars Zepter» zu Papier brachte, steuerte Europa auf das «Appeasement» mit Hitler zu, das die Einverleibung eines Teils der Tschechei in das Deutsche Reich zur Folge hatte, und in Rumänien ließ sich der schwache König Carol II. von der faschistischen Partei seines Landes, der Eisernen Garde, in die Einflusssphäre Hitlers zwingen. Das Vorbild für Hergés «Zepter» war ein tatsächlich existierendes königliches Regal: die Stephanskrone Ungarns.

Das Einzigartige an der Stephanskrone ist, dass sie nicht etwa die Königswürde bloß repräsentiert, sondern dass Königswürde von ihr *ausgeht*. In Ungarn war die Legitimität des Herrschers über tausend Jahre lang abhängig vom Besitz der Stephanskrone. Anders gesagt: In den Augen der Ungarn war es die Krone selbst, die regierte und sich dafür der Könige sozusagen nur bemächtigte. Und wenn es die Krone ist, die regiert, benötigt das Land nicht einmal einen König, um ein Königreich zu sein. Nach dem Zusammenbruch der Donaumonarchie und dem Zerfall des historischen Ungarn 1920 blieb das Land bis 1945 ein Königreich ohne König. Man hatte schließlich die Krone. Nach dem Zweiten Weltkrieg ging die Krone ins Exil, und als sie 1978 zurückkehrte, bereitete das kommunistische Regime ihr einen Staatsempfang, wie er Staatsoberhäuptern eben zusteht. Als sie anschließend im Nationalmuseum ausgestellt wurde, notierten die Sicherheitsbehörden allerdings mit deutlichem Unbehagen, wie Besucher vor ihr niederknieten wie vor ihrem legitimen Herrscher.

Ich habe mich bei der Arbeit an diesem Buch immer

wieder gefragt, ob es denn so etwas wie den «idealen König» gibt. Erfüllte David, der archetypische König des Alten Testaments, dieses Ideal? Sicher nicht. Sein Nachfolger, der weise König Salomon? Erst recht nicht. Wenn es ihn je gab, den idealen König, dann hatten ihn die Ungarn. Einen Gegenstand zum Staatsoberhaupt zu erklären ist an Genialität kaum zu überbieten.

Die Ungarn haben ja überhaupt einen gesunden Sinn für ihre Einzigartigkeit. Der alte Witz vom Ungarn, der in ein Geschäft kommt und nach einem Globus verlangt, auf dem «nur Ungarn» zu sehen ist, ist daher eigentlich nicht so sehr ein Witz als eine ziemlich präzise Umschreibung ihres Selbstverständnisses. Reisen nach Budapest sind also eine gute Gelegenheit, ein wenig dieses ungarischen Selbstwertgefühls zu tanken. Ich wohne immer im Géllert, einem Hotel, dem man den Wandel, den dieses Land in den letzten fünfzig Jahren durchgemacht hat, nicht anmerkt, in dessen Lobby man die letzten Exemplare jenes Typus Mensch antrifft, für den einst der Begriff «Kaffeehaus-Boheme» geprägt wurde: ältere, zeitunglesende Herren mit wie mit dem Lineal gezogenen Oberlippenbärten, Herren, die zugleich das Leid und den Witz der Welt mit sich herumtragen, und dies ohne einen Pengö in der Tasche, aber mit blitzblank polierten Schuhen.
    Mit einem von ihnen, meinem Freund, dem Schriftsteller und Orientalisten Laszlo Tabori, habe ich mich verabredet, um gemeinsam zur Stephanskrone zu pilgern.
    Wir pilgern mit der Straßenbahn. Um zur richtigen Haltestelle zu kommen, überqueren wir zu Fuß die Sza-

badság hid, die «Wahrheits-Brücke», in Ungarn kommen selbst Brücken nicht ohne ein gewisses Pathos aus. Das gibt uns eine erste Gelegenheit zu reden. Zunächst redet natürlich Laszlo und natürlich über sich, dieses Recht muss jedem Ungarn zugestanden werden. Schließlich ist für jeden Ungarn er selbst der Nabel der Welt. Das ist nicht herablassend gemeint. Das ist so! Die Vorstellung von der «Mitte der Welt» ist wesentlicher Bestandteil der überlieferten ungarischen Kultur. Der Mittelpunkt der Welt, sagen die Ungarn, ist dort, wo man mit seinem Stock in die Erde sticht – dass es demnach mehrere Mittelpunkte der Welt geben muss, je nachdem, wer gerade seinen Stock in die Erde sticht, bringt die Ungarn keineswegs durcheinander, die anderen interessieren nicht.

Nachdem Laszlo also ein wenig über sich erzählt hat (den zehnminütigen Spaziergang und die dreißig Minuten Fahrt in der Tram haben wir inzwischen hinter uns), stehen wir vor dem Parlament, dem größten neogotischen Gebäude der Welt – wahrscheinlich ist es nur das zweitgrößte, aber das interessiert die Budapester nicht –, und Laszlo beginnt von der Krone zu reden. «Es gibt kein Objekt in der europäischen Geschichte, von dem auch nur ein annähernd vergleichbarer mystischer Zauber ausgeht. Befand sich die Krone im Laufe unserer Geschichte einmal außer Landes, empfand dies die Nation als kollektiven Phantomschmerz, geradezu als Verstümmelung.»

Da die Krone in Ungarn eher als Person denn als Gegenstand betrachtet wurde, hatte sie natürlich auch ihre eigene Leibgarde. Die Soldaten dieser Krongarde versteckten gegen Ende des Zweiten Weltkriegs die Krönungsinsignien, neben der Krone auch das Zepter, den Reichsapfel und das Königsschwert, vor der aus dem Osten anrückenden Roten Armee und der aus dem Westen anrückenden US Army in der Nähe des Mattsees. Erst als die Soldaten der Krongarde in amerikanische Gefangenschaft gerieten, gaben sie das Versteck preis. Für die Krone folgte eine Odyssee: Im Juli 1945 wurden die Insignien ausgegraben und in die Zentrale für Kunstschätze der amerikanischen Armee nach Wiesbaden gebracht.

Anschließend wurden sie nach Frankfurt am Main überführt, wo sie in einem Panzerschrank der Reichsbank aufbewahrt wurden. Dann kamen sie in die Finanzzentrale des europäischen Kommandos der US-Armee in Friedberg. Von dort wurden die Insignien 1953 nach Amerika gebracht, wo sie bis 1978 in Fort Knox lagerten, jener Festung, in der auch ein Großteil der amerikanischen Goldreserven aufbewahrt wird.

Bis in die fünfziger Jahre wusste niemand in Ungarn, wo sich die Krone befand. Mein Freund behauptet, dass die Zeit, in der die Krone als vermisst galt, einen Tiefpunkt der ungarischen Geschichte darstellt. Und dass die Einverleibung Ungarns in den Warschauer Pakt zwar als schwere Schmach empfunden wurde, aber: «Hätte uns jemand gesagt, die Krone wäre in Moskau, hätten wir die sowjetische Herrschaft leichter ertragen, vielleicht sogar als legitim hingenommen.»

Dass die Ungarn ihrer Krone eine so außergewöhnliche Bedeutung beimessen, hat wahrscheinlich damit zu tun, dass sie wie kein zweites aus dem Osten nach Europa gelangtes Volk ihr orientalisches Erbe bewahrt haben. Die

Ungarn, vermutet man heute, stammen ursprünglich aus einer Region nördlich des Aralsees, dem heutigen Kasachstan. In den meisten frühen Hochkulturen des Orients war der Glaube verbreitet, dass Herrschaftszeichen nicht von Menschenhand geschaffen, sondern den Königen von himmlischen Mächten ausgehändigt werden. «Die ersten bildlichen Darstellungen einer Krone», sagt Laszlo, «sind in Persopolis zu sehen, im heutigen Iran. Sie stammen aus dem dritten Jahrhundert vor Christus. Mehrere aus dem Fels gehauene Reliefs zeigen einen König, wie er vom höchsten Gott der zoroastrischen Religion, Ahura Masdah, einen mit Bändern geschmückten Kranz entgegennimmt.» Die Vorstellung, dass die Herrscher ihre Kronen direkt von den Göttern erhalten, sagt Laszlo, sei über die frühen orientalischen Kulturen nach Byzanz gelangt. «In Ungarn ist der Glaube an eine geheimnisvolle, von der Krone ausgehende Kraft bis heute lebendig», versichert Laszlo. «Deshalb leuchtet es auch jedem ein, dass sich die Krone heute genau im Zentrum des Parlamentsgebäudes von Budapest befindet – schließlich liegt die Herrschaftsmacht heute beim Parlament.»

Als wir endlich vor ihr stehen, schweigt Laszlo. Die Stephanskrone darf nur zweimal am Tag von höchstens sieben Personen auf einmal, und auch dann nur in Begleitung eines vom Parlament beauftragten Wächters, besichtigt werden. Hinter schwachbeleuchtetem Panzerglas thront sie vor uns, sie wirkt riesengroß. Wie seltsam muss 1916, bei der letzten Krönung, Karl IV. damit ausgesehen haben? Wie archaisch muss sie auf dem Kopf dieses Mannes des 20. Jahrhunderts gewirkt haben? Das Auffälligste an ihr sind die großen, ungeschliffenen Edelsteine, mit der sie geschmückt ist, in der Mitte der Stirnseite ist eine Abbildung Christi, der wie ein Buddha auf einem byzantinischen Thron sitzt, und auf dem Scheitel das schiefe Kreuz. Es darf nur geflüstert werden. «Bittä holten Sie Abstond!», ermahnt uns der Fremdenführer, der seine Aufgabe als Kronwächter sehr ernst nimmt. «Bittä kaine Fotografien!», weist er mit feierlicher Stimme eine Japanerin zurecht, die ihre Digitalkamera gezückt hat. Das schiefe Kreuz, so wird uns erklärt, habe sich die Krone im 15. Jahrhundert zugezogen, als sie von Patrioten vor den Türken versteckt und vergraben worden sei. Laszlo verdreht die Augen und flüstert mir zu: «Später!» Später sagt er, dass dies ein weitverbreiteter Irrtum sei. «Selbstverständlich wurde das Kreuz absichtlich schräg befestigt. Der Neigungswinkel beträgt genau 66 Grad, exakt der Winkel, der auch beim Bau der Pyramiden in Giseh bestimmend war. 66 Grad beträgt auch der Winkel, mit dem die Drehachse unserer Erde auf den Nordstern weist. Für unsere Urahnen waren Sonne und Nordstern die Grundlage ihres Weltbildes. Die Sonne als Leben schenkende, weltbefruchtende Gottheit, der Nordstern als Mitte des Universums. Das Kreuz auf der Krone ist nicht schief, es ist gerade, es neigt sich mit der Erde der Mitte des Universums zu!»

Länger als eine Viertelstunde darf sich keine Führung bei der Krone aufhalten. Der Zugang ist streng reglementiert. In Gedanken bleiben Laszlo und ich den Rest des Tages bei ihr. Statt mit der Straßenbahn zurück ins Hotel zu fahren, spazieren wir die Donau entlang, während Laszlo mit mir sein enzyklopädisches Wissen über die ungarische

Geschichte teilt. Es ist kalt und windig, majestätisch bewegt sich neben uns die Donau nach Osten.

«Ungarn kann man nur begreifen, wenn man die Bedeutung der Krone versteht», sagt Laszlo, «eigentlich ist die ganze Geschichte Ungarns eine Geschichte des Kampfs um den Besitz der Krone. Als unsere alte Herrscherdynastie, die Arpaden, Anfang des 14. Jahrhunderts ausstarb, stritten sich die Magnaten des Landes um ihre Nachfolge, doch die Witwe des letzten Königs war mit der Krone außer Landes geflüchtet – und ohne Krone konnte niemand rechtmäßig herrschen. Erst als ihr Schwager, König Andreas III., die Krone zurückeroberte, galt er in den Augen des Volkes als legitimer Herrscher. Später ließ sich Karl von Anjou mit einer Ersatzkrone krönen, da sich aber die Stephanskrone im Besitz König Wenzels von Böhmen befand, betrachtete das Volk diesen und nicht den Herzog von Anjou als seinen rechtmäßigen Herrscher. Im 15. Jahrhundert dann, als König Albrecht starb, war es wieder eine Königswitwe, die die Krone außer Landes brachte, um ihrem minderjährigen Sohn Ladislaus die Herrschaft zu sichern. Die Magnaten wählten zwar einen König, doch ohne die Krone fehlte ihm die notwendige Legitimität – und letztlich wurde tatsächlich Ladislaus König.»

Auf welch irrationale Weise die Anerkennung des Volkes vom Besitz der Stephanskrone abhing, musste über dreihundert Jahre später auch Joseph II. von Österreich erkennen. Dieser große Aufklärer und Humanist erwirkte für Ungarn zwar eine Reihe geradezu revolutionärer Reformen, wie das Toleranzedikt für Protestanten und Juden, das Ende der Leibeigenschaft und die Schaffung eines modernen Bildungs- und Gesundheitswesens, doch die Ungarn nannten ihn verächtlich «kalapos király», den «König mit dem Hut», weil er – ganz aufgeklärter Freimaurer – darauf verzichtete, sich mit der heiligen Krone krönen zu lassen. Trotz – oder wegen – seiner Reformen hassten ihn die Ungarn. Er scheiterte kläglich. Romantiker wie Laszlo Tabori behaupten, ohne die heilige Krone habe ihm die für die Herrschaft unabdingbare göttliche Gnade gefehlt. Auf seinem Sterbebett nahm der Kaiser alle seiner umstrittenen Reformen – mit Ausnahme des Toleranzedikts – zurück und ordnete die Rückführung der Stephanskrone aus Wien nach Budapest an. Der festliche Umzug der Krone dauerte vier Tage, ganz Ungarn feierte die Prozession, als kehre nun der Befreier und Heilsbringer persönlich zurück. Josephs Nachfolger, Leopold II., gelang es, die Ungarn ein wenig mit den Unbilden der josephinischen Zeit zu versöhnen, unter anderem, weil er sich, wie es sich gehört, am 15. November 1790 in Pozsony von Josef Batthyány, dem Kardinal von Esztergom, mit der heiligen Stephanskrone krönen ließ.

Als sich die Ungarn Mitte des 19. Jahrhunderts gegen die habsburgische Herrschaft erhoben, wurde der Aufstand von den Habsburgern zwar blutig niedergeschlagen, doch die Revolutionäre feierten als Triumph, dass es ihnen gelungen war, die Krone aus der Budapester Burg zu entführen und in der Grenzstadt Orşova vor den Österreichern zu verstecken. Erst als der österreichische Geheimdienst im September 1853 das Versteck entdeckte und die Krone wieder in die Budapester Burg, in die Hand der Habsburger, überführte, sahen die Ungarn ein, dass sie verloren hatten.

Mein Freund Laszlo glaubt fest daran, dass der Einfluss der heiligen Krone auf die Geschichte Ungarns noch heute wirksam ist: «Erst als Jimmy Carter uns die Krone 1978 aushändigte, erwachte unser Selbstbewusstsein wieder. Und wenn du glaubst, es sei ein Zufall, dass gerade in den Jahren nach 1978 Ungarn anfing, sich aus der Umklammerung der Sowjetunion zu lösen, hast du nichts begriffen!» Ende der siebziger, Anfang der achtziger Jahre begann die Zeit des – im Vergleich zu anderen Staaten des Ostblocks – geradezu freiheitlichen «Gulasch-Kommunismus». Als 1989 der Eiserne Vorhang fiel, war es ein von Otto von Habsburg veranstaltetes «Picknick» am Grenzzaun von Sopron, das den Massenexodus in den Westen und letztlich den Zusammenbruch des Ostblocks auslöste. Jener Otto von Habsburg, dessen Vater 1916 als letzter König von Ungarn mit der Stephanskrone gekrönt worden war.

Gibt es in Europa Kronen mit vergleichbarer Bedeutung? Eigentlich nicht. Die frühen germanischen Könige trugen überhaupt keine Kronen. Die Könige der Franken, Goten, Langobarden, Angeln oder Sachsen unterschieden sich von ihren Untertanen durch einen gänzlich anderen Kopfschmuck: langes Haar. Von Theoderich dem Großen (453–526), dem König der Ostgoten, wissen wir dank des damaligen Bischofs von Pavia, dass er immerhin von der Sitte des Kronetragens wusste, dies aber pikiert ablehnte: «Was bei den anderen Herrschern die Krone bewirkt, hat bei mir die gottgeleitete Natur geschaffen.» Damit meinte er seine Haare.

1916 wurde Karl von Österreich – mit der Stephanskrone – zum König von Ungarn gekrönt. An seiner Seite Kaiserin Zita und sein vier Jahre alter Sohn Otto.

Ein weiteres Herrschaftszeichen der frühen Könige auf dem europäischen Kontinent war, in guter alter germanischer Tradition, der dem Stammesführer vorbehaltene Speer. Selbst als im Heiligen Römischen Reich die Prunkentfaltung ordentlich in Schwung gekommen war, galt die (heute in der Wiener Schatzkammer zu besichtigende) heilige Lanze – und nicht die Kaiserkrone – als das bedeutendere Herrschaftszeichen. Laut Legende handelt es sich um die Lanze, mit der ein römischer Soldat die Seite

Otto von Habsburg, neunzig Jahre später, bei einem nicht ganz so spektakulären Anlass (einem Besuch von mir).

Christi am Kreuz von Golgatha durchbohrte. Ihr wurde wundertätige Kraft zugeschrieben, diese Lanze war die mystische Staatsreliquie schlechthin. Eine Armee, die sie mit sich führte, tat dies im Glauben, damit unbesiegbar zu sein.

Zu Herrschaftszeichen von Bedeutung wurden Kronen in Europa erst mit dem Beginn der Neuzeit, als das abendländische Königtum sich schleichend von seinen ritterlichen Uridealen entfernte. Erst über den Umweg orientalischen Einflusses bahnte sich die Krone ihren Weg nach Europa. Je mehr die abendländischen Könige vom Prunk der orientalischen Herrscher erfuhren, desto mehr verbreitete sich das Bedürfnis, hier nicht hintanzustehen. Kronen mussten her. Den altmodischeren unter den Germanen galten Kronen keineswegs nur – im Vergleich mit den althergebrachten Speeren – als moderner Firlefanz, sondern sie erinnerten zudem an die heidnischen Griechen und Römer. Es fiel also den Hoftheologen zu, sich geistreiche Rechtfertigungen für das Tragen von Kronen auszudenken. Das fiel ihnen nicht allzu schwer, denn schließlich ist im Alten Testament vielfach belegt, dass Kränze und Kopfreifen zur Grundausstattung eines (orientalischen) Königs gehören. Also verbreitete sich, quasi von höchster Stelle autorisiert, die Mode, Kronen zu tragen. Zunächst waren es einfache Kopfreifen, erst im hohen Mittelalter wurden die Kronen raffinierter und wertvoller.

Von Budapest machte ich mich auf den Weg nach Wien. Denn hier, in der Schatzkammer der Wiener Hofburg, befinden sich die Reichsinsignien des Heiligen Römischen Reiches, darunter die Reichskrone. Sie ist die bedeutendste Krone, die uns aus dem Mittelalter erhalten ist. Von 962 bis zum Ende des Heiligen Römischen Reiches im Jahre 1806 war sie, neben der heiligen Lanze, *das* zentrale Herrschaftszeichen des Abendlandes.

Die Krone trägt hinten rechts ein Emailleschild, auf dem König David abgebildet ist, er hält eine Stola in den Händen: «Honor Regis iudicium diligit» («Der ehrenhafte König liebt den Rechtsspruch») steht darauf. Rechts vorne ist Davids Nachfolger abgebildet, der weise Salomon, bei ihm steht der Satz: «Time Dominum et recede a malo» («Fürchte Gott und meide Unrecht»). Links hinten ist eine Darstellung des Propheten Jesaja, wie er seinen König Ezechias belehrt. Links vorne schließlich Christus selbst, über ihm der alles entscheidende Satz: «Per me reges regnant» («Durch mich regieren Könige»).

Die Reichskrone ist also eine Art Verfassungstext. Sie erinnert ihren Träger daran, dass er seine Macht Gott verdankt – und vor allem auch daran, dass seine Macht durch Gott begrenzt ist, dass er gefälligst gottgefällig zu regieren hat. Die bildlich dargestellte Belehrung des Königs durch den Propheten gemahnt ihn, sich nicht über die Autorität der Kirche hinwegzusetzen. Jede Herrschaft ist nur sakral legitimiert, und Christus, der auf der Krone sinnigerweise als König dargestellt ist, ist der «eigentliche» Herrscher.

Die Reichskrone besteht aus purem Gold und ist mit ungeschliffenen Edelsteinen besetzt. Jeder dieser Edelsteine, die wie große Bachkiesel aussehen, hatte einst einen besonderen Sinn. Wir können allenfalls ahnen, was die Zahl der Edelsteine bedeutet, die so angeordnet sind, dass sie immer wieder eine Teilsumme oder ein Vielfaches der Zahl Zwölf ergeben. Nehmen sie Bezug auf die zwölf Apostel und auf die zwölf Stämme Israels? Eins ist sicher: Die Krone war für Eingeweihte einst lesbar wie eine Theologie des Königtums. Aber dieses Wissen ist uns verloren gegangen. Die Krone schweigt.

Und das kann man ihr auch kaum verübeln. Mein Besuch in der Wiener Schatzkammer hat mir vor allem eines vor Augen geführt: Die Zeit der Kronen ist vorbei. Die Reichskrone, an der sich in Wien täglich Hunderte gelangweilter und plappernder Touristen vorbeiwälzen, deren eigentliches Ziel das benachbarte Sissi-Museum ist, wirkt in ihrer Vitrine wie ein Gefangener aus einer längst verflossenen Zeit. Ist diese museale Ausstellung nicht eigentlich ein Akt der Barbarei? Herrschaftszeichen wie die heilige Lanze, bei deren Anblick sich die Menschen in den Staub warfen, weil sie glaubten, etwas Überirdisches vor sich zu haben, sind hier hinter Museumsglas neutralisiert, entmystifiziert, banalisiert. Ihre heutige Aufgabe: Eintrittsgelder einspielen. Warum ist die Krone überhaupt hier, im Museum, und nicht in der einst eigens für ihre Aufbewahrung gebauten Kapelle in Nürnberg? Ein Museum ist ein unwürdiger Ort für eine Krone. Versteckt man eine Krone, zerschmettert man sie, wird man ihrer Bedeutung gerecht. Sie hinter Glas für zahlende Touristen auszustellen ist die größtmögliche Form der Geringschätzung. Man degradiert sie zum Kunstobjekt. Besser haben es da die berühmten Kronschätze der alten englischen und französischen Könige. Vom englischen Kronschatz des Mittelalters sind nur ein paar Perlen übrig geblieben, 1649 wurde ein Teil der königlichen Regalien Englands vom Revolutionär Oliver Cromwell eingeschmolzen. Und die Französische Revolution entledigte sich nicht nur ihres Königs, sondern zerstörte, bis auf eine Lilienkrone Ludwigs XV., sämtliche Kronjuwelen des Fränkischen Reiches. Der Großteil der von den Habsburgs 1918 außer Landes gebrachten Kronjuwelen wurde nach und nach von einem windigen Juwelier verschleudert. Auch der Kronschatz der russischen Zaren wurde 1917 von den Bolschewiken auseinandergerissen und in alle Windrichtungen verkauft. Immerhin konnte die Schwester der Zarin, Baronin Marie, einige wertvolle Stücke nach Dänemark schmuggeln.

Nach ihrem Tod ließ der englische König Georg V. die Juwelen in London schätzen, um den Erlös der mittellosen russischen Großherzogin Olga zugute kommen zu lassen. Leider war bei der Schätzung Queen Mary anwesend, die sich die schönsten Stücke herauspickte und die Großherzogin mit Almosen abspeiste. Sie sah jedenfalls nur einen Bruchteil des Erlöses und starb verarmt in einer winzigen Wohnung in Toronto.

Was ist mit den Kronen, die bei den heutigen Monarchen in Gebrauch sind? Die meisten sind allenfalls etwas zu protzig geratene Kitschkronen. Die Imperial State Crown zum Beispiel, das Prunkstück der englischen Kronjuwelen, ist zwar 1,27 Kilogramm schwer, weist fünf Rubine, elf Smaragde, achtzehn Saphire, 277 Perlen und dreitausend Diamanten auf, aber sie wurde erst 1838 für Queen Victoria angefertigt und versinnbildlicht – bis auf den zur Schau getragenen Prunk – rein gar nichts.

Die Zeit der europäischen Kronen hatte mit Verspätung begonnen und war nach dem Zeitalter des Barock, mit seinem starken Sinn für Prunk und Zeremoniell, eigentlich auch schon wieder vorbei.

> If he is a King,
> of course he has to sit next to me!
> And if he is not,
> what is the bloody n… doing here?
>
> *Prinz Eduard von Wales auf die Frage eines Protokollbeamten, ob der König von Hawaii neben ihm sitzen soll*

Kapitel sieben

GIBT ES UNTER KÖNIGEN RANGUNTERSCHIEDE?

Höher als König geht nicht. Zumindest aus abendländisch-christlicher Sicht. Christus selbst antwortete auf die entsprechende Frage von Pilatus: «Ja, ich bin ein König.» Auch ein Kaiser ist ein König, nur mit einem etwas prachtvolleren Titel. Jeder, der souverän über ein Land regiert, sei es auch noch so klein, ist – protokollarisch gesehen – ein König. Die verschiedenen Herrschertitel in unserem Kulturraum verleiten dazu, eine Hierarchie unter den Herrschern anzunehmen, aber die gibt es nicht. Bei den Indern ist das viel einfacher. Ein König, der über ein kleines Land regiert, ist ein Radscha.

Ein König, der über ein größeres Territorium herrscht, ist ein Maha-Radscha (ein großer König). In Nepal gab es dann noch einen Maharadschi-Radscha (einen ganz großen König) – aber auch der war eben ein Radscha und stand protokollarisch nicht über dem Souverän eines Zwergfürstentums. Ein König ist grundsätzlich einem anderen König immer ebenbürtig, egal, ob er über ein Weltreich oder ein mit Lendenschurzen bekleidetes Volk in den Anden herrscht.

Eine kleine Anekdote illustriert dies besser als jede Theorie. Sie ist zwar politisch nicht ganz korrekt, ist aber genau so überliefert: Wenige Jahre bevor Hawaii 1898 von den Vereinigten Staaten von Amerika annektiert wurde, stattete Kalakaua I., der König der Inselgruppe, dem Prinzen von Wales (dem späteren Eduard VII.) einen Besuch ab. Er hoffte, sich Englands Unterstützung gegen den übermächtigen amerikanischen Nachbarn sichern zu können. Eduard interessierte sich damals hauptsächlich fürs Kartenspiel und nicht sonderlich für Politik, aber er war natürlich bereit, Kalakaua zu einer seiner großen Dinnerpartys einzuladen. Die Protokollbeamten am englischen Hof waren sich über den Rang des exotischen Königs unsicher. Also fragten sie den Prinzen von Wales, wo sie ihn platzieren dürften. Für Eduard war die Frage völlig abwegig – und er antwortete mit jener berühmten Formulierung, die ich als Motto diesem Kapitel vorangestellt habe. Es war die einzig richtige Antwort: Entweder war der Mann ein König und hatte gefälligst mit all den ihm zustehenden Ehren behandelt zu werden. Oder er war keiner, aber dann hätte er bei Hofe eben auch nichts zu suchen gehabt.

Dennoch ist es ja doch so, dass ein hawaiianischer König, dessen Souveränität erst zwei oder drei Generationen alt ist, einem weit weniger Respekt einflößt als der König einer so alten Monarchie wie der englischen. Auch ein Napoleon oder ein Bokassa, die sich beide selbst krönten und sich große Mühe gaben, sich mit allen möglichen königlichen Insignien zu schmücken, sind in unseren Augen eher Königs-Darsteller und keine echten Könige. Bokassa hatte übrigens Papst Paul VI. gebeten, ihn zu krönen. (Nur hatte der leider abgelehnt.) Auch stilisierte er sich – was übrigens dafür spricht, dass er durchaus etwas von Königtum verstand – zum «Ersten Bauern», «Ersten Ingenieur» und «Ersten Fußballspieler» seines Landes. Aber dennoch war er in seinem königlichen Ornat und auf seinem Thron aus solidem Gold eine lächerliche Figur. Der Schönheitsfehler: Bokassa hatte sich erst Mitte der sechziger Jahre an die Macht geputscht. Hätte sich das Ganze ein wenig früher zugetragen, am besten so um das Jahr 1200 herum, der Mann wäre gesellschaftlich vollkommen akzeptiert gewesen.

Anciennität spielt eben doch eine gewisse Rolle. Was dies anbetrifft, müsste streng genommen die englische Monarchie der dänischen übrigens den Vortritt lassen, denn während es in England seit der Eroberung durch die Normannen 1066 zahlreiche Dynastiewechsel gab, regiert in Dänemark, wie sehr um die Ecke man seine Gene auch vererbt haben mag, seit gut eintausend Jahren die gleiche Familie. Nur eine europäische Herrscherdynastie hat noch länger regiert: die Wittelsbacher. Schon im frühen 10. Jahrhundert tauchen sie als lokale Herrscher in Bayern auf, 1180 wurden sie von Kaiser Barbarossa mit der bayerischen

Herzogswürde belehnt. Es ist dies die einzige Familie, die seit dem 10. Jahrhundert ununterbrochen regierte. Damit ist auch erklärt, warum die Abschaffung der Monarchie 1918 nichts daran ändern konnte, dass Bayern eigentlich bis heute, zumindest in den Augen seiner Ureinwohner, ein Königreich geblieben ist.

Vor ein paar Jahren durfte ich etwas erleben, das mir die Augen dafür öffnete, dass es nicht allein die Anciennität ist, die ein Königshaus ausmacht. Da gibt es noch etwas anderes.

Zwölf Flugstunden von Europa entfernt liegt an der Nordwestküste der Insel Borneo ein Reich, das von den meisten Errungenschaften der Moderne unbeleckt ist und daher in Wahrheit noch viel weiter von uns entfernt liegt als eine Tagesreise. Der Herrscher dieses Reichs ist Seine Majestät Haji Hassan Al-Bolkiah Mu'izzaddin Waddaulah, Sultan von Brunei Darussalam. Darussalam heißt «Hort des Friedens». Man sagt, der Sultan sei einer der reichsten Männer der Welt, das Land ist mit einem Übermaß an Bodenschätzen gesegnet. Brunei ist die letzte absolutistische Erbmonarchie der Welt.

Jeder Tropfen Öl, jeder Hauch Erdgas, jedes Sandkorn von Brunei gehören dem Sultan persönlich. Eine Regierung im strengen Sinne gibt es nicht, stattdessen einen Staatsrat, dem der Sultan vorsitzt. Hier wird noch ganz altmodisch per Dekret regiert.

In der Mitte der südostasiatischen Inselgruppe, im Zentrum der Schifffahrtsrouten des frühen China gelegen, entwickelte sich Brunei bereits um das Jahr 1000 zu einer reichen Handelsnation. Es heißt, die ersten Bewohner Bruneis seien aus China – trockenen Fußes – hierher gelangt. Unter den Ureinwohnern, die im Dschungel leben, gibt es angeblich noch Kannibalen. Brunei taucht in frühen chinesischen Schriften bereits im 6. Jahrhundert auf. Chinesische Historiker sind es auch, die berichten, dass sich im 14. Jahrhundert Awang Alak Betatar, der spätere Sultan Mohammed Schah, zum Islam bekehren ließ. Die dynastische Reihe der Herrscher von Brunei ist seit jenen Tagen ungebrochen.

Als Architekt des modernen Brunei gilt der Vater des heutigen Sultans, Haji Omar Ali Saifuddien. Sein Sohn Hassan Bolkiah wurde verhältnismäßig bescheiden und streng erzogen, beendete die Schule angeblich als Jahrgangsbester, studierte in der Heimat und wurde, um den letzten Schliff zu erhalten, auf die berühmte englische Militärakademie von Sandhurst geschickt, bevor er eilig nach Hause zurückgeholt wurde, aus Angst, er könne am freizügigen Leben im Westen Geschmack finden. Flugs wurde er mit einer Cousine verheiratet.

Auf einer Hochzeit in England sahen Irina und ich diesen letzten absolutistischen Herrscher. Irgendwann fasste ich mir Mut und sprach ihn an. Wir unterhielten uns eine Weile, und ich sagte ihm, wie gern wir ihn einmal in Brunei besuchen würden. Höflich, wie er ist, versprach er mir auch, uns irgendwann einzuladen.

Als ungefähr ein halbes Jahr später frühmorgens das Telefon in unserer Wohnung in Berlin-Kreuzberg klingelte und am anderen Ende der Leitung jemand mit fremdem Akzent irgendetwas Unverständliches murmelte, war ich sicher, dass dies nur der Besitzer der Kebab-Bude unten an der Ecke sein könne, der sich wieder einmal über unser falschgeparktes Auto beschwerte. Es dauerte eine Weile, bis ich verstand, dass mir ein Mann aus dem fernen Orient klarzumachen versuchte, ich sei zum Geburtstag seines Herrschers eingeladen.

Natürlich nahmen wir die Einladung an. Heikel war für uns allerdings die Frage, wie wir dorthin reisen sollten. Es gelang mir jedoch, dem Privatsekretär des Sultans, von höflichen Floskeln umrahmt, verständlich zu machen, dass wir zwar gerne kämen, ein Flug quer über den Globus aber unser Budget sprengt. Schließlich flogen wir mit der hauseigenen Airline des Sultans, Royal Brunei Airways. In der Spalte, in der bei meinen Tickets sonst immer zu lesen ist «No Changes, No Refunds», stand der erfreuliche Hinweis: «On Royal Expenses».

Als wir auf dem Brunei Airport aufsetzten, sah ich bereits von der Landebahn aus einen Baldachin, unter dem etliche festlich gekleidete Personen standen, flankiert von schwarzen Limousinen mit verdunkelten Scheiben und Standarten. Der Zoll war das nicht. Am Ende der Gangway war ein roter Teppich ausgerollt. Wir wurden von einer Vielzahl von Leuten begrüßt, deren Funktion und Identität uns zu dem Zeitpunkt noch schleierhaft war. Es handelte sich, so stellte sich heraus, unter anderem um die Schwester des Sultans, die oberste Diplomatin des Landes, Prinzessin Masna, ihren Mann, den Protokollchef des Palastes und einen gewissen Herrn Koerner, der sich als Erster Sekretär der deutschen Botschaft zu erkennen gab und sich sogleich dafür entschuldigte, dass nur er gekommen sei, der Botschafter weile auf Heimaturlaub. Herr Koerner hatte natürlich nicht den leisesten Schimmer, wer wir waren. Der Aufenthalt eines deutschen Grafen mit seiner Frau ist nach dem Verständnis selbst des pflichtbewusstesten deutschen Beamten beim besten Willen nicht als «offizieller Besuch» zu werten. Für jeden Kreistagsabgeordneten hätte er diesen Aufwand notfalls in Kauf genommen, aber bei einem Privatmann, über den er nach Rückfrage beim Auswärtigen Amt in Berlin wahrscheinlich nichts in Erfahrung bringen konnte, muss ihm dies alles rätselhaft vorgekommen sein.

Die Fahrt vom Flughafen zum Gästehaus des Sultans dauerte nur ein paar Minuten. Plötzlich wurden die Motorräder vor uns langsamer, wir bogen in eine Toreinfahrt ein, an deren Eingang Soldaten salutierten. Assarraa hieß die Siedlung Dutzender identischer Paläste, durch die unsere Kolonne langsam hindurchrollte – die Gästehäuser des Sultans. Auf den Rasen, wie grasende Rehe, kleine Menschen mit Hüten, die das Grün mit Rechen hegten. Wir hielten vor Palast Nummer acht. Irina und ich betraten die Eingangshalle eines riesigen, mit Gold ausgelegten Eisschranks. An der Decke überdimensional große Kronleuchter. Vor uns ein Bataillon tief sich verneigender Uniformierter – unser Personal für die nächsten drei Tage. Zwei von ihnen traten hervor und hielten uns auf einem goldenen Tablett kleine, zusammengerollte, leicht mit Rosenöl parfümierte und feuchtgekühlte Handtücher entgegen.

Wir fühlten uns übermüdet, aufgekratzt, erschöpft, überanstrengt von all den Eindrücken und zogen uns für ein paar Stündchen zurück. Irina nahm ein Bad, während ich mich ein wenig im Haus umsah. Unser Bett war so groß wie unsere Wohnung in Kreuzberg, der Schreibtisch so groß wie unser Auto. Im ganzen Haus hingen bedeutende Bilder aus der Epoche des Impressionismus. Endlich weiß ich, wo all die Monet- und Cézanne-Bilder gelandet sind, von denen es nach großen Auktionen immer heißt, sie seien an einen «unbekannten Bieter» gegangen. Weiß eigentlich der Sultan, dass diese Bilder in seinen Gästehäusern hängen? Hat er sie selbst je gesehen?

Erst am nächsten Morgen sollte unser erster offizieller Termin stattfinden, die große Geburtstagsparade des Sultans. Danach war, wie unser Liaison-Offizier uns informierte, die Audienz beim Sultan vorgesehen, am frühen Abend dann unsere Teilnahme an der jährlichen Ansprache zur Lage der Nation im Thronsaal, bei der wir an der Seite der Königsfamilie platziert seien. Mir war rätselhaft, warum wir mit so viel protokollarischen Ehren bedacht wurden. Vermutlich betrachtete der Sultan das als freundschaftliche Geste gegenüber dem befreundeten englischen Königshaus, dessen Peripherie er Irina zuordnete.

Die Geburtstagsparade war surreal. Sie fand in einer Art Fußballstadion statt. Ich saß umrandet von hochdekorierten Generälen in ihren reich mit Gold bestickten Galauniformen in der Königsloge. Irgendwo weit hinter mir das diplomatische Corps. Der Höhepunkt der Parade, bei der sämtliche Waffengattungen der Streitkräfte begleitet von Marschmusik mehrere Runden durch das Stadion drehten, war der Auftritt des Sultans. Er fuhr unter einem Baldachin stehend und salutierend in einem weißen, offenen Rolls-Royce ins Stadion ein – unter dem Jubel der Bevölkerung. Dann überflogen drei Düsenjets im Tiefflug das Stadion und zogen Rauchschwaden in den Nationalfarben Gelb, Weiß und Schwarz hinter sich her. Der Sultan verließ das Stadion wieder in seinem seltsamen Gefährt. Dann war alles vorbei. Happy birthday!

Zwei Stunden später hatten wir uns im Palast einzufinden. Der Istana Nurul Imam gilt als der größte Königspalast der Welt, mit seiner Wohnfläche von angeblich über zweihunderttausend Quadratmetern wirkt er aber eher wie ein hyperluxuriöses Kongresszentrum als wie ein Königsschloss. Er scheint ausschließlich aus zwei Materialien zu bestehen: Marmor und Gold. Nachdem wir von Vorzimmer zu Vorzimmer geleitet wurden, eines goldener als das andere, öffnete sich irgendwann eine Doppeltür zu einem Salon. Wir nehmen Platz. Nach zwanzig ewigen Minuten kommt ein kleiner Mann mit scharlachroter Uniform in den Salon gehastet, verneigt sich, hüstelt zweimal und meldet, dass der Sultan nun jeden Moment kommen werde. Die Flügeltüren gehen auf, der Sultan steht uns gegenüber, an seiner Seite seine zwei über und über mit Juwelen bedeckten Ehefrauen.

Wir hatten dem Sultan eine kleine Jugendstil-Porzellandose von KPM als Geschenk mitgebracht, da von allen Materialien, von denen wir herausgefunden hatten, dass sie dem Sultan lieb sind, Tonware das einzig Erschwingliche für uns ist. Der Sultan nahm unser Präsent achtlos entgegen und unterhielt sich mit uns ein Weilchen über – nix. Aber das sehr angeregt. Es kam mir vor, als sei ihm die Unterhaltung mit zwei zivilisierten Europäern eine willkommene Abwechslung. Der Rest der ihn umgebenden Menschen rutschte ja geradezu auf Knien vor ihm. Er

Im Jahr 2000 besuchten Irina und ich den Sultan von Brunei. Was wie Blumengestecke aussieht, sind in Wirklichkeit verhältnismäßig pflegeleichte Juwelengestecke. Links Königin Hajah Saleha im Gespräch mit Irina, rechts der Sultan und ich.

wirkte dankbar, Leute vor sich zu haben, die fähig sind, mit ihm eine banale Unterhaltung zu führen. Ich hatte mir natürlich ein paar Fragen zurechtgelegt, aber jetzt waren sie mir alle entfallen.

Unsere dahinplätschernde Unterhaltung war für mich vor allem eine Gelegenheit, ihn mir ungestört ansehen zu können. Der Sultan ist nicht groß, er wirkt athletisch. Ein schöner Mensch mit heller, etwas großporiger Haut, gleichmäßigen Zügen, hellbraunen Schokoladenaugen und strahlend weißen Zähnen. Sein Bart ist derart exakt getrimmt, als wäre jedes Haar von seinem Hoffriseur unter einer Lupe einzeln behandelt worden. Wahrscheinlich starrte ich seinen Bart sogar an, er wirkte in seiner Exaktheit unecht. Und so ist alles, was in dieser halben Stunde geredet wurde, vollkommen aus meiner Erinnerung verschwunden. Fest eingeprägt hat sich bei mir nur der Farbton dieser eigenartigen Begegnung: Gold. Und seltsamerweise auch ein leichter Jasminduft.

Erst als alles vorbei war, wir wieder in unserem Gästehaus waren und uns für des Sultans Thronrede in Frack und Abendkleid umzogen, begann ich über diese Begegnung der dritten Art nachzudenken. Ich hatte Irina gegenüber oft genug über die Fahrrad fahrenden und an Stränden Butterbrot essenden Majestäten in ihrer weiteren Verwandtschaft gespottet. Aber war das hier nun ein Erlebnis wahren Königtums? War dies nun ein König, wie ich ihn mir, geprägt durch die Märchenbücher meiner Kindheit, immer ausgemalt hatte? Oder erinnerte der Sultan, mit dem ganzen überbordenden Luxus, nicht doch eher an eine Art Dr. No, sein Reich an eine Art Hightech-James-Bond-Königtum? Gerade hatte ein Herrscher vor mir gestanden, der *wirkliche* Macht besaß. Und dennoch, bei all seiner unbestreitbaren natürlichen Autorität löste dieser Mann in mir nicht annähernd das Zittern aus, das ich empfunden hatte, als ich zum ersten Mal dem spanischen König gegenüberstand (obwohl der damals ein T-Shirt trug und einer etwas zu vollbusigen Blonden nachstarrte). Auch dieses Ich-stehe-vor-dem-Jüngsten-Gericht-Gefühl, das sich bei meinen zwei oder drei Begegnungen mit der Königin von England immer eingestellt hat, hatte ich hier in Brunei komischerweise nicht. Und dies, obwohl die Queen im Grunde eine humorvolle, freundliche, etwas untersetzte ältere Dame ist, die nicht einmal die Macht hätte, mein Auto abschleppen zu lassen, der Sultan von Brunei hingegen mich auf der Stelle, ohne Angabe von Gründen, hätte köpfen lassen können.

Der englische Diplomat und Schriftsteller Harold Nicolson schrieb in den fünfziger Jahren ein Buch über die Sitten und Manieren der Länder, die er als Botschafterkind und später als Diplomat kennengelernt hat, «Vom Mandarin zum Gentleman». Darin behauptet er, der Grad der Zivilisation einer Gesellschaft sei an dem Maß der Entwürdigung zu erkennen, die den Menschen beim Hofzeremoniell auferlegt sei. Er erzählt, wie unangenehm berührt er einmal als junger Mann gewesen sei, als er an der Seite seines Vaters Zeuge eines hohen Festtags am osmanischen Hof wurde. Die Minister, die meisten von ihnen ältere Herren, waren gezwungen, im Eilschritt neben der Kutsche des Kalifen herzulaufen. Seitdem leide er an einer gewissen Empfindlichkeit gegenüber Umgangsformen, «die von einem Menschen die Verleugnung seiner persönlichen Würde verlangen».

Vielleicht ist es genau das, was den Unterschied zwischen okzidentalen und orientalischen Herrschaftsformen ausmacht. Vielleicht beruht die besondere Würde, die von europäischen Königen ausgeht, eben darauf, dass die Untertanen *nicht* vor ihnen im Staub kriechen. Selbst am britischen Hof ist das Hofzeremoniell ja auf ein Mindestmaß notwendigen Dekors beschränkt. Am spanischen Hof oder bei nordeuropäischen Monarchien ohnehin. Einmal wurde ich dem holländischen Thronfolger vorgestellt – vorher hatte mich sein Adjutant streng ermahnt, ich dürfte höchstens einmal «Hoheit» sagen, ansonsten hätte ich derartige Anreden gefälligst zu meiden. Ob in Spanien, England, Holland, Dänemark oder Schweden, die Hofleute verbeugen sich vor ihrem Souverän nur durch eine kurze, blitzschnelle Neigung des Kopfes. Keinesfalls eine tiefe Verbeugung!

Vielleicht ist es gerade die unterschwellige Ebenbürtigkeit der Untertanen, die ihren «Häuptling» in Urzeiten aus freien Stücken auf den Schild gehoben haben, die den so Erhobenen umso erhabener macht. Der Treueschwur der Adeligen von Aragon an den spanischen König hat diesen Geist des frühen Mittelalters sehr schön bewahrt: «Wir, von denen jeder so viel wert ist wie du und die wir zusammen mehr sind als du, schwören dir aus freiem Willen die ewige Treue.»

Würdevolle Untertanen verleihen eben ihrem König eine andere Majestät als untertänigste Läuse.

> Scheiße, Scheiße, Scheiße!
>
> *Ferdinand von Bulgarien*
> *über seinen Palast in Sofia*

Kapitel acht

MÜSSEN KÖNIGE UNBEDINGT IM PALAST WOHNEN?

*E*rstens: nein. Die spanische Königsfamilie zum Beispiel lebt in einer etwas zu groß geratenen Zahnarztvilla. Und zweitens: doch, natürlich! Denn Zarzuela, am nordwestlichen Stadtrand von Madrid gelegen, dreigeschossig, in den sechziger Jahren renoviert, ist das in Stein gehauene Eingeständnis, dass sich die moderne spanische Monarchie damit abgefunden hat, ein Bürgerkönigtum zu sein, dessen Oberhaupt eine Art erbliches Präsidentenamt innehat. Der spanische König ist ein König von Volkes Gnaden. Und so mancher seiner angeblichen Untertanen lebt herrschaftlicher als er. In einer Monarchie, die diesen Namen verdient, muss die Behausung des Königs aber die prachtvollste weit und breit sein und die ganze Erhabenheit seiner Position sichtbar machen.

Als Ferdinand von Bulgarien im Februar 1909 vom Begräbnis des russischen Großfürsten Wladimir aus dem prachtvollen St. Petersburger Palast in seinen eher bescheidenen Wohnsitz in Sofia zurückgekehrt war, hörte man ihn den ganzen Tag mit einem «Scheiße, Scheiße, Scheiße» auf den Lippen durch die Zimmerfluchten stampfen. Um genau zu sein, schimpfte er auf Französisch, also «merde, merde, merde», was zwar etwas eleganter klang – aber auf die gleiche Erkenntnis hinauslief: Um seinem neugeschaffenen Königreich im Konzert der europäischen Nationen Gewicht zu verleihen, um dem eigenen Volk plausibel zu machen, dass nun neue, glanzvolle Zeiten angebrochen seien, musste ein Palast her, der diesen Ambitionen Ausdruck verleihen konnte. Dank des Erbes seiner Großmutter, Prinzessin Antoinette Koháry, einer der reichsten Großgrundbesitzerinnen Ungarns, war Ferdinand in der Lage, aus seiner engen und feuchten Stadtresidenz in Sofia ein hübsches, in Schönbrunn-Gelb verputztes Stadtschloss zu machen, in dem sich französische Eleganz mit deutscher Solidität verband. Er füllte es mit Kämmerern, Adjutanten, Leibärzten, Zeremonienmeistern und all dem anderen menschlichen Mobiliar, das für jeden Hof, der etwas auf sich hielt, selbstverständlich war. Unsummen gab er auch für seinen außerhalb der Stadt gelegenen Sitz Vrana aus (inklusive eines kleinen Privatzoos mit einem Freigehege für drei Elefanten) und seine Sommerresidenz Euxinograd am Schwarzen Meer, die dem berühmten Château in Saint-Cloud nachempfunden war.

Nach dem idealtypischen Schema der Monarchie muss die Hauptstadt die Mitte des Reiches darstellen, deren Mitte muss der Palast sein und dessen Mitte wiederum der Thron. Die Mitte ist seit jeher ein Ort von hoher Symbolik, ein Ort der Sehnsucht. Mitte verheißt Versöhnung aller Gegensätze, allen Streits, aller Paradoxien. Mitte heißt Äquilibrium, Eintracht und Wahrheit, in der Mitte liegen Kraft und Trost. Braucht eine Gesellschaft, um wirklich Gemeinschaft zu sein, einen Punkt innerhalb ihrer selbst, nach dem sie sich ausrichten kann? Ist Mitte vielleicht sogar eine Voraussetzung für die Existenz eines Gemeinwesens?

Die alle Gegensätze aussöhnende, versöhnende Idee der Mitte spielt in antiken Kulturen eine große Rolle. Das Bild des Rades, das sich bewegt und in der Mitte doch stillsteht, die Achse als unbewegter Beweger, ist zum Beispiel in Indien bis heute ein Symbol der Weltordnung. Wenn die Gläubigen in Mekka betend um den Heiligen Stein, die Kaaba, gehen, der nach islamischer Vorstellung genau unter dem Himmelszentrum steht, dann stellen sie damit das große Weltrad dar, das unaufhörlich in Bewegung sein muss. Im buddhistischen Königtum heißt der König auch Tschakravarti, Raddreher.

Im archetypischen Sinn ist ein König genau das: unbewegter Beweger, ordnende Kraft, ruhender Pol, Beziehungs- und Identifikationspunkt der Gesellschaft. Er ist derjenige, auf den alles bezogen ist. Der für alle sichtbare Mittelpunkt der Gesellschaft. Und also steht es ihm nicht frei, bescheiden in einem beliebigen Haus zu wohnen.

Insbesondere in den asiatischen Kulturen mit ihrer Vorliebe für Astrologie hatte die Wohnstätte des Königs den Mittelpunkt des Kosmos darzustellen. Aber auch im europäischen Kulturraum spielt die Idee der Mitte in der Königsmythologie eine (Vorsicht: Wortspiel!) zentrale Rolle. Die englische Sage von König Lludd erzählt zum Beispiel, wie jener erst die Mitte seines Reiches erobern muss, um wahrhaft König zu sein. Nach dieser Legende wurde die britische Insel einst von einem grausamen Volk, den Coraniaid, beherrscht. Um sein Land von den Coraniaid zu befreien, musste König Lludd erst einen Drachen besiegen. Um das Ungeheuer in die Falle zu locken, musste Lludd die britische Insel nach Länge und Breite vermessen und genau dort, wo sich der Mittelpunkt des Reiches befand, eine Grube graben. Diese wurde mit Met gefüllt, um den Drachen anzulocken. Der Drache kam, Lludd besiegte ihn, das Reich war gerettet. In der germanischen Ur-Sage, der Edda, muss sich Odin, um die Welt zu beherrschen, an der Weltmitte, an der Weltesche Yggdrasil, opfern.

Oder die Mitte im ägyptischen Königtum: Herodot erzählt, dass der erste (halb mythologische) König von Ägypten, Menes, der erste Pharao war, der Ober- und Unterägypten vereinte. Dafür musste er den Nil umleiten, auf dem trockengelegten Land gründete er eine neue Stadt: Memphis – und zwar ausdrücklich als Mittelpunkt des Reiches. Allerdings musste er nicht, wie Lludd, erst nach der Mitte suchen, er durfte sie selbst bestimmen. Menes wurde mit dem Gründungsakt von Memphis zum großen Ahnen all jener Gründerkönige, die für sich in Anspruch nahmen, die Mitte ihres Reiches selbst zu bestimmen: Alexander der Große, der die ganze damals bekannte Welt mit Stadtgründungen übersäte – und sämtliche von ihm gegründeten Städte nach sich selbst benannte. Konstantin der Große, der aus einem Fischerdorf das Zentrum des Byzantinischen Reiches machte (das spätere Konstantinopel). Philipp II., der das Zentrum Spaniens von Toledo nach Madrid verlegte. Peter der Große, der St. Petersburg als neue Mitte seines Reiches aus dem Nichts schuf. Gründen und Bauen sind die ureigensten Schöpfungstaten eines Königs, mit denen er seinem Volk nicht nur Wahrzeichen königlicher Erhabenheit schafft, sondern vor allem eine Mitte, einen Referenzpunkt.

Der Herrscher, der dies am üppigsten auslebte, war wahrscheinlich Ludwig XIV. Frankreich war damals, Mitte des 17. Jahrhunderts, die bestimmende Weltmacht. Für Ludwig war es unerlässlich, dass dieser Ruhm, «la gloire», für alle sichtbar, ja, sozusagen begehbar wurde. Ganze Städte wurden unter seiner Herrschaft aus dem Mittelalter ins moderne Zeitalter katapultiert. Paris war damals eine enge, verwinkelte Stadt. Er ebnete ganze Teile davon ein, brachte erstmals Licht und Luft in diese bis dahin dunkle, mittelalterliche Stadt. Er verordnete allen neuen Häusern große Fenster (statt der bis dahin üblichen kleinen Löcher), führte Hand- und Straßenlaternen ein und schuf damit eine für die Zeit revolutionäre Neuerung: beleuchtete Straßen! Nur die Hygiene vernachlässigte er ein wenig, da erging es der Stadt nicht anders als seinem Körper. Paris war trotz immer neuer Straßen, Plätze, Prachtstraßen, Paläste, Gärten, Triumphbögen eine einzige große Kloake, die immer neue Epidemien hervorrief und den König schließlich, weil man als Bourbone eben frische Luft schätzt, zu seinem vielleicht größten Geniestreich veranlasste: Versailles!

Ludwig XIV. schuf mit Versailles einen Palast, wie es in der gesamten Menschheitsgeschichte nie zuvor einen gegeben hat und wie es ihn auch nie mehr geben kann. All die pompösen Architektur-Explosionen unserer Tage, ob in Dubai oder Schanghai, sind Sandkastenspielereien, setzt man sie ins Verhältnis zu dem gigantischen Bauvorhaben, das Versailles damals bedeutete. Wenn man die menschlichen oder pekuniären Opfer in Betracht zieht, die Versailles kostete, sehen selbst die Pyramiden von Giseh dagegen mickrig aus. Ludwig wollte mit Versailles nicht nur die «symbolische» Mitte des Reiches schaffen, sondern dessen tatsächliches Zentrum. «Tout le monde», also alle, die von Bedeutung waren, sollten ständig in Versailles anwesend sein können. Dafür gab er Summen in damals völlig irrationalen Dimensionen aus. Sein Finanzminister verzweifelte an den extravaganten Wünschen des Sonnenkönigs, 1663 notierte er in sein Tagebuch: «Seine Majestät geht davon aus, dass alle Personen, die in Versailles Wohnung erhalten, sie möbliert vorfinden. Seine Majestät will alle Welt beköstigen und lässt in den Zimmern alles, bis hin zu Feuerholz und Wachskerze, bereithalten, was in königlichen Häusern noch niemals üblich war.» Prediger tadelten von ihren Kanzeln herab die königliche Prachtliebe als Hybris. Aber diese Prachtliebe hatte eine politische Funktion. Versailles wurde gebaut, um ein bestimmtes Bild des Königtums zu veranschaulichen.

In welcher Perfektion ihm das gelang, ist am besten eigentlich an der Gartenarchitektur von Versailles abzulesen.

Norbert Elias schreibt dazu: «Die Kronen der Bäume und die Sträucher müssen so zugeschnitten werden, dass jede Spur des unordentlichen, unkontrollierten Wachstums verschwindet. Die Wege und Beete müssen so angelegt sein, dass der Aufbau der Gärten die gleiche Klarheit und Eleganz der Gliederung zeigt wie der Aufbau der königlichen Gebäude. Hier, in der Architektur der Bauten und Gärten, in der vollkommenen Bändigung des Materials, in der absoluten Übersehbarkeit und Ordnung des Gebändigten, in der vollkommenen Harmonie der Teile im Ganzen, in der Eleganz der bewegten Ornamentierung, die das Gegenstück zur Eleganz der Bewegung des Königs und der höfischen Herren und Damen überhaupt bildet, in der einzigartigen Größe der Ausdehnung der Bauten und Gärten, die (...) der Selbstdarstellung der königlichen Macht diente, findet man vielleicht eine vollkommenere Annäherung an die Ideale des Königs als in seiner Kontrolle und Bändigung von Menschen.»

Der königliche Palast ist seit jeher mehr als nur die Behausung des Königs. Er ist die Sichtbarmachung der Staatsidee mit der ihr zustehenden Würde und Glorie.

Im Zeitalter des parlamentarischen Konstitutionalismus, als längst das Abendrot der Monarchien leuchtete, versuchte Wilhelm II. noch ein letztes Mal, die Idee der «mystischen Mitte» zu leben. Und es gelang dem oft verlachten Monarchen sogar. Er schuf in Deutschland ein Kaiseramt – angesichts der zerklüfteten deutschen Identität war das allein schon eine ziemliche Leistung –, auf das in der, zugegeben, kurzen Zeit seiner Existenz alle Institutionen des Reiches, alle Schichten und Stände der Bevölkerung ausgerichtet waren, ja, jeder einzelne Bewohner Deutschlands konnte seinen sozialen Status ganz genau nach der Distanz bemessen, die er zum Hof hatte. Im Zentrum des Reiches die mit Wucht aufgemotzte deutsche Hauptstadt, in deren Zentrum stand das königliche Schloss, und in dessen Mitte wiederum befand sich der legendäre Weiße Saal. Mein verstorbener Freund, der wilhelmophile Grandseigneur Nicolaus Sombart, sagte, man werde diesem Ort überhaupt nicht gerecht; spreche man allein über seine Schönheit, versuche man, ihm mit kunst- und architekturgeschichtlichen Klugheiten beizukommen. Man müsse in ihm den mythischen Ort erkennen. «Hier und nirgendwo sonst», sagte Sombart, «hatten die wichtigsten Zeremonien und Staatsakte stattzufinden.» Thomas Mann nannte den Weißen Saal die «strenge Stätte eines darstellerischen Kultes». Prachtentfaltung, oder «Munifizenz» (um eines der Lieblingswörter meines Freundes Sombart zu verwenden), betrachtete Wilhelm II. nicht als Vergnügen, sondern als seine ureigenste Pflicht.

Und dann gibt es natürlich noch einen anderen Grund, warum ein König in einem Schloss zu wohnen hat: das Schlossgespenst. Da ist so gut wie kein königliches Schloss in Europa, von dem es keine Spukgeschichten gibt. Geister sind in Schlössern schon allein deshalb eine notwendige Requisite, weil sie die Royals darin erinnern, dass jene nicht nur in der langen Reihe ihrer Ahnen stehen, sondern dass sie sozusagen unter deren ständiger kritischer Beobachtung regieren. Die Queen zum Beispiel hegt nicht den geringsten Zweifel daran, dass regelmäßig der Geist von Elisabeth I. durch die Gänge von Windsor streift. Schon als kleines Kind, sagt die Queen, haben sie und ihre Schwester Margaret den Geist gesehen – im Grünen Korridor, in unmittelbarer Nähe der ehemaligen Kinderzimmer der Queen. Elisabeth I. war die Tochter von Heinrich VIII. und Anna Boleyn, sie starb 1603 nach vierundvierzig Jahren auf dem Thron. Zu Lebzeiten war sie ständig von der Angst verfolgt, sich mit der Pest anzustecken. Am Höhepunkt ihrer Phobie ließ sie Galgen im Innenhof von Schloss Windsor errichten und jeden Höfling hinrichten, den sie verdächtigte, die Krankheit in sich zu tragen. Altgediente Angestellte in Windsor glauben, dass Elisabeth I. wegen dieser Gräueltaten keinen Frieden gefunden habe.

1996 ließ der Diener Shaun Croasdale ein Tablett mit edelstem Château Petrus fallen und lief kreidebleich und schreiend durchs Schloss. Zu seiner Entschuldigung brachte er später vor, dass ihm ein Geist erschienen sei, und zwar der des kürzlich verstorbenen Dieners Tony Jarred. Diese Aussage wurde auf Windsor nicht etwa als Spinnerei abgetan, sondern als geradezu alltäglicher Vorgang behandelt. Die Queen ließ den Diener kommen und sich alles haargenau erzählen. Für sie war es vollkommen offenkundig, dass der Mann die Wahrheit sagte. Tony Jarred, einer der Lieblingsbutler der Queen, war nach achtunddreißig Jahren treuer Dienste plötzlich gestorben. «Er kann Windsor einfach nicht verlassen», sagte sie todernst zu ihrer Tochter Anne, «er hat diesen Ort doch so geliebt.» Von Prinz Edward weiß ich, dass die Queen es sogar als «tröstlich» empfand, dass sich ihr so geschätzter Tony weiter im Schloss aufhielt.

Kann man sich so etwas in einer Vorstadtvilla vorstellen?

> Die einzige Zeit im Leben,
> in der man als Mitglied
> eines Königshauses
> so etwas wie Privatsphäre hat,
> ist die im Mutterleib.
>
> *Marion Crawford,*
> *ehemalige Gouvernante der Queen*

Kapitel neun

Was tun Royals, wenn sie «unter sich» sind?

Alle paar Wochen, wenn Prinz Harry mal wieder einen seiner Alkoholabstürze hat und einer seiner Saufkumpanen Harrys Vertrauensseligkeit damit belohnt, dass er Bilder davon an die *Sun* verkauft oder bei *YouTube* ins Internet stellt, finde ich mich in der – um mit Hape Kerkeling zu sprechen – «beschissenen Situation» wieder, diese Bilder als Kolumnist kommentieren zu müssen. Nun ist es so, dass Harrys Abstürze in den seltensten Fällen wirklich spektakulärer sind als die beliebiger Zahnarzt- und Bauunternehmerskinder in Gummersbach. Aber da es sich bei ihm um Englands Nummer drei in der

Thronfolge handelt, gelten seine Exzesse als berichtenswert. Hätten wir explizite Berichte von jenem verkommenen Treiben, dem sich die gelangweilte englische Kolonialsociety der zwanziger Jahre im Happy Valley bei Nairobi hingab, mit dabei der Prinz von Wales, der spätere Eduard VIII., und sein älterer Bruder, lägen uns detaillierte Schilderungen der «dirty weekends» vor, die Eduard später auf seinem Landsitz in Twickenham veranstaltete, wir hätten wahrscheinlich allen Grund, Augen zu machen – aber einst galten für Gäste zwei eiserne Regeln: Man musste zur Gesellschaft gehören. Und man musste den Mund halten können.

Dass dies nicht mehr gilt, bedeutet vor allem eines: erheblich weniger Spaß. Allerdings ist es historisch gesehen ein Novum, dass Royals überhaupt über ein Privatleben verfügen. Bei der Hochzeitsnacht der französischen Könige nahm der gesamte Hofstaat auf der Galerie Platz, nicht aus Voyeurismus, sondern mit dem Anspruch, den ordnungsgemäßen, für das Fortbestehen der Monarchie unabdingbaren Vollzug der Ehe zu attestieren. Die Royals unseres Zeitalters haben es da intimer. Abgesehen von offiziellen Terminen zwingt sie niemand, sich im öffentlichen Raum aufzuhalten. Wenn sie es dennoch tun, nehmen sie in Kauf, fotografiert zu werden. Ein gutes Beispiel dafür ist die selige Diana. In einem Seitenflügel des Buckingham-Palastes gibt es ein vorzügliches Fitness-Studio, dessen Ausstattung keinen Wunsch offenlässt, daneben ein sehr schönes Schwimmbad. Dennoch zog es Diana vor, im Chelsea Harbour Club zu trainieren. Als eines Tages Fotos an die Öffentlichkeit kamen, die, aufgenommen mit einer versteckten Kamera, die attraktive junge Frau dort bei der Körperertüchtigung zeigten, empörten sich die Hofbeamten über diese Verletzung ihrer Privatsphäre. Dabei hatte Diana aber völlig freiwillig die Privatsphäre des königlichen Fitness-Studios verlassen.

Allzu oft ist die Privatheit der Royals sehr offensichtlich inszeniert. Als das Image von Kronprinzessin Mary von Dänemark unter der Veröffentlichung eines Enthüllungsbuches litt, erhielt ein dänischer Hoffotograf aus dem Palast den diskreten Hinweis, dass es sich lohnen könnte, sich am nächsten Morgen gegen zehn vor einem Seiteneingang des Palastes zu postieren. Zwei Tage später war weltweit ein Foto abrufbar, das die Kronprinzessin dabei zeigte, wie sie eigenhändig einen schwarzen Plastiksack mit Hausmüll aus dem Palast trug. Die Zeitungen druckten das Foto der ach so volksnahen Prinzessin, freilich ohne Verweis darauf, dass es gestellt war. Auch als sich die spanische Königsfamilie im Sommer 2007 öffentlich am Strand von Mallorca niederließ, um dort demonstrativ Butterbrote zu verzehren, roch das sehr nach einer gezielten PR-Aktion.

Sich öffentlich als Musterfamilie zu präsentieren war rückblickend beurteilt wahrscheinlich einer der fatalsten Einfälle, auf den die Royals je verfallen sind. Angefangen hat damit vermutlich der Preußenkönig Friedrich Wilhelm III. (1770–1840), dem es gefiel, dem Volk gemeinsam mit seiner faden Königin Luise, die mit Stickrahmen auf dem Schinkelsofa saß, die perfekte Idylle vorzuspielen. Der endgültige Sündenfall ist aber mit einem sehr präzisen Datum versehen. 1969 bekam der Dokumentarfilmer Richard Cawston den Auftrag für den Film «Royal Family», er sollte die Royals als eine «ganz normale Familie» porträtieren. Der einzige Mann, der die Weitsicht hatte, dies als folgenreichen Tabubruch zu erkennen, war der große Filmemacher Richard Attenborough. Er hatte als Dokumentarfilmer in entlegenen Gebieten der Erde genug Erfahrung mit Naturvölkern gemacht, um zu wissen, dass man die Tür, die damit geöffnet würde, nie mehr würde schließen können, dass die Sucht nach Details aus dem königlichen Leben immer weiter ausufern würde, dass es irgendwann schließlich die Untertanen als ihr verbrieftes Recht ansehen würden, dem König beim Frühstück per Liveschaltung in sein rechtes Nasenloch zu schauen.

Die Tragweite der Entscheidung, den dreiteiligen BBC-Film «Royal Family» in Auftrag zu geben, war damals nicht abzusehen. Der Vater dieser Idee war der frischernannte Pressechef des Buckingham-Palastes, ein Mann namens William Heseltine. Ein Australier, der zwischen all den Herren in ihren Tweedjacken mit Lederflecken an den Ärmeln, mit ihren Sandhurst- und Cambridge-Abschlüssen und ihrem nasalen Herrenclub-Englisch wie ein frischer Luftzug im Palast gewirkt haben muss. Bevor er in die Dienste der Queen trat, war er Privatsekretär des australischen Premierministers. Er war es eben gewohnt, für Leute zu denken, die wiedergewählt werden wollten.

Der Film führte geradewegs in eine Zwickmühle. Der englische Journalist Jeremy Paxman fasst die Problematik so zusammen: «Die unlösbare Trickfrage, mit der die Royals im Zeitalter der Massenmedien konfrontiert sind, lautet: Wie halten sie die gebührende Distanz zum Volk und bauen dennoch eine gewisse Nähe zu ihm auf? Wenn sie auf Nähe verzichten, erregen sie das Misstrauen der Massen, opfern sie aber die Distanz zugunsten der Nähe, nimmt der Respekt des Volkes Schaden.»

Das Dilemma ist bis heute nicht gelöst. Vielleicht entspricht dieser scheinbare Mangel an Dezenz aber auch einer eigenen europäischen Tradition. Ludwig XIV. von Frankreich empfing ja noch, während er auf dem Nachttopf saß, Besuch. Das galt bei ihm als besonderer Gunstbeweis.

In fernöstlichen Monarchien hingegen war man aufs peinlichste darauf bedacht, die Mystik des Monarchen mit allen Mitteln zu wahren. Und zwar durch Distanz. Am kaiserlichen Hof von China durften seit dem 8. Jahrhundert ausschließlich Eunuchen persönliche Diener des Kaisers sein. Nichteunuchen, selbst Verwandten des Kaisers, war es bei Todesstrafe untersagt, in die Nähe seiner Quartiere zu kommen. Die Eunuchen schufen eine Aura des Geheimnisses um den kaiserlichen Thron, nur sie galten als niedrig genug, schweigende Zeugen seiner privaten Fehler und Schwächen zu werden. Es war verboten, den Kaiser anzusehen, selbst hochrangige Beamte schlugen in seiner Gegenwart die Augen nieder. Ging er durch die Straßen, schützten Schirme ihn vor den Blicken der Öffentlichkeit. Noch abgeschirmter waren nur die Könige von Saba. Sie durften ihren Palast überhaupt nicht verlassen. «Taten sie es doch, so steinigte sie der Pöbel», heißt es in Frazers «Der Goldene Zweig».

Ist das Herumwühlen im Privatleben der Royals, die öffentlichen Schmähungen, denen sie heute ausgesetzt sind, die – aus anthropologischer Sicht – logische Folge eines europäischen Irrwegs?

Ich glaube, man macht es sich zu einfach, schiebt man die Schuld für ihre respektlose Behandlung durch die Medien den Royals selbst zu. Als jene in den sechziger Jahren damit anfingen, dem Volk Blicke in das Innere ihrer Häuptlingszelte zu gewähren, war noch nicht absehbar, zu welcher Vulgarität und Taktlosigkeit die Medien eines Tages fähig sein würden. Als der Dokumentarfilm «Royal Family» entstand, geschah dies mit der als sicher geglaubten Prämisse, dass die Königsfamilie an sich etwas Sakrosanktes sei, Respekt ihr gegenüber selbstverständlich. Man lebte in einer Zeit, in der die Zeitungen Englands noch im Besitz von zwei oder drei fest im Establishment verankerten Gentlemen waren, denen das Wohlwollen des Hofes wichtiger war als Verkaufszahlen. Lag dem Buckingham-Palast daran, eine Peinlichkeit aus den Zeitungsspalten herauszuhalten, genügte ein diskreter Anruf in den Chefetagen der Fleet Street. Heute funktioniert das nicht mehr. Heute gibt es keine Zeitungszaren mehr wie Lord Beaverbrook oder Northcliffe, die Medienkonzerne sind in den Händen von Leuten wie Rupert Murdoch oder von anonymen Investment-Syndikaten.

Die eigentliche Zeitenwende, das große Fressen, begann Anfang der neunziger Jahre, als Rupert Murdoch die wichtigsten Zeitungen Englands, die *Sun* und die *Times*, schluckte. Der erste Höhepunkt war die Veröffentlichung von Andrew Mortons Buch «Diana: Her True Story». Es erschien fatalerweise genau zu Beginn des Sommerlochs, wenn die Zeitungen für jede Sensation dankbar sind, die sich über ein paar Wochen hochjazzen lässt. Der Vorabdruck des Buches in der *Sunday Times* wurde von sensationsgierigen Berichten in anderen Murdoch-Blättern flankiert, die berichteten, die Königinmutter sei Zeugin eines Selbstmordversuchs von Diana geworden, Abstimmungen darüber initiierten, wer nun die Schuld am Scheitern der Ehe trage, Charles oder Diana, und – neben Fotos von einer weinenden Diana – Checklisten veröffentlichen wie: «Zehn sichere Warnzeichen für einen drohenden emotionalen Zusammenbruch».

Den Enthüllungen Mortons folgte die öffentliche Demontage der Herzogin von York, vulgo Fergie. Einem Fotografen war mit Weitsicht-Teleobjektiv eine Aufnahme gelungen, die zeigte, wie sie sich am Rande eines Pools von einem texanischen Liebhaber die Zehen nuckeln ließ. Ein Kolumnist des *Daily Mirror* kommentierte wohlfeil: «Ich bin der Auffassung, dass jemand wie die Herzogin von York als Mitglied jener archetypischen Familie, wie die Königsfamilie sie darstellt, sich in einer Position befindet, in der sich solche Dinge verbieten.» Dem «Nuckel-Skandal» folgte die Veröffentlichung eines illegal mitgeschnittenen Tonbandes, auf dem das intime Liebesgeflüster Dianas mit einem Liebhaber zu hören war, dem folgte Dianas legendäres *Panorama*-Fernsehinterview, bei dem sie sich, Kopf in Schieflage, weihevoller Himmelsblick, vor Millionen von Zuschauern über Charles' Liebe zu Camilla ausweinte und seine Befähigung für das Königsamt öffentlich in Frage stellte. Und kurz darauf veröffentlichte eine von Murdochs Zeitungen ein – abermals illegal mitgeschnittenes – Telefongespräch zwischen Prinz Charles und Camilla, in dem Charles seiner Sehnsucht Ausdruck verlieh, als Camillas Tampon wiedergeboren zu werden. Die *Sun* brüllte: «6 MIN LOVE TAPE COULD COST CHARLES THE THRONE!»

Lässt man die Schlagzeilen jenes Jahres 1992, die Queen nannte es in ihrer Weihnachtsansprache «annus horribilis», Revue passieren, gewinnt das chinesische Modell, bei dem nur ein paar unterwürfige Eunuchen die banalen Seiten des menschlichen Daseins ihrer Herrscher schauen dürfen, noch einmal deutlich an Attraktivität.

Andererseits ist es schon frappierend, dass die britische Monarchie sich auch durch tägliche, systematische Anfeindungen nicht aus der Spur bringen lässt. Das Motto «never explain, never complain» wird nach wie vor ehern aufrechterhalten. Bis heute können die Zeitungen frei erfundene Absurditäten unters Volk bringen, ohne dass der Buckingham-Palast je mit Gegendarstellungen oder Unterlassungsklagen reagieren würde. Die Medien nutzen das weidlich aus, denn nichts verkauft Zeitungen besser als Schlagzeilen über die Königsfamilie.

Zwar erreichte die Popularität des Königshauses in den Wochen und Monaten nach Dianas Tod 1997 noch einmal einen Tiefpunkt ... Doch wer hätte geahnt, dass das Königshaus auch diese Krise unbeschadet überstehen würde? Wahrscheinlich ist es sogar gestärkt aus dem Diana-Drama hervorgegangen. Während Tony Blair, der es virtuos verstand, die Medien zu umgarnen, inzwischen mit Schimpf und Schande aus dem Amt gejagt wurde und den Briten heute hauptsächlich als Manipulator der öffentlichen Meinung in Erinnerung geblieben ist, genießt die Königsfamilie, allen voran die Queen, womöglich gerade, weil sie sich ihre Agenda nicht durch die Hysterie der Massen diktieren ließ (und die Flagge am Buckingham-Palast eben nicht auf halbmast setzen ließ), wieder allgemeinen Respekt. Die öffentliche Anteilnahme an ihrem Thronjubiläum und übrigens auch die Rezeption des Films «The Queen» mit Helen Mirren haben gezeigt, dass die Briten ihre Monarchin als Garantin für Kontinuität und Serenity (was mit olympischer Gelassenheit zu übersetzen ist) schätzen.

Die Intimität der Königsfamilie scheint durch eine Art Kordon der Unverletzbarkeit geschützt zu sein, denn seltsamerweise weiß die Öffentlichkeit trotz ganzer Bibliotheken und ausufernder Zeitungsarchive erstaunlich wenig über das private Leben der Windsors. Man muss nicht einmal abergläubisch sein, um festzustellen, dass alle, die versucht haben, das Velum zu lüften, hinter dem die Windsors im Privaten leben, vom «Schicksal» dafür auffällig ungnädig behandelt worden sind.

Marion Crawford, bis 1949 als Gouvernante in königlichen Diensten und Erzieherin der späteren Queen und ihrer Schwester Margaret, veröffentlichte ein Jahr nach ihrer Pensionierung – angestachelt von ihrem geldgierigen Mann – das Buch «The Little Princesses», ein aus heutiger Sicht völlig harmloses Buch, das aber der Vorgänger vieler noch folgender «So ist es bei Königs»-Bücher wurde. Marion Crawfords Einnahmen beliefen sich angeblich auf über sechzigtausend Pfund, ein Vermögen damals. Glücklich wurde sie nicht. Die von den Engländern einhellig zur Verräterin abgestempelte «Crawfie» konnte sich kaum noch in der Öffentlichkeit blicken lassen, die Königsfamilie brach jeden Kontakt zu ihr ab, sie kaufte sich ein Haus in der Nähe von Balmoral, was sie die Entfremdung vom Hof nur noch schmerzlicher empfinden ließ. Nach dem Tod ihres Mannes ging sie kaum noch aus dem Haus und starb elf Jahre später, nach einem angeblichen Selbstmordversuch, 1988 völlig vereinsamt und verbittert.

Stephen Barry, der zwölf Jahre Prinz Charles' Leibdiener war, wurde mit seinem in den frühen Achtzigern erschienenen Enthüllungsbuch zum Millionär. Das Buch ist völlig uninteressant, lohnenswert sind allenfalls die Passagen, in denen er beschreibt, wie schockiert Diana war, dass er jeden Morgen in das Schlafzimmer der Jungvermählten kam, um die Vorhänge zu öffnen und Tee mit Gebäck zu servieren. Barry, ein zur Flamboyanz neigender Homosexueller, kaufte sich von den Erlösen eine Wohnung in Kalifornien, wo er bereits 1986 im Alter von siebenunddreißig Jahren starb.

John Barrett, ein bei Hofe äußerst beliebter, gutaussehender Privatsekretär, verheiratet, ein Kind, arbeitete zunächst für Lord Mountbatten und erhielt, nachdem dieser von der IRA ermordet worden war, auf Vermittlung Prinz Charles' eine Anstellung beim Vetter der Queen, Prinz Michael von Kent. Er überwarf sich mit dem Prinzen, entdeckte seine homosexuelle Ader, verließ Frau und Kind und zog nach Amerika. Ende der achtziger Jahre veröffentlichte er das vollends banale Buch «With the Greatest Respect», in dem er der Königsfamilie ein gestörtes Verhältnis zu ihren Kindern attestierte, nahm damit nicht gerade überwältigende vierzigtausend Pfund ein, die er wenige Jahre später bereits komplett verschleudert hatte. Anfang der neunziger Jahre machte die *Daily Mail* noch einmal auf ihn aufmerksam, weil er als Straßenkehrer in London arbeitete. Drei Jahre später, im Alter von neunundfünfzig Jahren, war er tot.

Ken Stronach, ehemaliger Marineoffizier, hatte auch zunächst für Lord Mountbatten gearbeitet und war Stephen Barrys Nachfolger als Charles' Leibdiener. Nach sechzehn Jahren vorbildlicher Arbeit für den Prinzen von Wales zog er sich 1995 im Alter von fünfzig Jahren aus den königlichen Diensten zurück und bezog ein ihm vom Hof zur Verfügung gestelltes Haus. Seine Vorliebe für teure Autos und die Kosten von zwei Scheidungen ließen ihn der Versuchung erliegen, seine Erinnerungen an Murdochs Revolverblatt *News of the World* zu verkaufen. Von allen Verrätern hatte er am wenigsten Glück. Nicht nur büßte er wegen seines Verrats seine Pension ein, zudem erhielt er von Murdochs *News of the World* keinen Cent für seine Indiskretionen. Einem Reporter des Konkurrenzblattes *Mirror* hatte er ein unwesentliches Detail seiner Enthüllungen schon vor der Veröffentlichung verraten und dadurch die Exklusivitäts-Abmachung unterlaufen. Nachdem er aus dem vom Buckingham-Palast zur Verfügung gestellten Pensionärshäuschen hatte ausziehen müssen, verklagte ihn noch seine Tochter aus erster Ehe wegen sexuellen Missbrauchs. Er verschwand, völlig verarmt, von der Bildfläche.

Wendy Barry arbeitete zwischen 1985 und 1993 als Haushälterin für Prinz Charles und Prinzessin Diana. Das Ehedrama der beiden spielte sich direkt vor ihren Augen ab, aber sie hatte bei ihrer Anstellung eine Vertraulichkeitsklausel mit einer immensen Vertragsstrafe unterschrieben.

Als sie 1995 ihr Buch «The Housekeeper's Diary» veröffentlichte, musste sie sich nach Kanada absetzen. Dort wurden die Einnahmen aus ihrem Buch konfisziert. Im Jahr 2000 kehrte sie zurück nach England. Sie ist inzwischen fünfundsiebzig Jahre alt und lebt in einer Sozialwohnung in einem Vorort von Liverpool.

Paul Burrell, einst Dianas Lieblingsbutler («mein Fels»), ist zwar durch die konsequente Vermarktung seiner Erinnerungen bei Hofe Millionär geworden, doch nach seinem ersten, äußerst erfolgreichen Buch («A Royal Duty») sind weitere Buchprojekte gefloppt, auf amerikanischen Home-Shopping-Kanälen bewirbt er nun eine unterdurchschnittlich erfolgreiche Weinmarke namens Royal Collection. Dass auch er eine recht traurige Existenz führt, zeigt schon die Tatsache, dass er bei der englischen Version des Dschungelcamps («I'm a Celebrity – Get Me Out Of Here!») mitwirkte. Seine Frau hat sich 2007 von ihm getrennt, nachdem sie herausfand, dass er ein Doppelleben führte und sich nachts gerne in Londons Strichermilieu herumtrieb. Zu all dem privaten und beruflichen Ärger eröffnete Anfang 2008 die Staatsanwaltschaft gegen ihn ein Verfahren wegen Meineids. Er hatte im Diana-Untersuchungsausschuss unter Eid gelogen. Bestenfalls wird er mit einer zweijährigen Haftstrafe davonkommen.

Ursprünglich war es meine Absicht, in diesem Kapitel ein wenig Licht darauf zu werfen, was die Windsors so machen, wenn sie «unter sich» sind. Angesichts dieser Auflistung warnender Beispiele werden Sie, geschätzte Leserinnen und Leser, verstehen, warum ich das tunlichst unterlassen habe (ein paar wirklich harmlose Anekdötchen hebe ich mir allerdings für ein noch folgendes Kapitel auf). Nur so viel an dieser Stelle: Über Prinz Charles und seine Brüder ist eine Menge bekannt. Aber 99 Prozent dessen, was man, auch aus halbwegs seriösen Quellen, bislang über die Königin selbst (und auch über Prinz William) weiß, ist Quark. Auch für die Charakterstudie der Königin in dem vielfach gelobten Film «The Queen», in dem Helen Mirren die Königin als steife und humorlose Person darstellt, hatten die, die sie kennen, nur ein müdes Lächeln übrig. Allenfalls zwanzig Sekunden des Films kommen der Königin, so, wie sie ist, nahe. Kurz gesagt: Die Öffentlichkeit hat nicht den blassesten Schimmer davon, wie die Königin wirklich ist und wie es bei den Windsors zugeht, wenn sie en famille sind. Eigentlich unfassbar, dass jemand, über den seit über fünfzig Jahren ganze Regale von Biographien und Abertausende «gutinformierter» Artikel erschienen sind, dennoch so vollends ein Rätsel geblieben ist.

> Sie haben's gut,
> Sie können ins Kaffeehaus gehen!
> *Kaiser Franz Joseph*
> *zu einem Journalisten*

Kapitel zehn

Warum machen Könige so ein Brimborium?

Könige sind Geiseln der Etikette. Simeon von Bulgarien hat mir einmal erzählt, wie er vom Kaiser von Japan empfangen wurde. Er war nicht als Royal nach Tokio gereist, sondern in seiner Funktion als bulgarischer Ministerpräsident. Obwohl er kein Staatsoberhaupt war, sah das Protokoll eine kurze Unterredung mit dem Kaiser vor. Eine besondere Auszeichnung. Die beiden kennen sich seit ihrer Jugend; wenn sie miteinander sprechen, dann auf Englisch. Und sie reden sich mit Vornamen an. Diesmal aber richtete der Kaiser nicht ein einziges Mal ein persönliches Wort an Simeon, unterhielt sich ausschließlich über seinen Dolmetscher mit ihm. Simeon war verunsichert. Hatte er den Kaiser durch eine Unachtsamkeit verärgert? Als das kurze Gespräch vorbei war und er wieder auf dem Weg hinaus, fing ihn der Leiter des kaiserlichen Hofamtes ab und führte ihn ein weiteres Mal zum Kaiser. Diesmal aber zu einem privaten Gespräch unter alten Freunden. Der Kaiser entschuldigte sich vielmals für die kühle Behandlung: «Weißt du, Simeon, das Protokoll verbietet mir, bei einem offiziellen Termin direkt mit dir zu sprechen.» Der erleichterte Simeon erzählte dem Kaiser von seinen Kindern, er berichtete ihm von seiner neuen Karriere als Politiker, und irgendwann erkundigte er sich nach dem neuen Schwiegersohn des Kaisers. Prinzessin Sayako hatte kürzlich geheiratet. Der Kaiser konnte seinem alten Freund aber nichts über seinen Schwiegersohn sagen: «Alle berichten mir, dass er reizend ist. Aber ich kenne ihn nicht.» Das kaiserliche Protokoll, erklärte er traurig, verbiete es ihm, mit seinen Untertanen zu sprechen. Er wird seinen Schwiegersohn also niemals zu Gesicht bekommen.

Die japanische Hofetikette ist ein engmaschiges Netzwerk von Verboten und Vorschriften. Durch sein Amt, das ihn zu einer ausschließlich zeremoniellen Existenz zwingt, hat der Kaiser das Recht, eine Privatperson zu sein, verwirkt. Er wird rund um die Uhr für Zeremonien in Anspruch genommen, während die Staatsgeschäfte durch den Staatsrat besorgt werden.

Streng genommen darf der Kaiser von Japan nicht einmal an die frische Luft gehen, denn, wie es in alten Schriften heißt: «Die Sonne ist nicht wert, sein Haupt zu bescheinen.» Bis vor zwei Generationen war er gezwungen, jeden Morgen ein paar Stunden mit der Kaiserkrone auf dem Haupt auf dem Thron zu sitzen – wie eine Bildsäule, ohne Hände oder Füße, Kopf oder Augen oder irgendeinen Teil seines Körpers zu bewegen. Nur so, glaubte man, seien Ruhe und Frieden im Reich gewährleistet.

Die Annahme, dass in Monarchien das Volk für seine Herrscher darbe, ist hier jedenfalls widerlegt: Hier existiert der Herrscher ausschließlich für seine Untertanen. Hofetikette hat ursprünglich wenig mit dem Sichtbarmachen königlicher Würde und schon gar nichts mit der Gewährleistung des Wohllebens der Könige zu tun. Der berühmte Anthropologe James Frazer hat Herrschaftsformen von den pazifischen Archipelen über den afrikanischen Dschungel bis in die Höhen der Anden untersucht – und immer wieder das Gleiche festgestellt: In fast allen archaischen Gesellschaftsordnungen gilt der König als dynamisches Zentrum des Universums, man nimmt an, jede Bewegung – jedes Wenden des Kopfes, jedes Heben der Hand – beeinflusse unmittelbar die Natur. Je herausgehobener die Stellung eines Herrschers, desto mehr Tabus ist er zu beachten verpflichtet, sie bestimmen sämtliche seiner Handlungen, sein Gehen und Stehen, sein Essen und Trinken, Schlafen und Wachen. So, wie im Alten Testament beschrieben wird, dass das jüdische Volk auf seiner Flucht aus Ägypten nur dann im Kampf siegreich sein kann, wenn Moses seine Arme erhoben hält, hängt in den archetypischen Monarchien Wohl und Wehe buchstäblich von jeder Bewegung des Königs ab. Die an europäischen Höfen vorherrschende Etikette, mit ihrem bis ins kleinste geregelten Ineinandergreifen Hunderter Vorschriften, stammt übrigens nicht, wie oft behauptet, aus Spanien, sondern geht auf die Herzöge von Burgund zurück. Philipp der Gute (1396–1467) ließ die am Hof vorgeschriebenen Sitten erstmals zu einer Art Gesetzeswerk entwickeln. Der vorrangige Zweck dieses Verhaltenskodexes war, den Monarchen über die Aristokratie zu stellen – und so die Adeligen artig auf Abstand zu halten.

Unter dem spanischen König Philipp II. (1527–1598) wurde das Hofzeremoniell zu seiner raffiniertesten Form vollendet. Mit dem Nachteil, dass Philipp selbst zum Gefangenen eines unentwirrbaren Netzes von Geboten und Vorschriften wurde. Seine Gemahlin durfte er nur nach einem exakt vorgeschriebenen Zeremoniell in ihren Räumen aufsuchen. Tage im Voraus wurde der Termin festgelegt; wenn dann endlich die Stunde kam, musste der König das für den Anlass vorgeschriebene Gewand anziehen (das schwarze Hofkleid mit Mantel) und auf den Obersthofmeister warten, der ihn schließlich abholte und durch endlose Zimmerfluchten führte, an deren Wänden die Damen und Herren des Hofes unbeweglich und stumm aufgereiht standen. Vor den Gemächern der Königin angekommen, musste zunächst der für den Anlass vorgesehene Grande mit einem Kerzenleuchter voranschreiten, es folgte ein zweiter mit einer Karaffe Wasser, erst dann durfte der König – flankiert von hohen Staatsbeamten – eintreten. In den Privatgemächern der Königin war der innere Kern des Hofstaates versammelt. Die Zeremonie war genauestens choreographiert, sodass König und Königin beide in dem vorbestimmten Gemach exakt zum gleichen Zeitpunkt eintrafen. Der Raum war entsprechend dem Zweck der Zusammenkunft – der Fortpflanzung – ausgestattet. Licht und Karaffe wurden abgesetzt, nach Rangfolge gestaffelt zog sich der Hofstaat nun feierlich einer nach dem anderen zurück und wartete in den angrenzenden Räumen, bis König und Königin, aus verschiedenen Türen tretend, den Rückweg antraten. Es grenzt an ein Wunder, dass aus solchen Staatsakten tatsächlich Nachkommen hervorgingen. Philipp II. und Maria von Portugal zeugten immerhin den von Schiller und Verdi besungenen Don Carlos.

Das spanische Hofzeremoniell wurde von den habsburgischen Verwandten des spanischen Herrscherhauses übernommen. Besonders der barocke Kaiser Leopold I. begeisterte sich dafür. Unter Maria Theresia erhielt das strenge spanische Hofzeremoniell eine gemütlich-wienerische Note, ihr Sohn, der «Modernisierer» Joseph II., reduzierte es auf das nötige Mindestmaß, unter Kaiser Franz Joseph wurde das Zeremoniell wieder bürokratisch-pedantisch ausgelegt, was vor allem am legendären Obersthofmeister Fürst Montenuovo lag. Jener muss eine ziemlich komplexbeladene Persönlichkeit gewesen sein. Er war nämlich ein Neffe zweiten Grades des Kaisers, durfte aber, da er ein uneheliches Kind (des Grafen Neipperg) war, sich nicht als Teil der kaiserlichen Familie betrachten. Er kompensierte das, indem er sich als überstrenger Wächter des Hofzeremoniells aufspielte. Als die Schwester meiner Urgroßmutter Oktavia, Sophie Gräfin Chotek, den Thronfolger Franz Ferdinand heiratete, profilierte Montenuovo sich zum Beispiel dadurch, dass er meine Urgroßtante, wo immer er nur konnte, spüren ließ, dass sie als einfache Gräfin keine standesgemäße Gemahlin des Thronfolgers war. Betraten meine Urgroßtante und der Thronfolger einen Saal, durften sie das niemals gemeinsam tun, sondern nur nacheinander, wobei für den Thronfolger beide Flügel der Tür geöffnet wurden, für meine Urgroßtante aber nur eine. Bei Empfängen, Bällen und anderen offiziellen Anlässen durfte sie nicht an der Seite ihres Gemahls erscheinen, sondern musste am Ende des Gefolges, noch hinter den jüngsten Erzherzoginnen, einziehen. Nach dem Attentat von Sarajevo wurde der Rangunterschied selbst noch im Tod zelebriert. Der Sarg meiner Urgroßtante stand um einige Zentimeter tiefer als der ihres Ehemannes.

Das Wiener Hofzeremoniell, das von 1527 bis zum Ende der Monarchie 1918 Bestand hatte, regelte jedes Detail des höfischen Verhaltens. Es regelte den Rang jeder bei Hofe zugelassenen Person, die Kleidungsvorschriften für alle denkbaren Anlässe oder auch die Vorbereitung und Gestaltung von Festlichkeiten und, was immer wieder Grund für Heiterkeit hinter vorgehaltener Hand war, das Begrüßungs- und Eintrittsritual mit seinen verschiedensten Verbeugungen. Bei einer Audienz beim Kaiser waren drei Verbeugungen vorgesehen: Die erste hatte stattzufinden, wenn sich die Flügeltür ins Audienzzimmer auftat, die zweite zwischen der Tür und dem Kaiser, die dritte vor dem Kaiser – aber in gebührendem Abstand, der Audienznehmer sollte keinesfalls einen Händedruck erwarten. Schwieriger noch war der ordnungsgemäße Rückzug. Der Besucher durfte dem Kaiser keinesfalls den Rücken zuwenden, also musste er sich rückwärtsgehend unter Ausführung weiterer Verbeugungen entfernen, was nicht selten dazu führte, dass die armen Leute mit diversem Mobiliar kollidierten, wenn nicht irgendein Hofbediensteter sich erbarmte und den Betreffenden an den Frackschößen unauffällig in Sicherheit zog.

Wer diese Vorschriften als überkandidelte Äußerlichkeiten abtut, übersieht einen Punkt, auf den Norbert Elias in seinem Buch «Die höfische Gesellschaft» hingewiesen hat. Für Elias war das Hofzeremoniell vor allem ein handfestes Machtinstrument. Er führt uns Versailles, den höfischsten aller Höfe, als hochkomplexes System von Begünstigungen vor Augen, dessen Hauptzweck es war, den hohen Adel in Schach zu halten. Ludwig XIV. gilt zwar heute als Inbegriff des «absolutistischen» Herrschers, aber er hat in seiner Kindheit und Jugend als Zeuge der Fronde die Untreue des französischen Adels hautnah erlebt. Indem Ludwig XIV. den Adel an den Hof von Versailles zwang, schuf er ein System, in dem alle Ambitionen darauf ausgerichtet waren, ihm möglichst nah zu sein. Jedes noch so unscheinbare Amt bei Hofe, jede Aufmerksamkeit, jeder Blick, jede Geste, jedes Wort des Königs war ein Mittel, um Prestige zu verschaffen oder zu entziehen. Nur gewisse Prinzen königlichen Geblütes hatten zum Beispiel das Recht, dem König das Hemd zu reichen. Andere wiederum verteidigten eifersüchtig das Privileg, ihm das Mundtuch reichen zu dürfen. «Der König», schreibt sein Biograph Philippe Erlanger, «fühlte sich eben wesentlich sicherer, wenn sich seine Herren stritten, wer den Leuchter halten durfte, als wenn sie Komplotte schmiedeten.»

Der König forderte die ständige Anwesenheit der Edelleute an seinem Hof und zwang sie, ihren Besitz und ihre Schlösser zu verlassen, um in den Unterkünften seines Palastes zu wohnen. Einschließlich der Dienerschaft lebten unter Ludwig XIV. zeitweise über zehntausend Personen gleichzeitig am Hof. Unter Ludwig wurde die Nähe zum Zentrum seines Reiches, also zu ihm selbst, zur alles entscheidenden Währung. Er erreichte, dass der Adel nichts so sehr fürchtete wie die Entfernung vom Hofe. Nach Norbert Elias war für Ludwig XIV. die erzwungene Nähe des Adels hauptsächlich ein Verteidigungsinstrument, weil jener so ständig seiner Beobachtung und somit Überwachung ausgesetzt war. Bei Saint-Simon steht: «Da er wusste, dass er nicht genug Gnaden zu spenden hatte, um fortwährend Eindruck zu machen, ersetzte er reelle Belohnungen durch eingebildete, durch Erregung der Eifersucht, durch kleine alltägliche Begünstigungen. Niemand war in dieser Hinsicht erfinderischer als er.»

Der Hof von Versailles war für Elias «ein Komplex interdependenter, gegenseitig miteinander rivalisierender, sich gegenseitig in Schach haltender Elitetruppen», ein hochkompliziertes, von den Prestigebedürfnissen der Höflinge gespeistes Perpetuum mobile.

So kühn es ist, sich mit einem der größten Soziologen der Geistesgeschichte anzulegen, so wage ich dennoch zu behaupten, dass Elias der Versuchung erlegen ist, die machtpolitische Funktion des Hofzeremoniells ein wenig überzubetonen. Sehr häufig ist es doch so, dass Zeremonien praktische Absichten zugrunde liegen, aber dass sie sich, indem sie sich ausfalten und eine ästhetische Gestalt annehmen, verselbständigen und zu Akten reiner Schönheit und Kunst werden. Auch darf man den sakralen Wesenskern der Hofetikette nicht vergessen. Schließlich hatten die Zeremonienmeister, die die weltlichen Zere-

Das «Lever», das Erwachen des Königs von Frankreich, war ein ritueller, letztlich sogar religiöser Akt.

monien um den König herum ausgestalteten, die großen Liturgien der Kirche vor Augen. Das wird am deutlichsten, wenn man die vielleicht berühmteste Zeremonie am französischen Königshof, das Lever, betrachtet. Ein durch und durch sakraler, liturgisch zelebrierter Vorgang.

Wenn der französische König morgens seine Augen öffnete, erwachte eben nicht ein Privatmann, sondern der Staat, das Königreich Frankreich. Am ausgefeiltesten war die für den Krönungstag vorgeschriebene Prozedur des Lever. Nach gallikanischer Theologie, die den König Frankreichs als Sichtbarmachung einer christologischen Wirklichkeit betrachtete, versinnbildlichte das Erwachen des Königs an diesem Tag sogar die Auferstehung Christi selbst. Die höchsten Staatsbeamten, die damit beauftragt waren, den König nach Reims zu bringen, mussten vor die Gemächer des Königs treten und mit einem silbernen Stab an die Tür klopfen. Der Kammerherr rief nun: «Que demandez vous?» (Nach wem verlangt Ihr?) Die Antwort der Beamten: «Le Roi!» (Nach dem König!), worauf der Kammerherr antwortete: «Le Roi dort!» (Der König schläft!) Dies wiederholte sich zwei Mal. Die gleiche Frage, die gleiche Antwort. Erst beim dritten Mal, wenn die Beamten riefen: «Nous demandons Louis quatorze que Dieu nous a donné pour Roi!» (Wir verlangen nach Ludwig XIV., den Gott uns zum König gegeben hat!), öffneten sich die Türen. Nun traten zwei Bischöfe zum König hin, der aufrecht in seinem Prunkbett saß, geleiteten ihn, nach der feierlichen Ankleidung, aus seinem Schlafgemach und begleiteten ihn auf seinem Weg zur Weihe nach Reims.

Jeden Morgen wiederholte sich dieses feierliche Lever des Krönungstages in verschlankter Form. Jeden Morgen vollzog der französische König wie ein Hohepriester dieses komplizierte Ritual, anschließend übernahm er – gegen zehn Uhr – den Vorsitz im Staatsrat. Dann begab er sich zum Gottesdienst – und auch dies wiederum nicht als frommer Privatmann, sondern eben als Verkörperung Frankreichs. Erst nach der Messe fühlte sich der König zum Sündigen bereit und besuchte – gegen Mittag – eine seiner Mätressen. Um zwei Uhr dinierte er – öffentlich natürlich – bei der Königin. Nach dem Diner ging Ludwig XIV. gewöhnlich auf die Jagd oder machte einen Spaziergang. Anschließend arbeitete er bis etwa neun Uhr abends. Er entspannte sich bei Musik oder einer Partie Billard und ging gegen zehn Uhr abends zum Souper mit einigen Familienangehörigen. Um elf besuchte er noch einmal eine seiner Favoritinnen, bis zum Coucher, bei dem das Zeremoniell des Lever noch einmal, nur andersherum, wiederholt wurde. An den Festabenden war das Publikum eingeladen, die märchenhaften Veranstaltungen in den Gärten von Versailles zu bewundern – überhaupt hatte jeder Franzose, egal welcher Herkunft, jederzeit Zutritt zum Schloss von Versailles und konnte, war er nur comme il faut gekleidet, seinen Herrscher nach Herzenslust begutachten.

Der König von Frankreich stellte den ganzen Tag über das menschliche Dasein in seiner höchsten Form, der Souveränität, dar – und zwar als großes, opernhaftes Schauspiel. Man könnte angesichts der Fotos, die uns den norwegischen König beim Plätzchenbacken und die Windsors beim Nintendo-Spielen zeigen, zu dem Schluss kommen, dass sich die Nachfolger Ludwigs XIV. sehr weit von ihm entfernt haben. Aber ist das wirklich so? Oder sind gerade diese Zeugnisse sorgfältig inszenierter Zwanglosigkeit ebenso Repräsentationsakte wie einst die des Sonnenkönigs?

> What's love got to do with it?
> *Tina Turner*

Kapitel elf
SIND KÖNIGE AUCH BEIM SEX HÖFLICH?

Vom heiligen Hieronymus ist der bemerkenswerte Satz überliefert: «Es ist abscheulich, seine Frau wie eine Mätresse zu lieben.» Der große Kirchenvater spricht damit ein heikles Thema an. Wenn man als Königssohn heiratet, dann ist das Staatssache. In den Zeiten der großen Allianzen gingen königliche Hoheiten nicht als Mann und Frau miteinander ins Bett – sondern als ein Land mit einem anderen. Das Prinzip der ebenbürtigen Heirat war keine Frage der «Reinheit des Blutes», sondern hatte vor allem außenpolitische Gründe. Man konnte, war man geschickt genug, strategisch kluge, dynastische Ehen einzufädeln, sich ganze Reiche erheiraten.

Als Königskind hatte man bei der Wahl seines Ehepartners bis vor kurzem kein Mitspracherecht. Kam man als Prinz oder Prinzessin ins heiratsfähige Alter, wurde man zur Schachfigur politischer Interessen. So ist es nicht verwunderlich, dass es an europäischen Höfen die Regel war, dass der König oder Thronfolger eine Frau hatte, mit der er aus dynastischen Gründen dann und wann sein Bett teilte – für die eigentlichen sexuellen Vergnügungen aber Gespielinnen unterhielt. Wenn man nun mit seiner offiziell angetrauten Frau seine ehelichen Pflichten absolviert – wir dürfen hier ruhig in die Gegenwartsform umschwenken, denn an einigen wenigen Höfen gibt es ja noch so etwas wie dynastische Allianzen –, dann kann man nicht unbedingt ein Feuerwerk der Leidenschaft erwarten. Expeditionen in höhere Sphären der Leidenschaft unternimmt man traditionellerweise mit seiner/seinem Geliebten. Wozu Hieronymus ermahnte, ist also nicht, keine Geliebte zu haben, sondern die beiden Sphären, Ehe und Erotik, gefälligst säuberlich zu trennen. Verwerflich wurde in seinen Augen die Sache nämlich dann, wenn man seiner Frau jene unsittlichen Praktiken zumutete, für die man eine Geliebte hatte.

Die arme Marie Henriette von Habsburg etwa hatte das Pech, an den zweiten König der Belgier, Leopold (1835–1909), zu geraten, der einen fürchterlichen Ruf genoss. Er muss eine ausgesprochen liederliche Person gewesen sein (schuld waren die Gene des armen Teufels, er entstammte mütterlicherseits dem Hause Orléans, einer Familie, die in puncto sexuelle Ausschweifungen eine reiche Tradition hat). Nach der Hochzeitsnacht schrieb Marie Henriette in ihr Tagebuch: «Wenn Gott meine Gebete erhört, wird er mich von meinem Leben bald erlösen.» Auch ihrer Tochter Louise erging es nicht sehr viel besser. Im Alter von siebzehn Jahren wurde sie mit Philipp von Sachsen-Coburg verheiratet, der sich rühmte, Europas bedeutendste Sammlung pornographischer Zeichnungen und Schriften zu besitzen. Niemand hatte es für notwendig gehalten, Louise ein paar Tipps mit auf den Weg in die Ehe zu geben. In der Hochzeitsnacht mit den sonderbaren Wünschen ihres Gatten konfrontiert, war das junge Mädchen derartig bestürzt, dass sie sich, als Philipp endlich von ihr abgelassen hatte und in einen Erschöpfungsschlaf gefallen war, ihren Mantel über das Nachthemd warf, aus dem ehelichen Schlafgemach schlich und sich in eines der Gewächshäuser im Park von Coburg flüchtete. Ein Gärtner fand sie am frühen Morgen zitternd hinter einem Gebüsch kauernd. Sie wurde von einem eilig herbeigeeilten Kammerdiener unauffällig zurück ins Schlafzimmer eskortiert. Dreißig Jahre ertrug sie ihren Mann, dann machte sie sich endgültig davon. Zum Entsetzen der gesamten Verwandtschaft. Ihre Scheidung im Jahre 1906 löste damals einen Schock an Europas Höfen aus. Wenn man als König seine Frau loswerden wollte, galt die Abschiebung in ein Kloster als gangbarster Weg, für Frauen war das Vergiften des Mannes üblich.

Ehen von gekrönten Häuptern mussten aber in der Regel Bestand haben, egal, wie sehr man sich gegenseitig verabscheute. Als Napoleon 1821 starb, wurde Englands König Georg IV. davon umgehend in Kenntnis gesetzt. Sein Premierminister meldete: «Majestät, Euer schlimmster Feind ist tot!», worauf der König antwortete: «Ist sie das wirklich?» Er war mit Karoline von Braunschweig-Wolfenbüttel verheiratet.

Junge Mädchen wie Marie Henriette von Habsburg, Louise von Belgien oder die sächsische Prinzessin Augusta (sie war siebzehn, als man sie an Wilhelm I. auslieferte) wurden in die Ehe geschickt, ohne die geringste Vorstellung davon zu haben, was sie im königlichen Schlafgemach erwartete. Mit jungen Damen über Details der Fortpflanzungsbiologie zu sprechen galt als unsittlich. Mit jungen Männern gab man sich etwas mehr Mühe. Da man als Königssohn bis ins frühe 20. Jahrhundert hinein nicht die Möglichkeit hatte, sich zwanglos unter die Untertanen zu mischen, war es üblich, dass man in der Adoleszenz eine Art Schulschiff bekam. Als der spätere Kaiser Franz Joseph von Österreich sein 18. Lebensjahr erreichte, fand sein Hauslehrer im Auftrag seiner Mutter für ihn ein gesundes, böhmisches Bauernmädchen, deren Aufgabe es war, ihn mit der Sexualität vertraut zu machen. Die junge Dame wurde danach mit einer lebenslänglichen Apanage ausgestattet und mit irgendeinem niederen Hofbeamten verheiratet. Bei seinem Sohn, Kronprinz Rudolf, machte Franz Joseph weniger Umstände. Er beauftragte einen Jagdfreund, Karl Karnauer, diskrete Visiten in ein paar ausgesuchten Wiener Etablissements zu arrangieren, um dem Sohn ein wenig Praxis zu verschaffen. Der Kronprinz ließ dies gerne mit sich geschehen, obwohl er, was halb Wien wusste, aber weder der Kaiser noch Oberstleutnant Karnauer ahnten, die Besonderheiten des weiblichen Geschlechts längst auf eigene Faust – und zwar in ebenjenen Bordellen – ausgekundschaftet hatte.

Als im 19. Jahrhundert jenes gesellschaftliche Tabu fiel, welches Frauen verbot, auf der Bühne aufzutreten, wurden Schauspielerinnen zur Quelle königlicher Vergnügungen, man denke an Ludwig I. von Bayern, der von der übrigens äußerst mittelmäßigen irischen Sängerin Lola Montez um den Finger gewickelt wurde, und an die große Sarah Bernhardt, die als kunstvollste Liebhaberin ihrer Zeit galt, was der damalige Prinz von Wales, der spätere Eduard VII., verifizieren durfte.

Wie die französischen Könige der klassischen Epoche zu einer solchen Vielzahl an Mätressen kamen, wird ein ewiges Rätsel der Geschichte bleiben. Ludwig XIV. zum Beispiel muss ziemlich unappetitlich gewesen sein. Aus dem langen Leben des Sonnenkönigs sind nur drei Vollbäder überliefert. Sein Urgroßneffe Ludwig XVI., der übrigens mit der Tradition der Mätressen brach, war der erste französische König, der sich regelmäßig wusch.

Bevor wir weiter in königlichen Schlafgemächern herumwühlen, ein, zwei grundsätzliche Bemerkungen: Es gehört in meinen Kreisen zum guten Ton, sich über die Invasion der Presse in die Intimsphäre von königlichen Hoheiten zu empören. Das ist einerseits gerechtfertigt, denn die Boulevardpresse handhabt diese Art von Berichterstattung ja mit ziemlicher Schamlosigkeit. Andererseits aber war das Sexualverhalten von Königen und Königinnen schon immer mehr als nur Gegenstand eitlen Klatsches. Was Könige und Königinnen in ihren Prunkbetten trieben, war stets Teil der öffentlichen Domäne. In seiner unschuldigsten Variation zeigen das schon die Märchen, die wir seit Generationen unseren Kindern vorlesen. Schneewittchen, die in unehelicher Gemeinschaft mit gleich sieben Zwergen zusammenlebte, war ja kein unbeschriebenes Blatt, als der Prinz sie auserkor. Dagegen ist die norwegische Kronprinzessin Mette-Marit mit ihrem umstrittenen Vorleben harmlos. Auch mit einem Frosch das Bett zu teilen, nur weil der königliche Vater einen dazu ermahnt, ist moralisch gesehen ein Grenzfall. Und schließlich ist selbst der Dreh- und Angelpunkt der berühmtesten Königssage, der Legende von König Artus, die Geschichte einer sexuellen Verfehlung. Die Ritterrunde von Camelot zerbrach ja daran, dass der treue Lanzelot verhext wurde und sich in Arturs Gemahlin Guinevere verliebte.

Wenn Berichte über sexuelle Fehltritte von Monarchen reiner «Klatsch» wären, müsste man auch sehr wesentliche Passagen des Alten Testaments als solchen abtun. Der theologischen Bedeutung der Figur König Davids wird man nur gerecht, hat man ihn in seiner ganzen Sündhaftigkeit vor Augen. Einer der anrührendsten und schönsten Psalmen überhaupt, der Psalm 42 («Wie der Hirsch lechzt nach frischem Wasser, so schreit meine Seele, Gott, zu Dir ...»), ist eine Klage des zerknirschten David angesichts einer furchtbaren, eigentlich unverzeihlichen Sünde. Im Alten Testament ist detailreich geschildert, wie David mit Bathseba, der Frau eines seiner Offiziere, Ehebruch begeht und anschließend den gehörnten Urias mit der Absicht an die vorderste Front schickt, ihn loszuwerden. Ein kaltblütiger Mord aus Leidenschaft. Davids Plan geht auf, und er heiratet die Witwe Urias'. Aus dieser Ehe geht der spätere König Salomon hervor, dessen sexuelle Eskapaden ebenfalls im Alten Testament, im Buch der Könige, ausgebreitet sind.

Ohne das Wissen um die sexuellen Eskapaden von Königen und Königinnen ist der Geschichtsunterricht nicht nur fad, sondern eben auch unvollständig. So gehört zum Verständnis des Spätherbstes der deutschen Monarchie zum Beispiel auch das Wissen um die unterschwellig homophile Atmosphäre am Hof Wilhelms II. Der Kaiser zelebrierte seine Freundschaften eigentümlich männerbündisch – mit gemeinsamer Gymnastik auf dem Achterdeck der königlichen Yacht «Hohenzollern» etwa, bei der die Bordbesatzung mit entblößtem Oberkörper zu erscheinen hatte. Als immer mehr Freunde des Kaisers, die ihre Neigungen nicht so gut zu unterdrücken wussten, wegen «Unzucht» in Kalamitäten kamen, war das ein Politikum. Erst fiel Fürst Eulenburg der Rufmordkampagne des Journalisten Maximilian Harden zum Opfer, dann des Kaisers Freund Friedrich Alfred Krupp; diesmal war es die SPD-Zeitung *Vorwärts*, die aufgedeckt hatte, was ihn mit diversen Hotelpagen auf Capri verband. Der Kaiser sank in eine immer tiefere Schwermut, die es den einflussreichen Kräften des Reiches erleichterte, ihn in den Weltkrieg zu manövrieren.

Als schließlich, nach einer Jagd bei Fürst Egon zu Fürstenberg in Donaueschingen, der Chef seines Militärkabinetts, Graf Hülsen-Haeseler, unter peinlichen Umständen starb, wurde der Kaiser endgültig zum willenlosen, manipulierbaren Objekt. Nicht auszudenken übrigens, hätte es damals schon *YouTube* gegeben. Einige von des Kaisers Hofschranzen hatten nämlich die drollige Vorliebe, wenn es zu später Stunde gemütlich wurde, sich als Ballerina zu verkleiden und der verzückten Hofgesellschaft vorzutanzen. Bei jenem Jagddinner in Donaueschingen erlitt Graf Hülsen-Haeseler bei einem dieser Auftritte – mitten in der

Darstellung des sterbenden Schwans – einen Herzinfarkt. Bevor der Arzt gerufen wurde, musste noch rasch das Ballettkleidchen aus Tüll entfernt und der Leichnam in seine Militäruniform gezwängt werden. Obwohl es damals noch kein Internet und kein Fernsehen gab, war binnen zweier Tage ganz Europa über die Geschichte im Bilde.

Ein ganz außerordentlicher Fall von sexueller Hörigkeit führte im modernen Großbritannien zu einer der schwersten Verfassungskrisen der Geschichte. Das aus heutiger Sicht Bemerkenswerteste an der Abdankungs-Krise von 1936 ist, dass sie illustriert, wie sehr Moralvorstellungen dem Wandel der Zeit unterworfen sind. Eduard VIII. musste abdanken, weil er beabsichtigte, eine geschiedene Frau zu heiraten. Das galt als unvereinbar mit seiner Position als Oberhaupt der Church of England. Rund siebzig Jahre später heirateten sowohl der britische Thronfolger als auch der Kronprinz des erzkatholischen spanischen Königshauses geschiedene Frauen, ohne dass ihr Recht, eines Tages den Thron zu besteigen, ernsthaft zur Debatte gestanden hätte.

Wenn man heute allerdings die privaten Aufzeichnungen des damaligen Rechtsbeistandes Eduards VIII. liest, die 2003 von der Bodleian Library in Oxford freigegeben wurden und die voller dunkler Andeutungen über Wallis Simpsons zweifelhafte Vergangenheit sind, kann man auch zu dem Schluss kommen, die Abdankung hätte abgewendet werden können, wäre die Amerikanerin ein wenig besser beleumundet gewesen. Hätte nämlich das britische Establishment, allen voran der Premierminister und der Erzbischof von Canterbury, Wallis Simpson für eine geeignete Gemahlin gehalten, hätte man sich jedenfalls größere Mühe gegeben, eine Lösung zu finden, die Eduard erlaubt hätte, auf dem Thron zu bleiben und dennoch eine sogenannte morganatische Ehe einzugehen, mit Wallis Simpson als Queen Consort ohne royalen Status. Wahrscheinlich war das ausschlaggebende Manko des Königs eben doch, dass er sadomasochistische Neigungen hatte, Wallis Simpson sexuell hörig war und dass man fürchtete, jene könnte dies ausnutzen und damit die nationale Sicherheit gefährden. Die junge Frau hatte jedenfalls in Fort Belvedere, Eduards Privatsitz in der Nähe von Windsor, ungehinderten Zugang zu allen geheimen Staatspapieren, die auf Eduards Schreibtisch landeten, und dank des amerikanischen Geheimdienstes wusste die britische Regierung, dass Wallis Simpson neben ihrer Beziehung zu dem Thronfolger und späteren König eine geheime Affäre mit dem deutschen Botschafter Joachim von Ribbentrop unterhielt. Quelle des amerikanischen Geheimdienstes war Carl Alexander von Württemberg, der zu berichten wusste, dass Ribbentrop, immerhin einer der wichtigsten Diplomaten Hitlers, Wallis Simpson täglich siebzehn Nelken schickte, eine für jedes Mal, das sie miteinander geschlafen hatten. Als Eduard abdankte, am 10. Dezember 1936, setzte Ribbentrop eine Depesche nach Berlin ab, in der zu lesen war, der wahre Grund der Abdankung sei, «jene deutschfreundlichen Kräfte zu zerstören, die durch Frau Simpson am Werk waren».

Historisch relevant ist der Fall Eduards VIII. auch aus verfassungsrechtlicher Perspektive, weil er vor Augen führt, wie machtlos und fremdbestimmt ein englischer König ist. Jedenfalls gab es keinen Präzedenzfall für das, was geschah – dass die Regierung einem König bei der Wahl seiner Gattin reinpfuschte, hatte es noch nie gegeben. Dies war wahrscheinlich auch der tiefere Grund dafür, dass der damals noch einfache Abgeordnete Winston Churchill, ein Monarchist alter Schule, den Standpunkt vertrat, die Regierung habe nicht das Recht, dem König seine Gemahlin vorzuschreiben. In einer Unterredung mit Premierminister Stanley Baldwin soll er gesagt haben: «Warum um Himmels willen darf er denn nicht sein Schnuckelchen heiraten?», worauf Baldwin erwidert haben soll: «Weil wir dem Volk keine Königin Schnuckelchen zumuten können!» Auf dem Höhepunkt der Krise wollte sich Eduard in einer Radioansprache direkt an seine Untertanen wenden, um die öffentliche Meinung in seinem Sinne zu beeinflussen. Nicht einmal das durfte er. Der Premierminister stellte sich auf den Standpunkt, es sei nicht «verfassungskonform», wenn der König «über den Kopf der Regierung hinweg» zum Volk spreche.

Vielleicht war Eduard einfach seiner Zeit voraus. Dass ein Thronfolger die Wahl seiner Braut politischen oder moralischen Überlegungen unterwerfen muss, ist heute, zumindest in Europa, nicht mehr vorstellbar. Prinz Charles war der letzte britische Thronfolger, von dem erwartet wurde, eine Frau «ohne Vergangenheit» zu heiraten. Prinz William wird der erste britische Kronprinz sein, der sich seine Frau nicht durch die Hofpolitik vorschreiben lässt, sondern eine Wahl aus Liebe trifft. England wird mit Kate Middleton bald eine Königin haben, die weder Jungfrau ist, noch der britischen Upperclass angehört, sondern deren Großmutter noch in einer Sozialwohnung lebte. Der Kronprinz von Norwegen heiratete eine alleinerziehende Mutter mit allerlei Vergangenheit, der Kronprinz von Holland eine argentinische Bürgerliche, der Kronprinz von Spanien eine geschiedene Fernsehjournalistin und der dänische Kronprinz die Tochter eines Mathematikprofessors.

Die modernen Monarchien, scheint es, sichern sich ihren Bestand heute auch dadurch, dass sie sich durch die Wahl ihrer Ehepartner gewissermaßen vor ihren Untertanen verneigen.

«Was hältst du davon,
hier mal begraben zu sein?»
«Ich dachte, das dürften nur Habsburgs?»
«Eben!»
Die Worte, mit denen Karl von Habsburg in Wiens Kapuzinergruft um Francesca Thyssens Hand anhielt

Kapitel zwölf

WIE ANGELT MAN SICH EINEN KRONPRINZEN?

Im Sommer 2003 unternahm Königin Margrethe II. von Dänemark einen letzten verzweifelten Versuch, ihrem Sohn Frederik doch noch eine «standesgemäße» Braut schmackhaft zu machen. Ohne ihm etwas von ihren Absichten zu verraten, lud sie eine Reihe schöner junger, unverheirateter Prinzessinnen nach Schloss Fredensborg ein. Die meisten von ihnen kamen aus Deutschland. Der Kronprinz durchschaute den Plan seiner Mutter, nahm die Besuche hin, unterhielt sich erkennbar widerwillig mit den jungen Damen und verzog sich alsbald unter irgendeinem Vorwand. «Es war ihm anzumerken, dass ihm unser

Besuch auf die Nerven ging», erzählte eine der deutschen Prinzessinnen nach ihrem Besuch in Fredensborg. Im darauffolgenden Mai heiratete er Mary Donaldson.

Das Märchen vom Aschenputtel drückte jahrhundertelang einen Wunschtraum aus, der heute Realität ist. Heute ist es buchstäblich so, dass vor dem Kindergarten oder dem Supermarkt die goldene Kutsche vorfährt, eine von vielen Hübschen (aber möglichst nicht allzu Hübschen) aus der Menschenschar herausgegriffen wird und in Blitzlichtgewittern, die neuzeitliche Form von Salbung, zur Hoheit neugeboren wird. Von da an lebt sie als menschliche heilige Kuh, verehrt von den Massen, die sich in ihr wiedererkennen, ein Leben in lückenloser Öffentlichkeit. «Manchmal frage ich mich beim Aufwachen, wo ich eigentlich bin, dann realisiere ich, es ist der Königspalast», schwärmte Mette-Marit in einem Interview. Als alleinerziehende Mutter und Kellnerin führte sie ein ausgesprochen unglamouröses Leben – bis der norwegische Kronprinz Haakon sie erwählte. «Ja, ich lebe in einem modernen Märchen», sagte auch Mary Donaldson nach ihrer Verlobung mit Kronprinz Frederik von Dänemark. Sie hatten sich in einer Bar in Sydney kennengelernt. «Hi, I'm Fred from Denmark», soll er sie angesprochen haben. Und sie hatte keinen blassen Schimmer, dass er nicht Fred «aus», sondern Fred «von» Dänemark war.

Bis auf das kleine Liechtenstein, dessen Erbprinz eine Wittelsbach-Prinzessin heiratete, sind inzwischen die Thronfolger aller europäischen Länder mit Bürgerlichen verheiratet oder verlobt.

Die Ehen in Königshäusern waren immer strategische

Norwegens royale Patchwork-Familie:
Kronprinz Haakon, Kronprinzessin Mette-Marit, ihre gemeinsame Tochter
Ingrid und Marius, ihr Kind aus einer früheren «Beziehung».

Allianzen. Und das sind sie auch heute noch. Nur dass die Macht heute nicht mehr durch Verbindungen mit benachbarten Reichen, sondern durch Allianzen mit den eigenen Untertanen gesichert wird. Traditionalisten bereitet das zwar Verdruss, aber auch sie bleiben die Antwort darauf schuldig, welchen Sinn es denn für eine schwedische Kronprinzessin hätte, einen dänischen Prinzen zu heiraten, wo sie doch dadurch nicht einmal Dänemark erben kann. Sie reden von der «Würde des Königsamtes», die nicht mehr mit Kellnerinnen und TV-Ansagerinnen vereinbar sei. Aber hat es der Würde des byzantinischen Kaisertums oder des russischen Zarentums etwas anhaben können, dass hier Zirkuskünstlerinnen (Justinians Gattin Theodora) und dort Bauerntöchter (Marta Skawronska, die spätere Katharina I.) auf dem Thron saßen?

Vermutlich empfänden die Untertanen es geradezu als Affront, würde Prinz William heute eine Adelige, vielleicht sogar noch eine deutsche Prinzessin, heiraten. Er hat eine brave, mittelenglische Bürgerstochter auserkoren. Mit ihr kann sich das Volk mühelos identifizieren.

Das Musterbeispiel einer solchen Allianz war die Heirat des norwegischen Kronprinzen Haakon mit der alleinerziehenden Mutter Mette-Marit, der Tochter eines arbeitslosen Alkoholikers. Sie brachte ein Kind mit in die Ehe, das aus der Verbindung mit einem in Drogendingen auffällig gewordenen Mann hervorgegangen war. Der Junge war bei der Hochzeit eines der Blumenkinder und ist der lebende Beweis für die Aufgeschlossenheit und Modernität der norwegischen Patchwork-Royal-Family.

Kann eine Monarchie überhaupt auf Dauer Bestand haben ohne «Popularität», ohne vom Volk geliebt zu werden? Ist die ständig neu zu erobernde gegenseitige Zuneigung zwischen König und Volk vielleicht sogar ein im Königtum verankertes Grundprinzip? Ist ein unpopulärer König überhaupt ein König, oder ist er nicht nur mehr ein Despot? Da die Könige unserer Tage gar keine Macht mehr haben, wären sie, unbeliebt, ja nicht einmal das. Sie wären schlicht funktionslos. Die Anerkennung durch das Volk, die in den alten Krönungsriten durch die Akklamation zum Ausdruck kommt, war schon immer die Conditio sine qua non des Königtums. «Dieses Wort KÖNIG ist ein Talisman, eine Zaubermacht, die allen Kräften und allen Talenten eine zentrale Richtung gibt», schreibt der von Baudelaire so verehrte Gegenaufklärer Joseph de Maistre in seinem Werk «De la Souveraineté», aber diese Zaubermacht ist wirkungslos, wenn die Königsherrschaft ohne Liebe auskommen muss.

Die Königshäuser haben begriffen, dass ihre einzige Chance, im 21. Jahrhundert fortzuexistieren, darin besteht, den Ballast des treulosen Adels mit seinen fehlerlosen Stammbäumen abzuwerfen und sich mit der wirklichen Macht unserer Tage zu verbünden: der Masse.

Dies bringt allerdings ein klitzekleines Problem mit sich: Die bürgerlichen Damen entstammen jener gesellschaftlichen Schicht, für die Selbstbestimmung, Individualismus und Lebensglück die wichtigsten Errungenschaften sind. Und diese Werte sind mit dem Königtum leider schwer vereinbar. Versucht die frischgebackene Kronprinzessin an ihnen festzuhalten, dann kommt es zu Kollisionen, welche die jeweilige Ehe ruinieren und auch schon in Bulimie und Depression geendet haben. Könige haben eben kein Recht auf Selbstbestimmung und Individualismus. Geborenen Prinzessinnen wird das früh beigebracht, bürgerlichen Frauen nicht. Wer das übrigens begriffen hat, ist Silvia Sommerlath, die Königin von Schweden. Ihre privaten Sehnsüchte ordnet sie eisern dem Staatswohl unter und hält damit zu Hause den Laden zusammen. Die meisten Bürgerlichen aber scheitern bei Hofe kläglich. Wie die bedauernswerte Maria Teresa von Luxemburg. Die kubanische Frau des luxemburgischen Großherzogs musste schon mehrfach diskret von Hofbeamten abgefangen werden, als sie versuchte, mit dem Taxi zum Flughafen Frankfurt zu gelangen, um sich von dort klammheimlich in ihre Heimat abzusetzen.

Auch von Letizia wird immer wieder kolportiert, sie sei

unglücklich am spanischen Hof, sie leide unter dem öffentlichen Interesse an ihrer Person. Das ist Unsinn, wie ich aus eigener Anschauung berichten kann. Sie tut sich allenfalls ein wenig schwer damit, die brave, zurückhaltende Person zu spielen, weil das so gar nicht ihrer Natur entspricht. Ihr Dilemma ist eher, dass sie eine moderne, intelligente Frau ist. Und für moderne, intelligente Frauen ist das Aufgabenprofil einer Thronfolgergattin nicht gerade sehr stimulierend: Kindergärten eröffnen, Autobahnabschnitte einweihen, Schiffe taufen. Die Zurückhaltung, die von ihr erwartet wird, kann sie immerhin dadurch kompensieren, dass sie ihre Führungsqualitäten in der Ehe auslebt. Und zwar so sehr, dass so manche von Felipes alten Freunden jammern, Letizia habe ihn vollkommen unter ihrer Fuchtel.

Genau genommen kehren die europäischen Königshäuser mit ihrer modernen Heiratspolitik zu ihren romantischen Wurzeln zurück. Die älteste europäische Monarchie war die der Merowinger. Die Verehrung, die sie dank des Glaubens an ihre göttliche Erwähltheit genossen, war derart unangefochten, dass sie keine Ehen mit «Edelingen» benötigten, um sich Prestige zu verschaffen. Ausweitungen des Herrschaftsgebietes pflegte man mit Eroberungszügen zu erreichen, nicht durch Heiratspolitik. Oft waren die frühen fränkischen Könige gleichzeitig mit mehreren Frauen liiert, mit Mägden, bestenfalls Bauerntöchtern. Wählten sie eine ihrer Frauen zur Favoritin, dann war das in den seltensten Fällen die Tochter befreundeter Adeliger oder eine Frau aus der kulturell überlegenen Schicht der

Gallorömer (Nachkommen jener Gallier, die von den ehemaligen römischen Besatzern geprägt wurden) – sondern fast immer handelte es sich um Fränkinnen aus dem gesellschaftlichen Souterrain.

Wenn konservative Royalisten also dazu ermahnen, Thronfolger sollten bei der Wahl ihrer Ehepartner die Tradition achten, haben sie damit wahrscheinlich recht. Nur ist es eben nicht immer einfach, festzulegen, worin diese Tradition genau besteht. Auf die Tradition der Aschenputtel-Heirat folgte die Tradition, sich aus machtpolitischen Gründen mit benachbarten Dynastien zu verbünden, und diese Tradition erhielt spätestens 1914 ihren Todesstoß, als die Cousinage der englischen, russischen und deutschen Herrscher nicht verhindern konnte, dass ihre Länder sich im Ersten Weltkrieg gegenüberstanden.

Kurios ist, dass es heute eigentlich nur noch die «ehemaligen» Herrscherhäuser sind, die bei ihren Eheschließungen auf Ebenbürtigkeit beharren. Das liegt wahrscheinlich daran, dass der Lauf der Geschichte sie von der Pflicht erlöst hat, bei ihren Untertanen beliebt zu sein – weil sie ja keine Untertanen mehr haben. Außerdem hat sich in ehemaligen Herrscherhäusern eine gewisse Renitenz gegenüber der Moderne verfestigt. Wenn man schon nicht mehr über Thron und Krone verfügt, hält man sich wenigstens an Traditionen fest, die kann einem niemand nehmen.

Ein besonderer Härtefall ist das Haus Hohenzollern. Der 1994 verstorbene Chef des ehemaligen preußischen Königshauses, Louis Ferdinand von Preußen, ein Enkel Wilhelms II., sah es nicht gern, dass seine beiden ältesten Söhne Bürgerliche heirateten. Sein ältester Sohn Friedrich

Wilhelm heiratete erst eine gewisse Waltraud Freytag, ließ sich dann, worüber der Vater empört war, scheiden und heiratete ein Jahr später wieder, diesmal eine Dame aus sogenanntem «Buchstabieradel» (das bedeutet, der Name ihrer Familie ist so unbekannt, dass man ihn buchstabieren muss). Sein zweiter Sohn Michael heiratete eine gewisse Jutta Jörn, ließ sich ebenfalls scheiden und heiratete ebenfalls ein zweites Mal, abermals bürgerlich. Sein dritter, nach ihm benannter, Sohn heiratete, wie es das Hausgesetz für Erbfolgeberechtigte vorsieht, eine Nachfahrin eines ehemals regierenden Hauses, nämlich Gräfin Donata zu Castell-Rüdenhausen. Sein vierter Sohn, Christian, heiratete Gräfin Reventlow. Als der Sohn, der gemäß den Vorstellungen seines Vaters Gräfin Castell geheiratet hatte, 1977 bei einem Unfall starb, ernannte Louis Ferdinand dessen noch unmündigen Sohn, Georg Friedrich (geboren 1976), zum künftigen Chef des Hauses und damit auch zum Alleinerben der Überbleibsel des einst stattlichen preußischen Familienvermögens. Allerdings mit der Verpflichtung, seinen Onkeln monatlich Apanagen zu zahlen. Gegen diese Regelung klagen die drei Onkel des jungen Familienchefs seit Jahren – bislang vergeblich. In ihren Augen ist das preußische Hausgesetz mit seiner Bevorzugung adeliger Nachkommen sittenwidrig. Da im deutschen Recht aber Testamentsfreiheit gilt, ist es ihnen bislang nicht gelungen, das Testament ihres Vaters auszuhebeln.

Ein noch kurioserer Fall ist das Haus Habsburg. In dieser Dynastie gelten traditionell die allerallerstrengsten Regeln für die Brautwahl. Nach Paragraph 1 des Familienstatuts von 1839 dürfen Familienmitglieder («stets von dem Wunsch geleitet, unserem erhabenen Erzhause auf bis in die fernste Zeit Glanz und Ansehen ungetrübt zu erhalten») ausschließlich katholische Adelige heiraten, die ehemals souverän regierenden Häusern angehören. Dem Hausgesetz ist eine Liste mit jenen gerade mal zweiundvierzig Familien angeheftet, mit denen eine Verheiratung statthaft ist. Dieses Hausgesetz behielt nach dem Ende der Monarchie weiterhin seine Gültigkeit und wurde von Otto von Habsburg auch eisern verteidigt. Jedem Familienmitglied, das eine Heirat unterhalb der festgelegten Kriterien einging, wurde das Prädikat «Kaiserliche und Königliche Hoheit» aberkannt. Obwohl der Familienstatus, wie Kaiser Franz Joseph am 12. Juni 1900 noch einmal schriftlich bestätigt hatte, ausdrücklich «auch für die von dem Oberhaupt unseres durchlauchtigsten Erzhauses einzugehende Ehe maßgebend» ist, wurden die Hausgesetze aber eiligst liberalisiert, als sich abzeichnete, dass der älteste Sohn des Familienchefs, Erzherzog Karl, eine nicht ebenbürtige, entfernte Cousine heiraten würde. Aus der Ehe wurde zwar nichts, das «aggiornamento» stellte sich aber spätestens dann als nützlich heraus, als Karl schließlich die Milliardärstochter Francesca («Cessi») von Thyssen heiratete, deren Familie niemals irgendwo (außer vielleicht auf dem Stahlsektor) souverän herrschte. Angesichts des Thyssen-Vermögens sah der Chef des Hauses Habsburg großzügig über seine von ihm jahrzehntelang verteidigten Grundsätze hinweg und ließ keinen Zweifel daran, dass Karl der nächste Chef des Hauses Habsburg sein würde. Karl lebt inzwischen übrigens von Francesca getrennt.

Und obwohl sein jüngerer Bruder Georg eine Prinzessin von Oldenburg heiratete, gilt sein älterer Bruder seit dem 1. Januar 2008 offiziell als neues Oberhaupt des Hauses Habsburg. Bei öffentlichen Auftritten hält Karl seine Ehe mit Francesca zum Schein aufrecht.

Es behaupte also niemand, Gesetze könnten nicht, wenn es die Opportunität erfordert, ein wenig flexibel gehandhabt werden. Auch das entspricht guter royaler Tradition.

> Are you feeling quite well, dear?
>
> *Queen Mum zu Camilla,*
> *als die ihre Ellbogen auf den Tisch stützte*

Kapitel dreizehn

Was hat die Queen in ihrer Handtasche? (Und andere royale Geheimnisse)

Starre Regeln bei Bedarf ein wenig biegen und beugen zu können, ist ein wichtiges königliches Vorrecht. Nur dadurch erlangt das Königtum jene Adaptionsfähigkeit, die notwendig ist, um Jahrtausende zu überdauern. Gerade in Fragen der Legitimität ist Flexibilität wichtig. In der Geschichte der Monarchien gibt es immer wieder Dynastiewechsel, deren Legitimität auf wackligem Boden steht. In den frühgeschichtlichen Kulturen hatte man mit so etwas noch keine Probleme, in archaischen Gesellschaften war es relativ einfach, einen König loszuwerden. Wer unfähig war – zum Beispiel, weil er keine gute Ernte vermitteln konnte –, wurde höchst feierlich in einem Ritualmord umgebracht und durch einen neuen charismatischen Führer ersetzt. Auch in der Wahlmonarchie des Heiligen Römischen Reiches waren

Dynastiewechsel relativ unproblematisch. Bei der modernen Errungenschaft der erblichen Monarchie ist das schon komplizierter.

So bestreiten manche traditionalistischen Schotten (die Jakobiten) zum Beispiel, dass die sogenannte Glorreiche Revolution von 1688, durch die der letzte Stuart-König Jakob II. seinen Thron einbüßte und die englische Krone an das Haus Hannover ging, rechtmäßig war. Der legitime stuartsche Thronprätendent ist kurioserweise ein Deutscher, nämlich Herzog Franz von Bayern, mütterlicherseits ein Nachfahre der Stuarts. Innerhalb der Familie Wittelsbach wird mit dem Umstand, dass die traditionalistische Royal Stuart Society in England ihren Franz als King Frances II. führt, eher scherzhaft umgegangen. Jakobiten, die die Legitimität des Hauses Stuart verfechten, ist die Sache aber durchaus ernst: Da Herzog Franz kinderlos ist und die englische Thronfolge auch über die weiblichen Nachkommen geht, wird eines Tages dessen Nichte Sophie die – nach jakobitischer Sicht – rechtmäßige Königin Englands sein. Sophie ist mit dem Erbprinzen Alois von und zu Liechtenstein verheiratet. Deren gemeinsamer Sohn, Joseph Wenzel, 1995 in London geboren, ist also in den Augen jakobitischer Hardliner ein geradezu idealer Thronkandidat.

Wenn man ganz, ganz streng ist, müsste man sogar an der Legitimität des glorreichen französischen Königshauses rütteln. Schließlich kamen die Karolinger Mitte des 8. Jahrhunderts durch Hochverrat an die Macht. Der letzte Merowingerkönig wurde von seinem Hofbeamten Karl Martell, dem Großvater Karls des Großen, ins Kloster verschleppt, sein Sohn, Pippin der Jüngere, ließ sich – ohne wirklichen Anspruch auf Legitimität – zum König erklären. Die Kapetinger, die den Karolingern folgende Herrscherdynastie Frankreichs, konnte immerhin für sich geltend machen, über ein paar Ecken mit der ursprünglichen, merowingischen, Herrscherdynastie verwandt zu sein. Obwohl das französische Königtum 1793 mit der Hinrichtung des letzten Kapetingers Ludwig XVI. unwiederbringlich erloschen ist (mit dem Königtum ist es nämlich wie mit der Jungfräulichkeit: Man kann sie nur einmal verlieren!), wird unter französischen Royalisten noch immer leidenschaftlich darüber diskutiert, wer denn – im unwahrscheinlichen Falle einer Restauration der Monarchie – der rechtmäßige Thronprätendent wäre. Die kurze Antwort lautet: jedenfalls nicht der Graf von Paris, der Nachkomme des «Bürgerkönigs» Ludwig Philipp. Die Orléans sind aus monarchistischer Sicht Verräter. Sie waren eine der treibenden Kräfte in der Französischen Revolution, und die Stimme des Herzogs von Orléans in der Nationalversammlung für die Enthauptung des Königs machte ihn zum Königsmörder. Beim Gedanken an den Grafen Henri de Paris als Thronprätendenten bekreuzigen sich französische Traditionalisten. Direkte Abkommen des enthaupteten Ludwig XVI. sind aber nur über Umwege zu finden. Die Thronansprüche des Hauses Bourbon gingen an den spanischen Zweig der Familie über. Der heutige Chef der Maison de France ist der 1974 in Madrid geborene und derzeit mit Frau und Kindern in Venezuela lebende Investmentbanker Louis Alphonse de Borbón.

Noch vertrackter ist die Frage, wer denn – theoretisch –

der deutsche Thronprätendent sein müsste. Wollte man Deutschland in eine konstitutionelle Monarchie umwandeln, müssten nach der republikanischen Zäsur die Karten neu gemischt werden, das ehemalige preußische Königshaus könnte nicht automatisch die Rechte für sich in Anspruch nehmen. Die einst monarchistische Deutsche Partei, die zwischen 1949 und 1960 immerhin Teil der Regierungskoalition war und mit Hans-Joachim von Merkatz den Bundesjustizminister stellte, machte sich zum Beispiel für das ältere und noblere Welfenhaus stark. Ein Ernst August von Hannover als König von Deutschland wäre aber heute wohl – selbst für hartgesottene Monarchisten – kaum vermittelbar. Es gibt eine Reihe deutscher Dynastien, die dem ehemaligen preußischen Königshaus an Anciennität und Nobilität überlegen sind (die Wettiner, die Welfen, die Wittelsbach, das Haus Zähringen, das Haus Brabant ...). Da die deutsche Monarchie traditionell eine Wahlmonarchie war, ergibt sich ein weiteres «Problem»: Wer sollten denn die heutigen Kurfürsten sein? Und wer die geistliche Instanz, die – wie es die Tradition verlangt – dem Ganzen ihren Segen gibt?

Für den in Berlin lebenden jungen Chef des Hauses Hohenzollern, Georg Friedrich von Preußen, Diplom-Betriebswirt, stellt sich, wie er in Interviews immer wieder betont, die Frage einer Wiederherstellung der Monarchie in Deutschland überhaupt nicht. Und das macht ihn (siehe: Kapitel zwei) eigentlich zum idealen Kandidaten.

Nachdem dieser Exkurs zum Thema Legitimität absolviert ist (noch einmal zum Mitschreiben: König von England sollte, streng genommen, irgendwann ein in Vaduz aufwachsender Knabe namens Joseph Wenzel werden, der rechtmäßige Thronprätendent Frankreichs ist ein in Venezuela lebender Bankangestellter, der aussichtsreichste Kandidat für Deutschland ein in Berlin lebender Diplom-Betriebswirt), kann ich mich endlich den wesentlichen Fragen dieses Kapitels – wenn nicht des Königtums schlechthin – zuwenden, nämlich: Was hat die Queen in ihrer Handtasche, welche Rolle spielen die Corgis der Queen, und warum sind die meisten Angestellten des Buckingham-Palastes schwul?

Zunächst zur Handtasche.

Als Elisabeth II. im Jahr 2000 auf Staatsbesuch im modeversessenen Italien war, wurde sie von der dortigen Presse als «Mode-Ikone» gefeiert. Besondere Beachtung fanden ihre täglich wechselnden Handtaschen. Die Designerin Miuccia Prada, zu deren Kunden auch Victoria Beckham zählt, pries sie als «eine der elegantesten Frauen überhaupt», und Carla Fendi träumte öffentlich davon, eine Handtasche für die Queen entwerfen zu dürfen. Die Illustrierte *Panorama* setzte eine ganze Dutzendschaft erfahrener Reporter auf das Gefolge der Queen und italienische Protokollbeamte an, um herauszufinden, was die Königin in ihrer Handtasche mit sich herumträgt. Das Ergebnis der Recherche war recht dürftig. Bis auf die Tatsache, dass sich wohl unter anderem ein Lippenstift darin befindet, konnten die Reporter nichts Nennenswertes enthüllen. Daher hier die volle Wahrheit: Die Königin von England verfügt über etwa zweihundert Handtaschen. Seit über vierzig Jahren werden diese von der Firma Launer in einer Manufaktur in Walsall, in den englischen Midlands, hergestellt. Die Firma Launer verfügt über das sogenannte Royal Warrant, man ist exklusiver Hoflieferant und darf das Wappen der Königin neben dem Firmenlogo führen. Die Handtaschen werden meist aus Kalbs-, Straußen- oder Alligatorleder hergestellt. Die Königin benutzt ihre Handtasche für codierte Signale an ihre engsten Angestellten und ihre Gastgeber. Ist die Königin irgendwo zu Besuch, werden ihre Gastgeber vorher darüber in Kenntnis gesetzt, dass, wenn sie ihre Handtasche auf den Tisch stellt, der Besuch sich dem Ende zuneigt und sie sich binnen der nächsten circa fünf Minuten verabschieden wird. Nimmt sie mit ihren Hofdamen einen Termin wahr und ihre Handtasche wechselt von der linken auf die rechte Seite, bedeutet das: «It's time to move on.» Als äußerstes Warnsignal, eine Art hofinternes SOS, gilt, wenn die Königin ihre Handtasche links neben sich auf den Boden stellt. Das bedeutet für ihre Hofdamen: Retten Sie mich! Und zwar sofort! Hängt ihre Handtasche an ihrem gebeugten linken Arm, die Handschuhe hält sie in der anderen Hand, signalisiert sie, dass alles zu ihrer Zufriedenheit läuft.

Und was trägt die Queen in ihrer Handtasche mit sich herum? Zunächst einmal: kein Geld. Schlüssel auch nicht. Und auch keinen Pass. Die Königin besitzt – im Gegensatz übrigens zum spanischen König – weder Pass noch Personalausweis. In ihrer Handtasche befinden sich ... Trommelwirbel! ... eine ganze Reihe kleiner Glücksbringer, die ihr vor langer Zeit einmal ihre Kinder gebastelt haben. Die trägt sie immer bei sich. Die Königin ist nämlich ein bisschen abergläubisch, und sie ist fest davon überzeugt, dass diese kleinen, wertlosen Kindergeschenke ihr Glück bringen. Wie jede stolze Mutter hat sie auch stets Fotos ihrer Kinder und Enkelkinder dabei, darunter ein Foto ihres zweiten Sohnes Andrew, das ihn nach seinem Einsatz im Falkland-Krieg zeigt. Außerdem: ein kleines Döschen mit Minzbonbons, ein paar Hundekekse und, falls ihr einmal langweilig wird, ein Kreuzworträtsel, das sie sich aus der *Times* ausschneidet. Darüber hinaus einen Füller (die Königin verabscheut Kugelschreiber), einen kleinen Spiegel, einen winzigen Taschenterminkalender von Asprey's mit ihren Initialen «ER» (Elisabeth Regina), die Lesebrille und ihr wertvollstes Objekt: ein kleines, silbernes Schminkkästchen, das ihr Prinz Philip nach ihrer Verlobung geschenkt hat. Seit neuestem hat sie auch immer öfter eine kleine Digitalkamera dabei, ein Weihnachtsgeschenk von Prinz William. Im November 2007, beim Commonwealth-Gipfeltreffen in Uganda, verblüffte sie die versammelten Regierungschefs, als sie plötzlich während eines Empfangs ihre Kamera herausholte und Fotos schoss.

Nun also zu den wichtigsten Persönlichkeiten am englischen Hofe: den königlichen Corgis.

Es wird immer wieder behauptet, die Queen bevorzuge die Gesellschaft von Hunden gegenüber der von Menschen. Wahrscheinlich stimmt das sogar. Als sie und ihre jüngere Schwester Margaret klein waren, verbrachten sie sehr viel Zeit allein. Ihre treuesten Kumpane waren damals Hunde. Wahrscheinlich deshalb sind für die Queen die Corgis unantastbar.

Der Dienerschaft der Queen fällt die Aufgabe zu, etli-

Dieses Bild illustriert den Stellenwert der Corgis im Buckingham-Palast recht gut.

che eigenwillige und nicht sehr gut erzogene Corgis zu betreuen. Die Hunde schlafen unmittelbar vor dem Schlafzimmer der Königin in Schloss Windsor. Ihre Körbchen sind dick mit Wolldecken mit schottischem Rautenmuster ausgelegt, damit die Tiere keinen Zug bekommen. Ein Lakai geht jeden Morgen gegen acht Uhr mit ihnen in den Park, damit sie «ihr Geschäft erledigen». Da sie aber, im Gegensatz zum Rest der königlichen Familie, keine strenge Erziehung genossen haben, kommt es auch innerhalb des Schlosses immer wieder zu kleinen Malheurs, die Diener Ihrer Majestät halten also stets Sodawasser und Löschpapier griffbereit. Zur Ehrenrettung der Corgis muss allerdings gesagt werden, dass es in einem so riesigen Schloss nicht ganz leicht ist, zwischen drinnen und draußen zu unterscheiden. Ein langer, kalter Korridor erscheint den

Hunden in ihrem Kosmos – im Gegensatz zu den warmen Salons und Schlafzimmern – eben wie «draußen».

Die Königin hat ein überaus ausgeglichenes Gemüt und verliert eigentlich nie die Fassung. Einer der wenigen überlieferten Wutanfälle ereignete sich, als einer ihrer Diener den Tieren Gin unter das Futter gemischt hatte und sich köstlich amüsierte, wie sie anschließend über ihre kurzen Beine stolperten. Der Diener, Matthew Kind, wurde in niederere Dienste versetzt, einer seiner ehemaligen Kollegen sagt, er könne froh sein, nicht umgehend gefeuert worden zu sein: «Er fand es komisch. Die Königin überhaupt nicht – um es milde auszudrücken!» Sehr beliebt sind die Hunde aber unter der Dienerschaft nicht. Erstens, weil sie ausgesprochen verwöhnt sind, zweitens, weil sie bissig sind. Einmal hat einer der Corgis einen Lakaien attackiert, als der gerade mit einem mit Drinks beladenen Silbertablett auf dem Weg in den Rauchsalon war, er fiel der Länge nach hin, stauchte sich dabei den Knöchel und zog sich eine blutende Nase zu. Die Queen eilte herbei, ignorierte den Diener und sorgte sich ausschließlich um ihren Corgi. Zurzeit hat die Queen fünf Corgis: Emma, Linnet, Monty, Holly und Willow. Dazu kommen noch Cider, Berry, Candy und Vulcan, das sind vier Dorgis, eine von ihr selbst angeregte Kreuzung zwischen Corgi und Dackel. Der führende Tierpsychologe Großbritanniens, Dr. Roger Mugford, hat ihr einmal gesagt, es sei keine gute Idee, so viele Hunde auf einmal zu halten, da sie sich zu einem Rudel zusammenrotten, untereinander um die Alphatierrolle rivalisieren und Menschen nicht als Autorität anerkennen. Der Doktor wird bei der Reaktion der Queen sehr rasch gespürt haben, dass man seinem Souverän nur ein gewisses Maß an Ratschlägen zumuten kann, bevor man im Tower landet. Weihnachten 2003 kam es in Sandringham zu einer – in den Augen der Queen – entsetzlichen Tragödie, als einer der Bullterrier von Prinzessin Anne Pharos tötete, den Lieblingscorgi der Queen. Bei der Ankunft von Prinzessin Anne war das ganze Corgi-Rudel unter höllischem Gebell die Treppe hinuntergestürmt, Florence, der ältere der Bullterrier, fühlte sich bedroht, packte Pharos und zerfetzte ihn. «Es war furchtbar. Die ganze Eingangshalle war voller Blut», erinnert sich einer der Angestellten. Die Queen war tagelang untröstlich, die sonst sehr herzliche Beziehung zu ihrer Tochter litt unter dem Vorfall. Sie darf seitdem ihre Hunde weder nach Windsor noch nach Sandringham oder Balmoral mitbringen.

Ein fast ebenso heikles Thema ist die Dienerschaft am englischen Hof. Es gilt als offenes Geheimnis, dass aus irgendeinem seltsamen Grund ein ungewöhnlich hoher Prozentsatz des etwa dreihundert Personen umfassenden männlichen Personals schwul ist. Manche behaupten, mindestens die Hälfte. Vielleicht liegt es daran, dass Leute ohne feste familiäre Bindung eher willens sind, ihr eigenes Privatleben für andere hintanzustellen. Die Queen Mum gab ihrer Dienerschaft einst den legendären Spitznamen «knitting brigade», Strickbrigade. Einmal saß sie in Schloss Windsor in einem der Salons und wartete, dass zwei miteinander tuschelnde Diener ihr endlich einen Drink bringen würden, bis sie schließlich die Geduld verlor und den legendären, leider unübersetzbaren Satz sagte:

«When you two old queens have stopped gossiping will one of you fetch this Queen a gin and tonic!» Kurz vor einem Staatsbankett im Buckingham-Palast erwischten die Königin, Queen Mum und Prinzessin Margaret einmal zwei ihrer Leibdiener dabei, wie sie gerade dabei waren, im königlichen Ankleidezimmer den Schmuck der Queen anzuprobieren. Als sie aus dem Lift stiegen, standen plötzlich zwei Lakaien vor ihnen, die sich ihre Lippen und Wangen geschminkt hatten und mit Schmuck behangen waren, auf dem Kopf trugen sie die Tiaras, die sich die Queen und Prinzessin Margaret für den Abend ausgesucht hatten. Den beiden war das außerordentlich peinlich. Der Königin nicht, sie bemerkte trocken: «Ich fürchte, uns stehen sie einfach besser.» Die Diener machten sich kleinlaut davon.

Ende der achtziger Jahre machten angebliche Orgien der schwulen Dienerschaft im Buckingham-Palast Schlagzeilen. Die Queen Mum konnte der von der Murdoch-Presse angefachten Homophobie nichts abgewinnen, einer Freundin sagte sie lächelnd: «Wir haben nichts gegen Schwule. Im Gegenteil, sie sind reizend. Und überhaupt, ohne sie müssten wir auf self service umschwenken.» Nachdem eine weitere «gay orgy», diesmal an Bord der «Britannia», ihren Weg in die Boulevardblätter fand, beschloss das königliche Hofmarschallamt allerdings, möglichst keine allzu offensichtlich homosexuellen Diener mehr anzustellen.

Unter aufstrebenden englischen Millionären gelten Butler, die einmal in königlichem Dienst standen, als ultimatives Statussymbol. Auch David und Victoria Beckham waren lange sehr stolz, einen ehemaligen Diener der

Königin angeheuert zu haben. Keiner ihrer Gäste wurde nicht mindestens dreimal am Abend daran erinnert, dass «James» (der natürlich gar nicht so hieß, die Beckhams fanden den Namen aber «schick») früher bei der Queen in Windsor gedient habe. Doch bereits nach einem Jahr lösten sie den Vertrag, gegen eine ordentliche Abfindung, wieder auf. «James» war ihnen einfach zu schwul. Der gutgebaute Fußballer empfand es als unangenehm, dass «James» immer wieder unangemeldet unter irgendwelchen Vorwänden in sein Schlafzimmer polterte, um sich an seinem adonishaften Körper zu erfreuen.

Zu den «Geheimnissen», die ebenfalls längst ihrer Enthüllung harren, gehören die Essgewohnheiten der englischen Königsfamilie. Die Königin zum Beispiel isst nie Scharfes. Knoblauch, Curry, Koriander und überhaupt alle zu dominanten Gewürze lehnt sie strikt ab. Ebenso wie Spaghetti (machen Flecken!) und Obst mit kleinen Kernen, die zwischen den Zähnen stecken bleiben können (wie Brombeeren). Eine Mahlzeit, die in der Königsfamilie hochgehalten wird, ist die Tea-Time. Prinz Charles hat einmal gesagt, die Besessenheit seiner Familie vom Five o'Clock Tea-Ritual sei geradezu verstörend, «alles kommt zum Erliegen, alle denken nur noch an Gurkensandwiches mit Tee». Diese legendären Gurkensandwiches werden natürlich mit abgeschnittenem Rand serviert, und zwar kurioserweise so, dass sie keine Ecken haben. «In meiner Familie gibt es nie eckige Toasts», hat Prinz Charles einmal verraten, «das hat mit einem alten Aberglauben zu tun: Wenn jemand uns Essen serviert, das eine Kante hat, wird dies als Vorzeichen gesehen, dass jemand versuchen wird, den Souverän vom Thron zu stürzen.» Vor dem Abendessen gibt es grundsätzlich einen Aperitif (meist Gin mit Martini). Die Königin hasst Champagner. Wenn sie bei Staatsbanketten mit Champagner das Glas erhebt, tut sie anschließend nur so, als ob sie einen kleinen Schluck nehme.

Grundsätzlich ist die Königin sehr bodenständig und sogar ausgesprochen unpingelig. Wenn es die Höflichkeit verlangt, isst sie auch Eintopf mit Rattenfleisch (wie bei ihrem Staatsbesuch im mittelamerikanischen Belize; nachher sagte sie zu Philip, dass sie es gar nicht so schlimm gefunden habe, «rather like rabbit», also ein bisschen wie Kaninchenfleisch). Bei ihrem historischen Staatsbesuch in China 1986 musste sie nicht nur verfaulte Eier essen (sie liegen wochenlang eingegraben, damit sie richtig schön faulig schmecken), sondern auch rohe Seeschnecke und gedünstete Holothurie, das vielleicht faszinierendste Lebewesen der Schöpfung, auch Seegurke genannt, ein glitschiges Etwas, dessen einziger Lebenszweck aus Fressen und Scheißen besteht. Das gesamte diplomatische Corps starrte gebannt auf sie, in schaudernder Erwartung ihres Gesichtsausdrucks. Mit Chopsticks aus Elfenbein führte die Königin die glitschige Existenz an ihren Mund, schluckte sie runter und sagte – zu aller Erlösung: «Delicious!» Eine Heldentat, die sie für ihr Vaterland auf sich genommen hatte. Nachher sagte sie in kleinem Kreis, es habe nicht viel anders als Krabbenfleisch geschmeckt.

Haute Cuisine, jede Art von Chichi-Essen, findet sie eher ärgerlich. Prinz Charles ist da schon sehr viel anspruchsvoller. Wohin auch immer er reist, hat er seinen eigenen Koch und vor allem seine eigenen Speisen dabei. Er besteht darauf, ausschließlich «organische» Produkte serviert zu bekommen, und weil er das Gemüse von seiner eigenen Bio-Landwirtschaft in Highgrove bevorzugt, nimmt er es überallhin mit. Selbst wenn er seine Mutter in Balmoral besucht, lässt er sein Biogemüse lieber in Kühltransportern die über achthundert Kilometer nach Schottland fahren, statt das zu essen, was von den königlichen Bauernhöfen aus der Gegend geliefert wird. Mit solchen Schrullen macht er sich nicht nur Freunde. Auch seine Frühstücks-Präferenzen sorgen selbst innerhalb der eigenen Familie gelegentlich für Naserümpfen: frisch gepresster Orangensaft, ein wenig geschältes und aufgeschnittenes Obst, ein eigens für ihn hergestelltes Müsli, Milch (ausschließlich aus der eigenen Molkerei!), Vollkorntoast und 8 – ja, acht! – verschiedene Sorten Honig. Außerdem vollzieht der Prince of Wales jeden Morgen ein recht extravagantes Ritual, bevor er sein Ei (von – natürlich – frei pickenden Hühnern) verzehrt: Er bekommt immer vier Frühstückseier, jeweils zwischen viereinhalb und sechs Minuten gekocht, in Dreißig-Sekunden-Abständen aus dem Wasser genommen. Sie werden der Kochzeit entsprechend vor seinem Frühstücksteller aufgereiht. Wenn ihm das Ei Nr. 2 ein wenig zu weich ist, lässt er es stehen und nimmt sich Ei Nr. 3 – und so weiter.

So viel zu den kleinen Schrullen und Eigenheiten am englischen Hof, ohne welche die Geschichtsschreibung unvollständig ist. Bevor das nächste Kapitel beginnt, hier noch zwei winzige Einblicke bezüglich des Umgangs der englischen Royals miteinander. Prinz Philip ist so ziemlich der einzige Mensch auf dieser Welt, der die Queen «normal» behandelt. Der Königin bedeutet das sehr viel, weil sie sonst nur mit Menschen zu tun hat, die ihr parfümierte Luft zufächeln. Einmal fuhr Prinz Philip mit der Königin durch den Park von Windsor, und zwar so schnell, dass die Königin ein wenig außer sich geriet. Irgendwann wurde es Prinz Philip zu bunt: «Wenn du weiter so ein Theater machst, halte ich den Wagen an, und du kannst zu Fuß weitergehen.» Lord Mountbatten, der hinten im Auto saß, fragte sie anschließend, warum sie sich das hat gefallen lassen. Ihre Antwort: «Du hast doch gehört, was er gesagt hat.»

Und noch eine kleine Episode aus dem Leben der unvergesslichen Queen Mum, einer Dame, die die Fähigkeit besaß, kleine Bosheiten auf das charmanteste zu drapieren. Zwei Jahre nach Dianas Tod fand Charles, die Schamfrist sei vorbei, und zeigte sich im privaten Kreis immer öfter mit Camilla Parker-Bowles. Die Queen Mum irritierte das. She didn't approve. Irgendwann erreichte Charles aber doch, dass die Queen Mum ihn gemeinsam mit Camilla zum Mittagessen zu sich ins Clarence House einlud. Irgendwann während des Essens hatte sich Camillas Nervosität offenbar gelegt, und sie hatte die Ellbogen auf dem Tisch. Die Queen Mum bemerkte diese Ungehörigkeit und fragte scheinbar besorgt: «Are you feeling quite well, dear?» Für Camilla kein Tag, an den sie gern zurückdenkt. Die selige Queen Mum. Gott segne sie! Ich erinnere mich an mein kurzes Zusammentreffen mit ihr in Chatsworth House, dem Schloss ihrer Freundin, der Herzogin von Devonshire. Sie sah, wie ich etwas verunsichert im Salon herumstand und mich an einer Zigarette festhielt, forderte mich auf, mich neben sie zu setzen, indem sie mit der Hand auf den freien Sofaplatz neben sich klopfte, und fing an, mich auf das freundlichste auszufragen. Sie war reizend. Weil sie nicht so gut hörte, rückte ich ihr ein bisschen zu nah. Statt mich rüde aufzufordern, mich wieder zu entfernen, sagte sie bloß: «Ooh, it's getting quite warm, isn't it?» Was für eine großartige Frau!

> Stop that you bastard!
> Those are my granny's swans!
>
> *Prinz William zu einem Mitschüler in Eton, der mit Steinen nach einem Schwan warf*

Kapitel vierzehn

WARUM HABEN KÖNIGE KEINE KREDITKARTEN?

*W*as Geld anbetrifft, kennen Royals nur zwei Extreme: völlige Unbekümmertheit oder schrulligen Geiz.

Als ausgesprochen sparsam galt zum Beispiel Christian IX. von Dänemark, der Ururgroßvater der heute regierenden Königin Margrethe. Er war damals recht unvermittelt auf den dänischen Thron gelangt, sein Onkel, König Friedrich II., war kinderlos gestorben. Prinz Christian war mit Luise von Hessen-Kassel verheiratet, einer Ahnin meiner Frau. Bevor die beiden König und Königin wurden, hatten sie ein äußerst bescheidenes und zurückgezogenes Leben geführt und dachten nicht daran, ihren Lebensstil dem neuen Status anzupassen. Wider Erwarten brachten die

Interessen der Großmächte und die besondere Schönheit ihrer Töchter zwei von diesen auf den Thron der beiden mächtigsten Länder der Welt. Die älteste Tochter, Alexandra, heiratete den Prinzen von Wales, den künftigen Eduard VII., die mittlere, Dagmar, wurde unter dem Namen Maria Feodorowna Zarin von Russland. Kurz nach Alexandras Hochzeit mit dem englischen Thronfolger wurde ihr Bruder Georg Wilhelm mit der wohlwollenden Unterstützung Englands König von Griechenland.

Diese Konstellation machte damals Schloss Fredensborg zum familiären Mittelpunkt der europäischen Herrscherdynastien. Der Stil in Fredensborg war betont spartanisch und ländlich. Den Gästen, egal welchen Ranges, standen lediglich kleine Zimmer mit Weichholzmöbeln zur Verfügung, an deren Türen mit Reißnägeln Kärtchen befestigt waren, die verrieten, wer in der jeweiligen kargen Kammer untergebracht war, zum Beispiel «S. M. der Zar von Russland», «S. K. H. der Prinz von Wales», «S. M. der König der Hellenen». Waren alle Zimmer belegt, mussten die Hofdamen und Kammerherren in Zelte im Park ausweichen, oftmals wussten sie den rustikalen Charme Fredensborgs nicht wirklich zu schätzen.

Die dänischen Monarchen, in der Familie «Apapa» und «Amama» genannt, zelebrierten ihre Neigung zur Anspruchslosigkeit regelrecht, und wenn der König mit seinen Schwiegersöhnen Ausflüge unternahm, dann nicht vierspännig, sondern zu Fuß und ohne Gefolge. Bei einem dieser Ausflüge soll es zu einem Zusammentreffen gekommen sein, von dem sich die Nachkommen der Beteiligten noch heute schenkelklopfend erzählen: Christian IX. ging mit seinem Sohn und seinen beiden Schwiegersöhnen auf dem Land spazieren. Als ein Mann auf sie zutrat, um nach dem Weg zu fragen, gab ihm der König Auskunft, und weil er gerne Gelegenheiten nutzte, sich mit seinem Volk vertraut zu machen, fing er ein Gespräch an. Der Mann glaubte, es mit Gästen eines Gutsherrn der Gegend zu tun zu haben, und fragte irgendwann interessiert nach ihren Namen. «Nun», erwiderte ihm Christian IX., «das hier ist mein Sohn, der König von Griechenland, und diese hier sind meine beiden Schwiegersöhne, der Zar von Russland und der Prinz von Wales, und ich bin Euer König.» Der Mann, verärgert, derart auf den Arm genommen zu werden, soll sich mit einem «Und ich bin Jesus Christus!» umgedreht und schimpfend das Weite gesucht haben.

Auch der österreichische Kaiser Franz Joseph galt als extrem sparsam. Schon sein Äußeres war eine Demonstration seiner Bescheidenheit. Es ist nämlich nicht etwa so, dass die Wiener Hausmeister seinen Kotelettenbart nachgemacht hätten – es war umgekehrt. Er sah sich als erster Diener seines Volkes und legte sich seinen berühmten Lakaien- und Portiersbart nach Volkes Vorbild zu. Laut seinem Leibdiener Ketterl war er so anspruchslos, dass man ihn mühelos «mit fünf Gulden am Tag durchgebracht» hätte. Sein ganzes Leben lang hat er nie auch nur ein einziges Mal Bargeld zu Gesicht bekommen. Als sein jüngster Bruder Ludwig Viktor ihn bat, ihm zum Geburtstag statt eines Geschenks etwas Geld zu geben, wies der Kaiser einen Beamten an, seinem Bruder fünf Gulden zu geben. Prinz Hohenlohe, der Obersthofmeister, wendete höflich ein, das sei vielleicht ein wenig knapp bemessen. Also erhöhte der Kaiser den Betrag auf fünfzigtausend Gulden. Prinz Hohenlohe meinte daraufhin, das wiederum sei ein bisschen viel. Der Kaiser, ohne jeden blassen Schimmer vom Wert des Geldes, hatte keine Lust auf weitere Diskussionen, gab Anweisung, seinem Bruder fünfzig Gulden zu überweisen, und verbat sich jede weitere Widerrede. Wie Erzherzog Ludwig auf das äußerst bescheidene Präsent reagierte, ist nicht überliefert.

Ein ähnliches Verhältnis zu Bargeld wird Prinz Charles nachgesagt. Als in den englischen Zeitungen wieder einmal eine Debatte über das angeblich extravagante Leben des Thronfolgers hochkochte, kam einer der (neun) Mitarbeiter seines Pressestabes auf die begnadete Idee, eine Visite des Prinzen von Wales in einem Supermarkt zu arrangieren. Die Aktion ging gründlich nach hinten los.

Mit einem Dutzend handverlesener Hofberichterstatter und zwei Kamerateams im Schlepptau schlenderte Prinz Charles durch die Gänge einer Filiale der Supermarktkette *Sainsbury's*, schob brav einen Einkaufswagen vor sich her, und die Kameras hielten pflichtgemäß fest, wie er ihn randvoll mit heimischen Bioprodukten füllte. Er benahm sich wie ein routinierter Hausmann, alles schien planmäßig zu verlaufen. Bis er zur Kasse kam. Die Kassiererin saß erwartungsfroh an ihrem Platz, im Hintergrund surrten die Kameras – Charles aber blickte hilflos um sich und nestelte nervös an seinen Manschettenknöpfen. Er hatte nicht die geringste Ahnung, was nun von ihm erwartet wurde. Ah, zahlen, schwante ihm. Er wühlte in seiner rechten Hosentasche, fand dort aber nichts als ein weißes Taschentuch mit Monogramm. Sein treudoofer Mitarbeiter hatte vergessen, ihn vor dieser Expedition in die reale Welt mit einer essenziellen Requisite auszustatten: Geld. Schnell eilte einer seiner Mitarbeiter herbei und drückte ihm ein paar Geldscheine in die Hand. Die Kassenszene musste wiederholt werden.

Die selige Diana bestand übrigens darauf, Taschengeld zu bekommen. Ein Novum in der Königsfamilie. Geld braucht man als Royal ja eigentlich nicht in der Tasche zu haben. Man hat schließlich immer jemanden im Schlepptau, der sich um derlei Banalitäten kümmert. Diana bestand auf einer Kreditkarte der königlichen Hausbank Coutts. Da sie bei ihren regelmäßigen Einkaufstouren in London aber der Menschenaufläufe überdrüssig geworden war, die ihre Gegenwart auslöste, arrangierte sie mit ihrem Lieblingskaufhaus, Harvey Nichols, dass sie jeden Samstagmorgen, eine Stunde vor der offiziellen Öffnungszeit, eingelassen wurde, um in aller Ruhe ihr Taschengeld unter die Leute zu bringen. Sie machte sich dann einen Spaß daraus, ihren Fahrer nach Hause zu schicken und bepackt mit Einkaufstüten (und gefolgt von ihren Leibwächtern) mit dem Taxi zurück in den St. James's Palast zu fahren.

Die Queen hat selbstverständlich nie Geld bei sich. Für einen englischen Monarchen wäre die Idee, Geld bei sich zu tragen, vollends absurd. Auch über Kreditkarten verfügt die Queen nicht. Ebenso wenig übrigens wie die dänische Königin. Der spanische, schwedische und belgische König hingegen verlassen ihr Haus ungern ohne ein wenig Geld in der Tasche, auch verfügen sie über Kreditkarten.

Mit diesem einen Kriterium ist über ihre verfassungsrechtliche Stellung eigentlich alles gesagt. Ein König mit Geld in der Tasche ist ein Bürger, vielleicht der erste Bürger des Staates, aber eben doch ein Bürger.

Das lässt mich an mein Treffen mit Lord Sudeley zurückdenken. Der hatte mir bei unserem Treffen in seiner verwahrlosten Wohnung mit großer Ernsthaftigkeit erklärt: «Nur über die Bevölkerung eines Königreichs zu herrschen bedeutet, auf den kosmischen Aspekt der Monarchie zu verzichten.» Er sah meinen skeptischen Gesichtsausdruck. «Ich sagte *kosmisch*, nicht komisch!» Und dann änderte sich sein Ton: «Der wahre König, hör mir jetzt genau zu, weiß, dass er König der Felder und Wälder, der Seen und Berge, der Schafe und Wildschweine, der Hirschkühe und Forellen ist. Der wahre König ist überall zu Hause. Das ist keine Frage des Eigentums, er besitzt sein Land nicht, wie ein Millionär Immobilien besitzt, er ist selbst und verkörpert selbst das Land. Die Monarchie beruht nicht auf dem Haben, sondern auf dem Sein. So, Ende der Lektion.»

Ein Überbleibsel dieses Verständnisses ist die Sitte, dass, wenn der Monarch einem Haus einen Besuch abstattet und ihm dort etwas gefällt, ihm das Objekt ohne große Umschweife eingepackt und ausgehändigt gehört. Die Queen gibt sich daher große Mühe, bei ihren – seltenen – privaten Besuchen auf Landsitzen ihrer Untertanen keine Einrichtungsgegenstände zu kommentieren. Ihre Großmutter war da nicht ganz so bescheiden. Die – relativ häufigen – Besuche Queen Marys in Schlössern der englischen Aristokratie waren gefürchtet. Erblickte sie eine schöne Empire-

Uhr, sagte sie eventuell mit einem nonchalanten Lächeln: «Oh ... what a lovely clock.» Dem Gastgeber blieb nichts anderes übrig, als Ihrer Majestät die Uhr zu schenken. Da Besuche der königlichen Hoheiten aber immer weit im Voraus angekündigt sind, verfestigte sich unter britischen Aristokraten die Sitte, grundsätzlich die besten Erbstücke vor Ankunft der Majestäten im Keller zu verstecken.

Ein weiteres Relikt dieses königlichen Selbstverständnisses ist das noch heute gültige Gesetz, dass alle Schwäne auf und in königlichen Gewässern der Krone gehören. Das Gesetz stammt aus dem 13. Jahrhundert. Als damals Schwäne als große Delikatesse galten und auszusterben drohten, beschloss der König, die Tiere unter seine Protektion zu stellen. Und weil ein Gesetz, das einmal erlassen ist, in England – wenn es nicht ausdrücklich abgeschafft wird – in alle Ewigkeit gültig bleibt, ist das bis heute so. Einer der vielen hübschen Titel des englischen Monarchen ist daher Herr der Schwäne (Seigneur of the Swans). Seit 1378 gibt es das offizielle Hofamt des Schwanhüters (Keeper of the King's Swans). Einmal im Jahr fährt er mit einem Boot die Themse auf und ab, zählt und markiert – in einem symbolischen Akt, der «Swan Upping» heißt – sämtliche Schwäne, die er zu Gesicht bekommt. Und wer in Großbritannien irgendwo einen toten Schwan sieht, hat dies unverzüglich zu melden – und zwar der Verwaltung der königlichen Liegenschaften (Crown Estate). In der Praxis tut man aber seiner Pflicht Genüge, meldet man die Beobachtung einem Polizisten, man würde schief angeschaut werden, begehrte man mit einem toten Schwan unterm Arm Einlass im Buckingham-Palast.

Englands Premierminister Gordon Brown hat kurz nach seinem Amtsantritt erklärt, mit so manchen «archaischen» Privilegien der Queen aufräumen zu wollen, zum Beispiel gedenke er, eben auch das Vorrecht der Queen abzuschaffen, als Herrin der Schwäne zu gelten. Der königliche Schwanhüter hat bereits seinen erbitterten Widerstand angekündigt.

> Als Gott das Pferd erschuf,
> Sprach er zu dem prächtigen Tier:
> Dich habe ich gemacht ohnegleichen,
> Alle Glückseligkeit der Erde
> Ruht zwischen deinen Augen.
> Meine Feinde sollst du werfen
> Unter deine Hufe,
> Meine Freunde aber tragen
> Auf deinem Rücken!
>
> *Aus dem Arabischen*

Kapitel fünfzehn

WARUM HABEN KÖNIGE PFERDE LIEBER ALS MENSCHEN?

Es gibt drei königliche Tiere: den Löwen, den Adler und das Pferd. Warum sich Könige gern in majestätischen Lebewesen wie Löwen und Adlern wiedererkennen, liegt auf der Hand – aber was ist der Grund für die oft geradezu obsessiv enge Beziehung zu diesen scheuen und eher dummen Huftieren, die furzen und kacken, wo sie gehen und stehen?

Vollblut-Rennpferde sind für ihre Liebhaber schlicht

das Schönste, ja Verehrungswürdigste auf der Welt. Sie stellen mit ihrer Kraft und Eleganz, mit jeder Faser ihres hochgezüchteten Körpers das Nonplusultra dessen dar, was ein Pferd werden kann. Die gemeinsame Liebe zu diesen Über-Geschöpfen verband die Queen mit einem Mann, den sie liebevoll «Porchie» nannte, dessen formeller Titel aber Earl of Carnarvon war. Porchie war der Enkel jenes Mannes, der 1922 das Grabmal Tutanchamuns entdeckt hat. Vor allem aber war er der Manager des königlichen Reitstalls und somit in gewisser Weise der (zweit-)wichtigste Mann im Leben der Königin. Als am 11. September 2001 die ganze Welt unter dem Schock der Terroranschläge in Amerika stand, hatte die Queen ganz andere Sorgen.

An jenem 11. September 2001 hatte sie erfahren, dass Porchie am Vorabend im Alter von 77 Jahren nach einem Herzinfarkt gestorben war. Als die Queen drei Tage später in der St.-Pauls-Kathedrale an der großen Trauerfeier für die Opfer der Anschläge teilnahm und sie ihre Untertanen zum ersten Mal in ihrem Leben mit Tränen in den Augen sahen, wussten die wenigsten, was der eigentliche Grund für ihre Traurigkeit war...

In seiner dreiunddreißig Jahre währenden Karriere ist es Porchie gelungen, Dutzende Gewinnerpferde für die Queen zu produzieren. Es gibt keinen Rennstall, der über die letzten drei Jahrzehnte derart kontinuierlich erfolgreich war. Nur eines ist Porchie leider nie geglückt: der Königin einen Sieg beim ältesten und prestigeträchtigsten Rennen der Welt, dem Epsom Derby, zu verschaffen. Und noch ein zweiter Schnitzer verunziert sein Vermächtnis: 1982 riet er der Queen zu, den vier Jahre alten Hengst Height of Fashion für 1,5 Millionen Pfund Sterling an Scheich Al Maktoum und dessen Rennstall Godolphin zu verkaufen. Ein guter Preis, dennoch wohl die falsche Entscheidung: Height of Fashion erwies sich als einer der besten Zuchthengste, die es je gegeben hat. Zu seinen Nachkommen zählen Nashwan, der bereits im Alter von drei Jahren das berühmte Derby gewann, und so manches andere überaus formidable Rennpferd, darunter Unfuwain und Nayef. Angeblich hat ihm die Queen den voreiligen Rat, Height of Fashion zu verkaufen, nie ganz verzeihen können.

Die einzige Tageszeitung, deren Lektüre die Königin nie, wirklich niemals versäumt, ist (entgegen allen anders lautenden Gerüchten, wonach die Königin jeden Tag die *Times* liest) die *Racing Post*, das Blatt mit den neuesten Nachrichten aus dem Galopprennsport. Die Einführung des Pay-TV-Kanals *Racing Channel* eröffnete der Königin ungeahnte Möglichkeiten. Nun kann sie, auch ohne selbst vor Ort zu sein, in der Rennsaison stets das Abschneiden ihrer etwa zwei Dutzend derzeit aktiven Rennpferde verfolgen. Einer der ganz wenigen veritablen Wutanfälle der letzten zwei, drei Jahrzehnte ereignete sich an jenem Sommertag im Juli 2006, als ihr Hengst Banknote beim Rennen in Haydock Park lief, mit sensationellem Abstand gewann – und die Queen den Triumph nicht verfolgen konnte, weil jemand im Palast versäumt hatte, das Abonnement des *Racing Channel* zu erneuern.

Zugegeben, die Liebe der Queen zum Galopprennsport ist sehr ausgeprägt. Aber vergleicht man ihre Pferde-Leidenschaft mit der anderer Royals – gerade im arabischen

Kulturraum –, ist sie alles andere als außergewöhnlich. Woran liegt das? Ich vermute, es hat damit zu tun, dass Pferderennen nicht, wie andere Sportarten, reiner Selbstzweck sind, sondern ein sehr konkretes Ziel verfolgen – und zwar eines, das die Phantasien der Royals über alle Maßen beflügelt: «Der eigentliche Zweck der Rennen ist die Zucht. Der Sinn des Galopprennsports ist es, die besten Deckhengste und Zuchtstuten zu ermitteln», machte mir einmal ein Vetter meiner Frau klar, Prinz Bernhard von Baden. Er ist Präsident jenes Clubs, der seit 1871 die Galopprennen in Baden-Baden ausrichtet. «Durch das Weiterzüchten der Gewinnerpferde», sagte er mir, «bekommt man über die Jahre immer hochgezüchtetere Tiere. Das ist die eigentliche Faszination des Galopprennens und der Vollblutzucht: die nie endende Gralssuche nach dem perfekten Pferd, das Schnelligkeit und Agilität mit Robustheit und Ausdauer vereint.» Royals haben ihre Schwäche für die Möglichkeiten der genetischen Manipulation nämlich lange vor dem Humangenomprojekt unserer Tage entdeckt. Ihr Faible für Stammbäume und Reinheit des Blutes ist legendär. Beim Hause Baden ist das schon deshalb aktenkundig, weil – so erzählt man sich – einmal ein Prinz, dessen Mutter nicht von lückenlos nachvollziehbarer Abstammung war, jahrelang weggesperrt wurde (Kaspar Hauser). Sämtliche Vollblüter dieser Welt verfügen über einen lückenlos dokumentierten Stammbaum und stammen von genau drei Ahnen ab, den drei legendären Hengsten Byerley Turk, Darley Arabian und Godolphin. Liegt also die Faszination der Pferdezucht für Royals darin, dass Rennpferde die einzigen Lebewesen sind, deren Stammbäume garantiert noch makelloser sind als die selbst der vornehmsten Hoheiten?

Sich über königliche Pferde-Obsessionen lustig zu machen, ist leicht. Aber es lohnt vielleicht, einen Moment darüber nachzudenken, ob es nicht doch eine tiefere Bedeutung für die enge Beziehung zwischen König und Pferd gibt. Oft wird ja gemutmaßt, die Symbiose des Königs mit seinem Pferd, in unzähligen Reiterdenkmälern manifestiert, sei schlicht das Resultat jahrhundertelanger Privilegiertheit. Die Herrschenden hätten eben schon frühzeitig Reiten als eine Art exklusives Hobby entdeckt. Nur ist das vollkommen falsch. Zu Herrschaft, zu Vornehmheit und Wohlstand konnte in der Geschichte nur gelangen, wer etwas von Pferden verstand. Für die Lateiner unter den Lesern: Omnis nobilitas ab equo. Aller Adel kommt vom Pferde.

Pferde waren die ersten Wunderwaffen der Weltgeschichte. Wer diese starken und wilden Tiere zu beherrschen lernte, war im Vorteil gegenüber allen anderen. Wer reiten konnte, konnte auch erobern. Und herrschen. Das Besteigen des Pferdes – man nimmt heute an, dass dies so um das Jahr 2000 vor Christus erstmals geschah – kam einem geradezu symbolischen Akt der Herrschaft über die gesamte Schöpfung gleich. Domestiziert wurden diese stolzen Tiere wahrscheinlich erstmals von den Sumerern um das Jahr 3000 vor Christus herum – allerdings als Zugtiere im Ackerbau. Später wurden Pferde in Mesopotamien – es waren damals noch recht kleine, von der Statur her eher dem Esel oder dem Zebra ähnliche Tiere –

vor Kampfwagen gespannt, um bei königlichen Paraden bei der Bevölkerung Eindruck zu schinden.

Auf den Rücken dieser eigenwilligen Tiere zu steigen war ein ähnlich epochemachender Schritt wie in unserem Zeitalter die Erfindung des Flugzeugs. Vor allem brauchte man dazu ein größeres, stärkeres Pferd. Die Geschichte des Pferdes als Reittier ist daher vor allem auch eine Geschichte der Pferdezucht, und es waren die Nomadenstämme Asiens, die diese Kunst zuerst beherrschten. Die Skythen, wie wir Europäer die frühen Perser, Afghanen und Mongolen in unserer Unwissenheit nannten, waren daher auch die erste Weltmacht der Geschichte. Sie sorgten für Angst und Schrecken, wo immer sie auftauchten.

Man muss sich nur einmal die Furcht vorstellen, die diese Reiterhorden in der Antike auslösten, als sie zum ersten Mal in Osteuropa auftauchten! Wir Europäer hatten ja solche übermannsgroßen Gestalten, die in atemberaubender Geschwindigkeit, scheinbar unaufhaltsam über uns hinwegfegten, noch nie gesehen! Als die Griechen die skythischen Reiter sahen, glaubten sie, Pferd und Reiter seien eins – so kam die Legende vom Zentauren zustande. Die berittenen Kämpfer müssen tatsächlich wie furchterregende Geschöpfe aus einer anderen Welt gewirkt haben. Wer in der Antike über eine Kavallerie verfügte, war – um in heutigen Maßstäben zu sprechen – eine Atommacht. Die Eroberung des Nahen und Mittleren Ostens durch die Perser im ersten Jahrtausend vor Christus und dann wiederum der Sieg Alexanders des Großen über die Perser waren die ersten Weltkriege der Menschheitsgeschichte – und es war die Wunderwaffe Pferd, die bei diesen Kriegen die zentrale Rolle spielte. Alexanders Schlachtross – mit dem Namen Bukephalos – ist auch das erste Pferd der Weltgeschichte, dessen Namen wir kennen. Die Übersetzung für Bukephalos ist Ochsenkopf. Wir dürfen also vermuten, dass der Mann, der im vierten Jahrhundert vor Christus die gesamte damals bekannte Welt eroberte, dies auf dem Rücken eines nicht besonders grazilen Pferdes tat. Der Legende nach gehörte Bukephalos dem Vater Alexanders. Niemand konnte das Pferd reiten, jeden warf es ab. Alexander, der erst zwölf Jahre alt war, beobachtete das und begriff, dass Furcht das Pferd so widerspenstig machte. Es scheute, sobald es einen Schatten sah. Also nahm er das Pferd und führte es in einer Abendstunde an eine Stelle, wo weder er noch das Pferd einen Schatten warfen. So gelang es ihm, das Vertrauen des Tieres zu gewinnen.

Bei echter Horsemanship, wie man jene Kunst in England nennt, geht es – und das zeigt diese Geschichte sehr schön – nicht darum, den Willen eines Pferdes zu brechen, es geht nicht um die Unterwerfung des von Natur aus freiheitsliebenden und widerspenstigen Tieres – sondern um etwas ungleich Komplizierteres: Einerseits entspricht das Verhältnis zwischen Reiter und Pferd dem zwischen Herr und Beherrschtem. Denn für ein Pferd ist ein Mensch auf seinem Rücken etwas zutiefst Widernatürliches. Sein über die Evolution vererbter Instinkt sagt ihm, dass ein Lebewesen auf seinem Rücken nur ein Feind sein kann, der ihn reißen will. Ein Pferd muss sich also wider seinen Instinkt dem Menschen fügen. Dennoch ist der Schlüssel zur Symbiose zwischen Reiter und Pferd nicht nur der Gehorsam, sondern vor allem: der *gegenseitige Respekt*. Und das Vertrauen.

Und so hat das Verhältnis zwischen Pferd und Mensch, bei Licht besehen, etwas von dem Treueverhältnis zwischen König und Vasallen. Die ideale Monarchie funktioniert eben nicht wie eine Staatsmaschine, sondern ist ein geradezu persönliches Verhältnis, das stets ein wenig zwischen Liebe und Widerstand changiert. Und so, wie die Achtung eines Pferdes gewonnen und auch verloren werden kann, verhält es sich eben auch mit dem Verhältnis zwischen König und Volk. Und so, wie für den seine Freiheit liebenden Menschen das Beherrschtsein eigentlich eine Ungeheuerlichkeit darstellt, kann auch seine Unterwerfung, wenn sie Bestand haben soll, letztlich nur eine freiwillige sein und durch Liebe erlangt werden. Die Könige sehen sich zwar lieber als Wesensverwandte von Löwen und Adlern – aber sie ahnen eben auch, dass die ihnen eigentlich zugehörigen Lebewesen die Pferde sind.

> Por qué no te callas!
> *Juan Carlos von Spanien*
> *zu Hugo Chávez*

Kapitel sechzehn

Dürfen Könige eine politische Meinung haben?

Juan Carlos von Spanien hat eine eigenartige Schwäche für den sozialistischen Regierungschef Zapatero, dessen konservativen Vorgänger José María Aznar dagegen hatte er nicht ausstehen können. Albert von Belgien hegt tiefen Abscheu gegenüber der fremdenfeindlichen Partei Vlaams Belang, ähnlich wie Beatrix von Holland eine Gänsehaut bekommt, wenn sie nur an Geert Wilders, den Vorsitzenden der rechtspopulistischen Freiheitspartei, denkt. Das ist bekannt. Aber nirgendwo öffentlich belegt. Europas Monarchen geben sich – wenn man mal von Juan Carlos' legendärer «Halt's Maul!»-Attacke gegen Hugo Chávez absieht – redlich Mühe, in politischen Dingen eine nebulöse Sphinxhaftigkeit an den Tag zu legen. (Juan Carlos' «Por qué no te callas!» wurde übrigens, das als Fußnote, umgehend Spaniens beliebtester Handyklingelton).

Nur beim englischen Thronfolger gibt es so gut wie kein Thema, zu dem seine Meinung nicht bekannt wäre. Wir wissen, was Prinz Charles über Architektur und das moderne Bildungswesen denkt, was seine Meinung zu genetisch manipulierten Lebensmitteln, zur Lage in Tibet, zur amerikanischen Umweltpolitik, zu alternativen Heilmethoden und zur englischen Gesundheitspolitik ist.

Als besonders heikel hat sich seine Angewohnheit erwiesen, Minister mit Briefen und Freunde mit Denkschriften zu bombardieren. Als er 1999 aus Hongkong zurückkehrte, wo er der Zeremonie zur Übergabe der ehemaligen Kronkolonie an China beigewohnt hatte, verfasste er ein für seinen engsten Freundeskreis bestimmtes Papier mit der wirklich witzigen Überschrift «The Great Chinese Takeaway», in dem er die kommunistische Nomenklatura «lächerliche Wachsfiguren» nannte und sich über den Stechschritt der chinesischen Gardesoldaten lustig machte. Als kurz darauf der damalige chinesische Präsident Jiang Zemin nach London kam, blieb Charles dem Staatsbankett demonstrativ fern, verbrachte den Abend stattdessen in Gesellschaft von Camilla Parker-Bowles und instruierte seine Mitarbeiter, an die Presse den Grund seines Fernbleibens zu streuen: der Status Tibets und die Behandlung seines Freundes, des Dalai Lama. Als der Dalai Lama im März 2008 für eine Woche zu politischen Gesprächen nach London kam, forderte Charles Premierminister Gordon Brown – zu dessen Entsetzen – öffentlich auf, den Dalai Lama in der Downing Street zu empfangen, und kündigte an, den Olympischen Spielen in Peking wegen der chinesischen Tibetpolitik fernbleiben zu wollen.

Seine bis heute legendärste Tirade galt aber der modernen Architektur. 1984 warf er bei seiner Rede anlässlich des Jubiläums des Königlichen Instituts britischer Architekten eine rhetorische Handgranate, so bezeichnete er den Anbau der National Gallery als «Furunkel im Gesicht eines alten Freundes» und den Neubau der British Library als einen Ort, der nicht zur Aufbewahrung, «sondern eher zum Verbrennen von Büchern» inspiriere.

Es gibt keine verfassungsrechtliche Konvention, die den englischen Thronfolger daran hindern kann, seine Meinung zu politischen Fragen zum Besten zu geben. Zum Problem wird diese Freimütigkeit erst, sollte er eines Tages König werden. Zwar ist er sich bewusst, dass dann ein Höchstmaß an Zurückhaltung von ihm erwartet wird, aber seine eindeutige politische Positionierung wird sich vermutlich eines Tages als Hypothek herausstellen.

Andererseits ist auch die Queen keineswegs ein politisches Neutrum. Besonders in der Ära Thatcher hat sie sich sehr wohl immer wieder in politische Belange eingemischt. Nur eben viel diskreter.

Die Queen konnte Margaret Thatcher nicht ausstehen. Die Schwindelanfälle Frau Thatchers im Buckingham-Palast waren damals eine Art Running Gag im Königshaus. Bei einem Staatsbankett war Margaret Thatcher einmal so unwohl, dass sie aufstehen und sich in ein ihr rasch zur Verfügung gestelltes Schlafzimmer zurückziehen musste. «Sie kippt mal wieder aus den Latschen», soll die Queen bei solch einer Gelegenheit trocken bemerkt haben.

Während Thatchers Vorgänger, wie Churchill, Wilson

oder Callaghan, und auch ihre Nachfolger Major und Blair ihre wöchentlichen Audienzen bei der Queen als eine Art unentgeltliche Therapiesitzungen auskosteten, litt Frau Thatcher angeblich stets Höllenqualen. «Sie sitzt immer so komisch an der Sesselkante», soll die Queen einmal süffisant gesagt haben.

Die Wahlen unmittelbar nach der britischen Invasion der Falklandinseln statteten Margaret Thatcher mit einer bis dahin nie da gewesenen Mehrheit im Unterhaus aus. Der Krieg hatte Thatchers politisches Überleben gerettet. Exakt ein Jahr vor den Wahlen hatte sie als «unpopulärste Regierungschefin in der Geschichte Großbritanniens» gegolten, nun verfügte sie über jene gesetzgebende Mehrheit, vor der britische Verfassungsrechtler immer wieder warnen, weil sie in Abwesenheit einer geschriebenen Verfassung und eines Systems der Checks and Balances das Amt des Premierministers mit quasi diktatorischen Vollmachten ausstatte. Immerhin hat die englische Verfassungskonvention dem Monarchen die Rolle einer Art mäßigender Kraft zugedacht – und in dieser Rolle bewährte sich die Krone sowohl nach dem Ersten als auch nach dem Zweiten Weltkrieg, als Georg V. und Georg VI. durch sanftes Mahnen hinter den Kulissen den Reformeifer der Labour-Regierungen im Zaum hielten. Die Instrumente der Einflussnahme, deren sich der englische Monarch bedient, sind traditionell subtil. Und effektiv. «Die Queen würde nie explizit die Politik der Regierung kritisieren», sagt der Historiker Ben Pimlott, «ihre eigene Meinung deutet sie höchstens an. Erzählt zum Beispiel der Premierminister ihr von irgendwelchen Plänen, fragt sie unter Umständen nur kurz nach. Etwa: ‹Und wie soll das funktionieren?› Oder sie bedient sich eines Tricks, indem sie auf die abweichende Meinung eines Dritten hinweist. Sie kann auch ausdauernd und vielsagend schweigen, um Ablehnung auszudrücken. Allein, wenn sie ihr Gegenüber in der ihr eigenen Art ungläubig ansieht, genügt das, um selbst den selbstsichersten Premierminister in seinem Galopp zu stoppen.»

Was aber, wenn – wie im Fall Thatcher – der Premierminister für solcherlei Subtilitäten unempfänglich ist? Die Ära Thatcher war für die Queen eine gewisse Herausforderung, denn der Reformeifer kam diesmal nicht, wie nach den beiden Weltkriegen unter Callaghan und Wilson, von links, sondern, was ein Novum war, von rechts. Die Art, wie die Queen dem neoliberalen Revoluzzertum Thatchers begegnet ist, ist eines der weniger bekannten Kapitel in der englischen Verfassungsgeschichte – und wartet darauf, einmal wirklich genau untersucht zu werden. Der Thatcherismus war für die Queen schon allein deshalb eine Herausforderung, weil Margaret Thatcher mit einem überwältigenden Mandat durch die Wähler ausgestattet war. Wie sollte ein Monarch, für den jede Einmischung in die Gesetzgebung ein Tabu ist, der sich aber gleichzeitig der Wahrung des sozialen Kohäsion des Landes verpflichtet sah, darauf reagieren, dass eine Margaret Thatcher, wie es die Queen sah, den nationalen Konsens aufkündigte und dem fürsorglichen Wohlfahrtsstaat den Krieg erklärte? Der klassische englische Konservatismus, von dem sich die Torys unter Thatcher verabschiedeten, basierte ja auf dem althergebrachten, sozial angehauchten, eher paternalistischen Gesellschaftsbild. Die Ideologie des Thatcherismus hingegen fühlte sich fast schon einer Art sozialem Darwinismus verpflichtet. Die Schwachen, die bis dahin den besonderen Schutz der Torys genossen, galten plötzlich als Klotz am Bein des wirtschaftlichen Fortschritts. Der ideologische Graben zwischen traditionellem Wohlfahrts-Konservatismus und Thatchers Neoliberalismus hatte, was man heute leicht vergisst, Elemente eines Kulturkampfes. Und die Königin stand ohne jeden Zweifel auf der Seite der von Frau Thatcher leidenschaftlich bekämpften alten Garde der Sozial-Konservativen.

Zu einem ersten, direkten Eklat kam es unmittelbar nach den Unterhauswahlen von 1983. Auf einer Insel in der Karibik, in Grenada, mit einer Bevölkerung von weniger als hunderttausend Menschen, fiel der Regierungschef einem Attentat um Opfer. Die amerikanische Regierung schickte Truppen, um die politische Ordnung des Inselstaates aufrechtzuerhalten. Das klitzekleine Problem war nur: Das Staatsoberhaupt von Grenada war niemand Geringerer als die Queen. Und die war von Margaret Thatcher nicht eingeweiht worden. Die Königin soll vor Wut geschäumt haben. Den Gedanken, dass man in einen Staat des Commonwealth einmarschieren konnte, ohne sie vorher davon in Kenntnis zu setzen, empfand sie als bodenlose Provokation. Der kalte Krieg zwischen Downing Street und Buckingham-Palast hatte begonnen.

Für ihren ersten Racheakt wählte die Queen ihre traditionelle Weihnachtsansprache, in der sie Thatchers Politik des Sozialabbaus kritisierte. Zwar tat sie das nur indirekt, sie gab ihrer Ansprache einfach nur eine betont soziale Note – aber jeder im Land wusste, wie ihre Worte zu verstehen waren. «Das größte Problem unserer Tage», flötete die Queen, «ist der Graben zwischen den reichen und den armen Ländern dieser Erde. Wir müssen uns der sozialen Ungleichheit annehmen ...» Auch ließ sie – was von der Downing Street als Frontalangriff gewertet wurde – durchsickern, dass sie Thatchers Ablehnung von Wirtschaftssanktionen gegen Südafrika nicht teile. Die Frau Thatcher treuergebene *Times* polterte, die Queen habe, auch als Oberhaupt des Commonwealth, nicht das Recht, der Politik ihrer Regierung zu widersprechen.

Zum endgültigen Show-down kam es im Sommer 1984. Die *Sunday Times* erschien am letzten Juliwochenende mit einer höchst explosiven Exklusivstory, die die politischen Differenzen zwischen Buckingham-Palast und Downing Street beim Namen nannte. «Aus dem engsten Umfeld der Königin», hieß es auf der Titelseite, «hat diese Zeitung Informationen erhalten, die grundlegende politische Meinungsverschiedenheiten zwischen Krone und Regierung belegen.» Die Story wurde als «sensationelle Enthüllung der politischen Haltung der Königin» angepriesen. Der Königin, veriet die Zeitung, passe die gesamte Richtung der thatcherschen Politik nicht, sie betrachte den Thatcherismus als eine Aufkündigung des sozialen Konsenses, als «kaltschnäuzig, gefühllos und spaltend».

Für Margaret Thatcher war die Enthüllungsstory der *Sunday Times* ein Desaster. Sie gab der Opposition innerhalb ihrer eigenen Partei und innerhalb ihres eigenen Kabinetts unerwarteten Auftrieb. Man könnte sogar sagen, dass es diese *Sunday Times*-Geschichte war, die letztlich Thatchers Sturz bewirkte. Denn erst nach jenem Sommer 1984 fasste die jahrelang kaltgestellte innerparteiliche Opposition wieder Mut. Unmittelbar auf den Veröffentlichung wurde natürlich die Jagd auf den Verantwortlichen, den «Maulwurf», eröffnet. Interessanterweise machte sich der Palast nicht die Mühe, ein Dementi zu veröffentlichen, im Gegenteil: Man bestätigte sogar, dass der Chef des königlichen Pressestabes, Michael Shea, mit Reportern der *Sunday Times* gesprochen habe. Drei Monate später räumte Shea, ausdrücklich auf Hinwirken der Downing Street, seinen Posten.

Margaret Thatcher überlebte die Attacke durch den Buckingham-Palast gerade mal fünf Jahre. Sollte sie der Ansicht gewesen sein, die Queen sei eine harmlose ältere Landedelfrau, die in ihrem Element sei, wenn sie über Hunde oder Pferde rede, ihr aber in politischen Dingen nicht gefährlich werden könne, wurde sie eines Besseren belehrt.

Die konstitutionellen Monarchien Europas weisen den Königen und Königinnen zwar allenfalls die Funktion überparteilicher Schiedsrichter zu, die über den regelmäßigen Gang der Institutionen zu wachen haben. In der Praxis – und hinter den Kulissen – sind die Möglichkeiten politischer Einflussnahme (abgesehen von Schweden, wo der Monarch tatsächlich nur eine zeremonielle Funktion hat) aber sehr viel größer. Man denke an Albert II. von Belgien, der den Großteil des Jahres 2007 als politischer Unterhändler agierte, um gegen den erbitterten Widerstand der auseinanderdriftenden politischen Kräfte seines Landes eine handlungsfähige Regierung zu erzwingen.

Oder an Juan Carlos I. von Spanien. Von Franco hatte er ja eine fast uneingeschränkte Machtfülle geerbt. Er hatte ihm sogar versprechen müssen, für den Fortbestand des autoritären Regimes zu sorgen. Die Absicht, dieses Versprechen zu halten, hatte er aber nie. Als Franco 1975 starb, nutzte er seine Macht prompt, um demokratische Reformen zu initiieren – und sich letztlich selbst zu entmachten. Den darauffolgenden Staatsstreich des Militärs wendete er ab. Er reformierte das Militär und gründete den spanischen Staat als konstitutionelle Monarchie neu. Einen ähnlich radikalen «Regimewechsel» hat es in der modernen Geschichte Westeuropas nicht gegeben. Initiiert wurde er nicht vom Volk, nicht vom Parlament, sondern vom König.

Die klassische Lesart, nach der ein Monarch ein lebendes Paradox ist – nämlich der Mächtigste und zugleich Ohnmächtigste seines Landes –, ist also: ein Klischee.

> Ich habe gut geschlafen.
> *Ludwig XVI.*
> *am Morgen seiner Hinrichtung*

Kapitel siebzehn

Wie hat ein König zu sterben?

Ein König muss gewaltsam sterben. Das klingt herzlos, beruht aber auf einer uralten Vorstellung, jener nämlich, das Reich könnte Schaden nehmen, sobald sich beim Herrscher Zeichen des Verfalls einstellen. Dem gilt es zuvorzukommen. Das war in eigentlich allen bekannten archaischen Kulturen so. Schließlich hing nicht weniger als der Lauf der Natur von der Vitalität des Königs ab. Das allmähliche Nachlassen seiner Kräfte, so fürchtete man, würde Katastrophen, Seuchen, Hungersnöte heraufbeschwören. Man kann also erahnen, welche Furcht ein gebrechlicher und schwacher König ausgelöst haben muss. Die äthiopischen Könige wurden als Götter verehrt, sobald aber die Priesterkaste Zeichen von körperlichem Verfall beobachtete, sandte man einen Boten zum König, mit dem Befehl zu sterben. Diesem Befehl gehorchten die Könige für gewöhnlich ohne Murren. Der gewaltsame Tod war, wie bei James Frazer nachzulesen ist, eine Form der Ehrerweisung. Auch im alten Kambodscha starben Könige keines natürlichen Todes. Wurde einer krank, hielten die Ältesten Rat, und im Zweifelsfall wurde er anschließend in einem feierlichen rituellen Akt erstochen. Sein Leichnam wurde verbrannt, die Asche ehrfurchtsvoll gesammelt und fünf Jahre lang öffentlich geehrt.

Bräuche dieser Art scheinen in Teilen Afrikas bis in unsere Zeit geherrscht zu haben. Der britische Ethnologe Charles Gabriel Seligman berichtete noch Anfang des 20. Jahrhunderts von einem Stamm am Nil, dass der König jener Shilluks «nicht krank oder altersschwach werden darf, damit nicht mit dem Abnehmen seiner Kraft das Vieh aufhört, sich zu vermehren, das Getreide auf den Feldern fault und der Mensch in immer größerer Zahl dahinstirbt.» Als Anzeichen für den Verfall des Königs galt pikanterweise die Unfähigkeit, die sexuelle Leidenschaft seines Harems zu befriedigen. Attestierte ihm eine der Haremsdamen ein Nachlassen seiner sexuellen Leistungskraft, wurde der König kurzerhand – natürlich in aller Feierlichkeit – ermordet.

Während es bei vielen Naturvölkern üblich war, den König im Amt zu belassen, bis sich irgendein äußerer Defekt zeigte, haben andere nicht auch nur das geringste Symptom abwarten wollen und es vorgezogen, den König zu töten, solange er noch im Vollbesitz seiner Kräfte war. Daher wurde oft ein Termin festgesetzt, über den hinaus er nicht regieren durfte. Die Frist war ziemlich knapp bemessen. Frazer zitiert alte skandinavische Überlieferungen, nach denen in alter Zeit die schwedischen Könige nur neun Jahre regieren durften, nach deren Ablauf wurden sie in einem rituellen Akt getötet. Im frühen Babylon verloren die Könige ihr Leben nach einjähriger Amtsführung. Später ist diese Sitte zugunsten der Könige verfeinert worden. Man führte ein Fest namens Sacaea ein, das einmal im Jahr stattfand und fünf Tage dauerte. Während dieser Zeit wechselten Herren und Diener die Plätze. Ein zum Tode verurteilter Gefangener wurde in die Gewänder des Königs gekleidet, auf den Thron gesetzt, und ihm wurde gestattet, Befehle zu geben, Festessen zu veranstalten und sich mit den königlichen Konkubinen zu vergnügen. Am Ende der fünf Tage wurde er gepfählt.

Interessant ist auch eine Sitte, über die João de Barros, ein bedeutender portugiesischer Historiker des 16. Jahrhunderts, berichtet. Kein Mann, der einigermaßen bei Verstand war, wollte im Königreich der Passier im Norden Sumatras König sein, von Zeit zu Zeit ergriff dort nämlich eine Art rituelle Wut das Volk, es marschierte durch die Straßen und schrie: «Der König muss sterben!» «Wenn der König diesen Todesgang hörte», so João de Barros, «wusste er, dass seine Stunde gekommen war.» Der Mann, der den Todesstreich ausführte, hatte aus der königlichen Familie zu stammen und folgte dem Getöteten auf den Thron, vorausgesetzt, dass er es fertigbrachte, diesen eine Weile zu verteidigen, was offenbar nicht immer gelang. Fernão Pérez d'Andrade, der auf einer Reise nach China an der Nordküste Sumatras angelegt hatte, berichtete davon, dass innerhalb weniger Tage drei Könige umgebracht und vier auf den Thron gelangt waren, und zwar «ohne das geringste Anzeichen von Tumult oder Aufruhr in der

Stadt, wo alles seinen gewöhnlichen Gang ging, als wäre die Ermordung des Königs ein alltägliches Ereignis». Angeblich verteidigte das Volk die rauen Sitten mit dem unschlagbaren Argument, Gott würde es niemals zulassen, dass ein so hohes und mächtiges Wesen wie ein König aus Altersschwäche oder Krankheit sterbe, der Ritualmord sei das einzig würdige Ende für einen König.

Mit dem Wissen um diese alten Sitten erlangt der berühmte Satz Shakespeares «Uneasy lies the head that wears a crown» eine ganz neue Bedeutung. Obwohl der feierliche Ritualmord auch in den Frühzeiten des germanischen Königtums nichts Ungewöhnliches gewesen zu sein scheint (belegt ist zum Beispiel, dass der frühe schwedische König Domaldi nach dreimaliger Missernte von seinem Volk «geopfert» wurde), blieb immerhin den meisten europäischen Königen der Neuzeit ein gewaltsames Ende erspart.

Es gibt einen Ort, der sich wie kein zweiter in Europa dazu eignet, um über das Sterben von Königen nachzudenken. Saint-Denis.

Saint-Denis ist eine abgewrackte Industriestadt am nördlichen Rand von Paris. Das Fremdenverkehrsamt rät von Besuchen ausdrücklich ab. Berühmt ist dieser Vorort heute vor allem für seine hohen Arbeitslosenquote und die höchste Kriminalitätsrate des Landes. Und dafür, dass es die einzige Stadt Frankreichs ist, in der die Bewohner mit «Migrationshintergrund» die Mehrheit stellen. Um dieses Kapitel zu schreiben, unternahm ich eine Pilgerfahrt hierher, denn hier befindet sich, eingekesselt von trostlosen Betonbauten und würzig duftenden Kebab-Buden, eine weltweit einzigartige Grabstätte. Seit dem 7. Jahrhundert, also seit etwa tausendvierhundert Jahren, fungiert die Basilika der ehemaligen Benediktinerabtei von Saint-Denis als «Nekropolis», als letzte Ruhestätte der französischen Könige. In dieser Kirche sind fast alle französischen Könige begraben, und zwar von den Merowingern bis zu den letzten der Bourbonen. Bereits Dagobert I., der 639 starb, wählte diesen Ort als Ruhestätte für seine Sippe, er wollte sie damit unter die Obhut des französischen Nationalheiligen, des heiligen Denis (Dionysius), stellen. Denis, muss man wissen, war um das Jahr 250 vom Papst nach Gallien geschickt worden, um hier das Christentum zu verbreiten. Offenbar hatte er damit so viel Erfolg, dass er den Unmut des römischen Statthalters erregte und auf einem Hügel außerhalb des damaligen Lutetia enthauptet wurde. Der Ort wurde später Montmartre, Marterhügel, genannt und muss heute immer wieder als Kulisse für romantische Filme herhalten. Die Legende vom heiligen Dionysius besagt, dass der Missionar nach seiner Enthauptung seinen Kopf unter den Arm nahm und so – zum Erstaunen der römischen Soldaten – sechs Kilometer Richtung Norden marschierte, bis zu der Stelle, an der er begraben werden wollte. Genau hier ließ Dagobert I. die Kirche errichten.

Der öffentliche Personennahverkehr ist nicht der ideale Zubringer nach Saint-Denis. Es fängt schon damit an, dass man es auf keinem Fahrplan findet. Die Station heißt nach dem für die Weltmeisterschaft 1998 errichteten Fußballstadion Stade de France. Außerdem ist der Fußweg vom Bahnhof zur Basilika nicht wirklich zu empfehlen. Mit einer grauen Jaguar-Limousine hierherzukommen war aber

Der Merowingerkönig Dagobert I. (ca. 608–639) bestimmte Saint-Denis zur Grabstätte des französischen Königshauses.

auch keine sonderlich gute Idee. Mit diesem im achten Arrondissement völlig unauffälligen, hier aber durchaus gewagten Gefährt hat mich ein befreundeter Historiker, Guy Stair Sainty, am Jardin du Luxembourg abgeholt. Nach einer halben Stunde etwa kamen wir in Saint-Denis an, und wir waren keine zwei Minuten hier, als wir bereits von einer Polizeistreife abgefangen wurden. Der fürsorgliche Gendarm sagte: «Sie sollten hier nicht sein!» Unseren Hinweis auf den beabsichtigten Besuch in der Basilika quittierte er mit Kopfschütteln. Er empfahl uns, das Auto im videoüberwachten Parkhaus des städtischen Rathauses abzustellen («wenn es Ihnen lieb ist»).

Die Basilika war menschenleer. Will man sie betreten, muss man zunächst ein Wachhäuschen auf der Westseite passieren. Es wurde vor etwa zehn Jahren errichtet, um dem Vandalismus in der Kirche Einhalt zu gebieten. Dieser hat hier ja eine reiche Tradition. Mit dem Abstieg Saint-Denis' als Industriestandort wurde die Kirche für die hiesige Jugend zur bevorzugten Adresse, um Frust abzulassen. Das Chorgestühl aus dem 16. Jahrhundert ist vor ein paar Jahren sicherheitshalber ganz entfernt worden und befindet sich nun in einem Pariser Museum, viele der Marmorgrabmäler in den Seitenschiffen der Kirche sind mit Graffiti verziert. Erstaunlicherweise kann dies der Erhabenheit der Marmorfiguren aus dem 12. und 13. Jahrhundert wenig anhaben. Die gekrönten Statuen, die hier liegen, mit einem Lächeln auf den Lippen, ihre Füße auf wachenden Löwen ruhend, strahlen eine ganz eigene Würde aus.

Es ist kalt. Guy und ich sind die Einzigen, die still von Grabmal zu Grabmal gehen, die Inschriften entziffern, die bildhauerische Perfektion bewundern, den Vandalismus betrauern.

Die Krypta unterhalb der Kirche scheint der Zerstörungswut entgangen zu sein. Vielleicht, weil es hier nicht viel Spektakuläres zu zerstören gibt. Die einst vom Mob in zwei stinkende Gruben geworfenen Leichen unzähliger Könige, Königinnen, Prinzen und Prinzessinnen wurden 1815, zur Zeit der vorübergehenden Restauration der bourbonischen Monarchie, geborgen. Seitdem ruhen sie in einer engen Nische der Krypta in einem sogenannten Gebeinhaus. Die Überreste von über hundertsiebzig Königen und Königinnen sind jetzt hier vereint in einer Art riesigem Sarg, wie für einen riesenhaften, überzeitlichen Überkönig, darunter: Dagobert I., Chlodwig II., Chlotar III., Pippin III. der Jüngere und sein Vater Karl Martell, Karl II. der Kahle, Ludwig II. der Stammler, Ludwig III.,

Karlmann, Karl III. der Einfältige, Hugo Capet, Robert II. der Fromme, Heinrich I., Ludwig VI. der Dicke, Philipp II. August, Ludwig VIII. der Löwe, Ludwig IX. der Heilige, Philipp III. der Kühne, Philipp IV. der Schöne, Ludwig X. der Zänker, Philipp V. der Lange, Karl IV. der Schöne, Philipp VI. von Valois, Johann II. der Gute, Karl V. der Weise – die Geschichte Frankreichs hinter einer Steinplatte.

Ludwig XVI. und Marie Antoinette, oder, besser gesagt: das, was man 1815 von ihnen finden konnte, liegen nicht hier. Für sie wurde in der Mitte der Krypta ein Platz gefunden, den zwei schwarze Marmorplatten schmücken.

Sie haben eine unkomfortable Reise hinter sich.

Knapp vier Wochen vor jenem denkwürdigen Tuileriensturm 1792, mit dem die teuflisch-grausame Periode der Französischen Revolution begann, die Schreckensherrschaft der Jakobiner ihren Anfang nahm und Ludwig XVI. mit seiner Familie zunächst im Gebäude der Nationalversammlung und schließlich im Turm des *Temple* eingesperrt wurde, hatte La Fayette dem König die Flucht aus Paris nahegelegt. Der König hatte abgelehnt.

Die Gefängniszelle Ludwigs XVI. bestand aus zwei kleinen Kammern im zweiten Stock des Temple. Sein Schlafgemach war ein winziger Raum. Die einzigen Möbelstücke waren drei Stühle und ein vor Ungeziefer wimmelndes Weidengeflecht. Als man den König hier einsperrte, zeigte er angeblich weder Überraschung noch schlechte Laune. Er nahm lediglich ein paar Kupferstiche von der Wand, weil er sie «nicht anständig» fand, bat um Papier, Schreibzeug und ein paar Bücher und legte sich schlafen.

Zunächst hatte man Monsieur Capet, wie er nun offiziell hieß, noch sechs Diener zugestanden, der Tafeldienst bereitete notdürftig die Mahlzeiten für die königliche Familie, doch täglich wurde die Behandlung härter: verhängte Fenster, ständige Überwachung, streng reglementierter Kontakt zu Marie Antoinette und den zwei noch lebenden Kindern, der dreizehnjährigen Marie Thérèse Charlotte und dem sechs Jahre alten Dauphin Charles Louis, die mit ihrer Mutter in einer etwas geräumigeren Zelle im ersten Stockwerk eingesperrt waren. Nach zehn Tagen Gefangenschaft wurde dem König und der Königin die Dienerschaft genommen, mit Ausnahme eines gewissen Hue, der zunächst bleiben durfte.

Vom ersten Tag an hatte sich Ludwig XVI. einen präzisen Tagesplan zurechtgelegt. Sobald er sich angekleidet hatte (um sechs Uhr), betete er. Dann las er in «Die Nachfolge Christi» von Thomas von Kempen. Anschließend besuchte er, so es ihm gestattet wurde, seine Familie und verbrachte den Tag im Zimmer der Königin. Um elf ging er zu Bett.

Nach dem blutigen 2. September, an dem in Pariser Gefängnissen Hunderte Priester, Adelige und Royalisten niedergemetzelt worden waren, wurde die Behandlung der Königsfamilie rauer. Zunächst nahm man ihnen Hue und ersetzte ihn durch einen gewissen Cléry, den die Gefängnisleitung für politisch zuverlässiger hielt. Am 20. September berichtete Cléry (der sich als geheimer Royalist erwies) dem König, dass man ihn von seiner Familie trennen werde. «Sie können mir keinen größeren Beweis Ihrer Treue geben», sagte der König, «ich erwarte von

Ihnen, dass Sie mir nichts verbergen, ich bin auf alles gefasst. Versuchen Sie zu erfahren, an welchem Tag diese schmerzliche Trennung stattfinden soll, und unterrichten Sie mich umgehend!» Am 29. September war es so weit. Im Oktober dann bereitete der Nationalkonvent den großen Schauprozess gegen den «Bürger Capet» vor. Danton und Robespierre waren gegen einen Prozess. Danton, weil er fürchtete, ein Gerichtsverfahren könnte zutage fördern, dass er Geld aus London angenommen hatte, um sich für die Rettung des Königs einzusetzen. Robespierre, weil er Blut sehen wollte: «Ein entthronter König ist in einer Republik nur zu einem Ding nütze, die Ruhe des Staates zu stören!»

Der König wusste von den Diskussionen über sein Schicksal nichts. Seine größte Freude bestand darin, an Tagen, an denen ihm der Zugang zu seinen Kindern gestattet war, dem Dauphin, seinem «kleinen Liebling», Privatunterricht in Geographie zu geben. Sie malten zusammen Landkarten.

Am 11. Dezember, um fünf Uhr morgens, brachte man Geschütze in den Hof des Temple. Der König ließ sich nichts anmerken. Um elf Uhr spielte er mit seinem Sohn Siam, mit Kegeln und einem Kreisel, bis man ihnen das Spiel wegnahm. Um zwölf Uhr mittags kamen der Bürgermeister, der Staatsanwalt und einige andere Mitglieder des Magistrats und brachten Ludwig XVI. zum Nationalkonvent, wo ihn der jakobinische Abgeordnete Bertrand Barère, ein Gegner Dantons, verhörte. Ludwig soll das Verhör beherrscht und Barère durch seine Freundlichkeit mehrfach aus der Fassung gebracht haben. Nach Beendigung des Verhörs verlangte der König eine Abschrift der Anklageschrift und einen Rechtsbeistand. Er muss überrascht gewesen sein, als seiner Bitte um Rechtsbeistand tatsächlich stattgegeben wurde. Die Wahl des Königs fiel auf Chrétien Guillaume de Lamoignon de Malesherbes. Alle anderen Kandidaten hatten aus Angst um ihr Leben abgelehnt. Der Konvent akzeptierte die Wahl des Königs. Malesherbes bestimmte den Advokaten Raymond de Sèze, der der Königin schon in der Halsbandaffäre zur Seite gestanden hatte, als Vertreter vor Gericht.

Bei seinen Besuchen im Temple versuchte Malesherbes immer wieder, dem König Hoffnung zu machen. Die preußischen Truppen würden dem Terrorregime Robespierres ein Ende bereiten, bald werde er wieder auf dem Thron sitzen. Der König war anscheinend nicht beeindruckt. Ein gewaltsam zurückeroberter Thron, sagte er lapidar, sei für ihn wertlos. Sein einziger Wunsch an Malesherbes war, einem Priester namens Pater Edgeworth schnellstmöglich seinen Wunsch zu übermitteln, ihm beizustehen, sobald seine letzte Stunde geschlagen habe. Der König lebte bereits in Erwartung seines nahenden Endes. Er fragte Malesherbes, ob er denn «die weiße Dame» schon gesehen habe. «Die weiße Dame? Wen meinen Sie?», fragte Malesherbes. «Wissen Sie nicht», sagte der König, «dass nach der Volksmeinung, kurz bevor ein Fürst meines Hauses stirbt, eine weißgekleidete Frau im Schloss umherirrt?»

Der König verbot sich, das räumen selbst die missgünstigsten Biographien ein, jeden Anflug von Selbstmitleid. Malesherbes betont in seinen Aufzeichnungen, dass er zwar auf einer ordnungsgemäßen Verteidigung bestand – aber nicht etwa in der Hoffnung, freigesprochen zu werden, oder in dem Glauben, er sei der Nation Rechenschaft schuldig, sondern nur, um vor Gott nicht des Selbstmordes schuldig zu werden.

Im Dezember kam es zu einem letzten Rettungsversuch. Godoy, der Erste Minister des Königs von Spanien, suchte William Pitt den Jüngeren, Englands Premierminister, für die Rettung Ludwigs XVI. zu interessieren. Danton war wieder einmal bereit, sich kaufen zu lassen, um eine Befreiung zu arrangieren. Noël, ein Agent Dantons, traf sich mit Pitt zu Verhandlungen. Danton verlangte vierzigtausend Pfund Sterling. Pitt war das zu teuer.

Am Weihnachtstag 1792 betete Ludwig XVI. lange. Er las Tacitus und schrieb sein Testament. Übrigens ein Dokument von wirklich atemberaubender Großmut. Er verzieh darin ausdrücklich jedem, allen voran seinen Feinden und seinen falschen Freunden, auch seiner Frau («falls sie glaubte, sich etwas vorwerfen zu müssen») – und ganz Frankreich. Und er erbat die Verzeihung aller, die er, «ohne es zu wollen, beleidigt» hatte. Sein Testament gipfelt in den berühmten Worten: «Ich empfehle meinem Sohn, falls er das Unglück haben sollte, König zu werden, daran zu denken, dass er ganz und gar für das Glück seiner Mitbürger arbeiten muss, dass er allen Hass und jedes Rachegefühl vergessen soll, besonders das, was sich auf das Unglück und den Kummer, den ich erleide, bezieht.»

Am 26. Dezember um zehn Uhr morgens wurde er abermals vor den Nationalkonvent zitiert. Raymond de Sèze verteidigte ihn wortgewandt. Er wies darauf hin, dass der ganze Prozess eine Farce sei, dass alle gegen Ludwig XVI. gerichteten Anklagen gegenstandslos seien, zum Schluss rief er: «Hören Sie, was die Geschichte zu seinem Ruhm sagt: Ludwig bestieg den Thron mit zwanzig Jahren, mit zwanzig Jahren gab er ein Beispiel für die Sitten, er brachte auf den Thron keine schuldhafte Schwäche noch verderbliche Leidenschaft mit, er war sparsam, gerecht und erwies sich als beständiger Freund des Volkes – und doch fordert man im Namen dieses Volkes heute …! Bürger, ich beende diesen Satz nicht! Ich mache vor der Geschichte halt. Bedenken Sie, welches Ihr Urteil und welches das Seinige sein wird!» Dann ergriff Ludwig selbst das Wort: «Während ich vielleicht zum letzten Male vor Ihnen spreche, erkläre ich, dass mein Gewissen mir nichts vorwirft und dass meine Verteidiger Ihnen nur die Wahrheit gesagt haben. Ich habe niemals gefürchtet, dass meine Führung öffentlich untersucht werden könnte, aber es zerreißt mir das Herz, in der Anklageschrift die Beschuldigung zu finden, ich hätte das Blut des Volkes vergießen wollen …» Die Abgeordneten waren fassungslos. Der König hatte mit keinem Wort seine Feinde beschuldigt, um sich zu verteidigen. Die Stimmung in der Nationalversammlung kippte. Der Girondist Lanjuinais sprach sich dafür aus, die Anklage zurückzuziehen, Brissot, einer der Anführer der Girondisten, warnte vor der Entrüstung der europäischen Staaten und empfahl die Verbannung Ludwigs in die Vereinigten Staaten, selbst der Jakobiner Louis Robert trat dafür ein, eine Verurteilung aufzuschieben.

Am 28. Dezember hielt Robespierre die alles entscheidende Rede, in der er im Namen der Tugend, «jener

Tugend, die auf der Erde immer in der Minderheit ist», Blut forderte. Die Abgeordneten waren eingeschüchtert. Als Ludwig XVI. den Saal verließ, sagte er zu Malesherbes: «Sind Sie jetzt davon überzeugt, dass mein Tod, schon ehe ich überhaupt gehört worden bin, beschlossene Sache war?» Malesherbes entgegnete empört, dies sei nicht wahr, zahlreiche Abgeordnete hätten ihm versichert: «Er wird nicht umkommen, oder wenigstens erst nach uns.» Ludwig XVI. erwiderte: «Kehren Sie in die Versammlung zurück, versuchen Sie, mit einigen von ihnen zu reden, und sagen Sie, dass ich es ihnen nicht verzeihen würde, wenn auch nur ein einziger weiterer Tropfen Blut meinetwegen vergossen würde.»

Am 14. Januar stimmte die Nationalversammlung ab. Die Abstimmung zog sich über Stunden hin, denn jeder Abgeordnete hatte das Recht zu einer Erklärung. Dreihundertvierunddreißig Abgeordnete stimmten für die weitere Gefangenschaft, sechsundzwanzig für den Aufschub der Hinrichtung und dreihunderteinundsechzig für deren schnellstmögliche Vollstreckung. Die meisten Historiker behaupten, wären die Abgeordneten frei in ihrer Entscheidung gewesen, hätten höchstens hundert für den Tod gestimmt, aber da dank Robespierre ein wütender Mob das Konventsgebäude belagerte, wurde Ludwig XVI. mit nur einer einzigen Stimme Mehrheit zum Tode verurteilt.

Am Abend jenes 14. Januar saß der König zusammengesunken in seinem kargen Turm im Temple. Als Malesherbes ihn besuchte, umarmte ihn der König und bat ihn, Pater Edgeworth herbeizurufen, damit jener ihm das Sterbesakrament spenden könne. Auch bat er um die Liste der

Abgeordneten, die für seinen Tod gestimmt hatten. Als er die Namen sah, seufzte er: «Ich bin sehr betrübt, dass Herr von Orléans, mein Verwandter, für meinen Tod gestimmt hat.» Cléry versuchte ihm Mut zu machen, indem er ihm von einem bevorstehenden Armeeaufstand berichtete. «Das täte mir leid», erwiderte der König, «es gäbe nur neue Opfer.»

In den folgenden Tagen blieben die Besuche von Malesherbes aus. Um sich zu beschäftigen, löste der König Buchstabenrätsel, die Cléry ihm beschafft hatte.

Am 20. Januar um zwei Uhr nachmittags wurde plötzlich die Tür aufgestoßen. Fünfzehn Personen standen vor Ludwig, darunter der Bürgermeister, der Justizminister Garat und verschiedene Beamte des Departements. Der König erhob sich. Garat las den Beschluss des Konvents vor, der ihn der Verschwörung gegen die Freiheit der Nation beschuldigte und ihn zum Tode verurteilte. Der König hörte regungslos zu und bat dann um eine Frist von drei Tagen, um sich auf das «Erscheinen vor Gott vorzubereiten», weiterhin um den Besuch seines Beichtvaters, die Aufhebung der ständigen Bewachung und die Möglichkeit, noch einmal seine Familie zu sehen. Garat versprach, die Gesuche an den Konvent weiterzuleiten.

Beim anschließenden Mittagessen verweigerte man ihm Messer und Gabel, aus Angst, er könne der Vollstreckung seines Urteils zuvorkommen. Der König aß, zum ersten und letzten Mal in seinem Leben, mit den Fingern. Spätabends hörte er wieder Lärm vor seiner Tür. Wieder war es Garat. Der Konvent, verkündete er, genehmige alle seine Ersuche, mit Ausnahme des Aufschubs. Dann meldete er das Eintreffen Pater Edgeworths. Auf ein Zeichen Ludwigs XVI. zogen sich der Minister und sein Gefolge zurück. Ludwig XVI. führte den Priester in das Turmzimmer. Das Gespräch der beiden wurde durch die Meldung unterbrochen, seine Frau und die Kinder seien da. Marie Antoinette soll in einem fort geweint haben, der König selbst soll gefasst gewesen sein und den Dauphin nochmals an seine Pflicht erinnert haben, erstens seinen Henkern zu vergeben und zweitens für sie zu beten. Er zeichnete mit den Daumen ein Kreuzchen auf die Stirnen seiner beiden Kinder und streichelte ihnen über die Haare. Er erlaubte seiner Familie nicht, seine letzte Nacht mit ihm zu verbringen, versprach aber, sie am nächsten Morgen noch einmal zu sehen. Als Marie Antoinette hinausgeführt wurde, fiel sie in Ohnmacht.

Er hatte sich um kurz vor elf Uhr nachts von seiner Familie verabschiedet. Seine letzten Stunden verbrachte er mit dem Priester. «Ach», sagte er zum Pater, «muss es denn sein, dass ich liebe und so zärtlich geliebt werde?» Dann beichtete er. Der Priester schlug vor, eine improvisierte Messe zu lesen. Pater Edgeworth bat die Wachposten um Erlaubnis, dann wurde ein kleiner Holztisch hereingetragen, der als Altar fungierte. Gegen ein Uhr nachts legte sich Ludwig auf seine Pritsche und bat Cléry, ihn um fünf Uhr zu wecken. Er war wach, bevor Cléry kam, und sagte diesem: «Ich habe gut geschlafen. Der gestrige Tag war sehr ermüdend.» Cléry kleidete und frisierte ihn schweigend. Um sechs las der Pater abermals die Messe. Der König hörte sie kniend, kommunizierte und erhielt die Letzte Ölung. Anschließend bat der Diener Cléry den

König, ihn zu segnen. Jener tat es, übergab Cléry ein Siegel für seinen Sohn, einen Ring für die Königin, einen für seine Tochter. Und er bat ihn, seiner Familie zu erklären, dass er sie nicht noch einmal sehen wolle. Er wolle ihnen, erklärte er, die grausame Trennung ersparen.

Von sieben Uhr an wurde immer wieder an die Tür geklopft. Übereifrige Schergen. Um neun Uhr des 21. Januar 1793 erschien Antoine Santerre, der die Bewachung des Königs beaufsichtigte, und sagte die Worte, die in Frankreich jedes Kind kennt: «Monsieur, es ist Zeit zu gehen.» Nicht so bekannt ist des Königs, man würde heute sagen, «coole» Antwort: «Ich habe noch zu tun, warten Sie vor der Tür. Ich stehe Ihnen gleich zur Verfügung.» Santerre muss so verdutzt gewesen sein, dass er widerspruchslos gehorchte. Ludwig XVI. schloss die Tür und kniete vor Pater Edgeworth nieder. «Geben Sie mir Ihren letzten Segen, Pater! Und beten Sie für mich.» Dann nahm er seinen Hut, öffnete die Tür und ging hinaus zu den Wachen, die ihn abführten. Im zweiten Hof des Temple setzte man ihn mit dem Pater und zwei Gendarmen in den Wagen. Auf dem Weg zur Hinrichtungsstätte sprach niemand. Der König las in Edgeworths Brevier. Man hörte den Marschschritt der Soldaten, den Lärm der Trommeln. Nach einer quälend langen Fahrt gelangte der Wagen zur Place Louis XV., die heute Place de la Concorde, also Platz der Eintracht, heißt.

Drei Henker geleiteten den König auf die Plattform, auf der die Guillotine stand. Als sie ihm seine Kleider auszuziehen versuchten, stieß er sie sanft zur Seite. Er bestand darauf, selbst Kragen und Hemd auszuziehen. Man wollte

Paris, 21. Januar 1793: Ludwig XVI. auf dem Weg zum Schafott, an seiner Seite Pater Edgeworth.

ihm die Hände fesseln. «Mich fesseln?», antwortete er erstaunt, «tun Sie, was Ihnen befohlen wurde, aber fesseln Sie mich bitte nicht. Verzichten Sie darauf!» Sie verzichteten nicht. Der Pater, der an seiner Seite stand, flüsterte ihm zu: «Sire, sehen Sie in dieser Schmach nur einen letzten Zug der Ähnlichkeit zwischen Ihrer Majestät und Christus.» Dann sagte der König zu den Henkern: «Machen Sie, was Sie wollen, ich werde den Kelch bis zur Neige trinken.»

Man band ihm die Hände auf dem Rücken zusammen. Das Geschrei der Menge war verstummt. Plötzlich herrschte gespenstische Stille. Er wandte sein Gesicht der Menge zu und rief: «Ich verzeihe den Urhebern meines Todes und bitte Gott, das Blut, das sie vergießen, möge niemals über Frankreich kommen …» Den Rest seiner

Worte verschluckten die Trommeln, denn Santerre hatte augenblicklich Befehl gegeben, die Worte des Königs mit Trommelwirbel zu übertönen. In Eile befestigten die Henker den König auf dem Brett, das Beil fiel, sie kippten das Brett, der Kopf Ludwigs XVI. fiel in den Korb. Stille. Unheimliche Stille. Mehrere Männer und Frauen stürzten herbei, um ihre Taschentücher in sein Blut zu tauchen, das ungewöhnlich weit gespritzt war. Dann plötzlich brach Jubel los. Von nun an war das französische Königtum Geschichte.

Marie Antoinette wurde am 16. Oktober desselben Jahres an gleicher Stelle geköpft. Angeblich war sie bis zuletzt ausgesprochen höflich. Als sie ihrem Henker versehentlich auf die Füße trat, soll sie gesagt haben: «Ich bitte vielmals um Entschuldigung, Monsieur.» Der Dauphin wurde nach der Hinrichtung seiner Mutter aus dem Temple entlassen, er sollte zu einem «Bürger» umerzogen werden, man schickte ihn also zum Schuster Antoine Simon, einem zuverlässigen Jakobiner, in die Lehre. Nachdem der Schuster ebenfalls auf der Guillotine hingerichtet worden war – angeblich hatte er sich des Royalismus verdächtig gemacht –, wurde der inzwischen sieben Jahre alte Louis Charles de Bourbon ins Temple-Gefängnis zurückgebracht, wo er zwei Jahre später, verwahrlost und misshandelt, an Tuberkulose starb. Nur Marie Thérèse Charlotte überlebte die Gefangenschaft. Sie wurde drei Jahre nach dem Tod ihrer Eltern vom Wiener Hof freigekauft.

Der Leichnam Ludwigs XVI., bekleidet mit einer weißen Pikeeweste, einer Kniehose aus grauer Seide und weißen Strümpfen, wurde in einem offenen Holzsarg, den

Kopf zwischen seine Beine gelegt, zum nahe gelegenen ehemaligen Friedhof der Pfarrei in der Rue d'Anjou geschafft und dort verscharrt. Das geschah am 21. Januar 1793. Am 16. Oktober wurde Marie Antoinette zum selben Friedhof gebracht. Der Rechtsanwalt Pierre-Louis Olivier Desclozeaux, dessen Haus an den Friedhof grenzte, kaufte später die Parzelle Land und markierte den Ort, an dem der König und die Königin lagen, mit zwei Trauerweiden. Heute steht dort die Chapelle expiatoire, die Sühnekapelle. Der neoklassizistische Bau ist die bedeutendste Wallfahrtsstätte der französischen Royalisten. Der Altar im Kellergeschoss der Kapelle, auf dem das Relief einer Dornenkrone prangt, markiert den exakten Ort der ehemaligen Grabstätte Ludwigs. Ehemalig, weil die spärlichen Überreste Ludwigs und Marie Antoinettes am 21. Januar 1815 exhumiert und nach Saint-Denis überführt wurden.

Konnte – archaisch gedacht – ein Königtum von der Erhabenheit des französischen überhaupt nur ausgelöscht werden, indem dieser geradezu rituelle Königsmord vollzogen wurde? Irgendwie ist es jedenfalls schwer vorstellbar, dass ein Ludwig XVI. nach Abschaffung der Monarchie seinen Koffer gepackt und irgendwo im Ausland in Pension gegangen wäre. Die Glorie, die heute vom französischen Staatswesen ausgeht, hat eben auch damit zu tun, dass sich auf einem epochalen Vatermord, wie ihn die Franzosen wagten, eine ganz andere Staatlichkeit mit einem ganz eigenen Nationalstolz errichten ließ. Das republikanische Selbstverständnis Frankreichs beruht letztlich wohl auch darauf, dass die Abschaffung der Monarchie ein Akt prometheushaften Mutes war. Die französischen Revolutionäre haben die Größe und den Glanz der französischen Monarchie ja nie geleugnet. Sie wussten, dass sie nicht irgendeine gekrönte Operettenfigur umbrachten, als sie Ludwig XVI. köpften, sondern einen Monarchen, der die Hochform des Monarchischen schlechthin repräsentierte, eine Figur von olympischer Größe. Tatsächlich verstand sich die Revolution als junger Zeus, der einen alten Kronos vom Olymp stürzte – und so wie Zeus der Erbe Kronos' war, beansprucht auch die französische Republik für sich, Erbin des französischen Königtums zu sein. Versailles wird in den französischen Fremdenführern nicht als Trutzburg eines feudalen Tyrannen verunglimpft, sondern als Nationaldenkmal geehrt, das für die Größe und die Glorie Frankreichs steht. Betrachtet man die republikanischen Rituale, etwa dass am Nationalfeiertag, dem 14. Juli, der Präsident der Republik die Militärparade ausdrücklich an jenem Platz abnimmt, an dem Ludwig XVI. geköpft wurde, wird einem klar, dass das Königtum in Frankreich in mancherlei Hinsicht lebendiger ist als in so manchen noch bestehenden Monarchien.

Als abgesetzter König Würde zu bewahren ist sehr schwierig. Das zeigt das Beispiel Wilhelms II. jedenfalls deutlich. Bevor der Zug mit seinem Salonwagen Deutschland verlassen konnte, wurde er einen quälenden halben Tag lang an der holländischen Grenze aufgehalten, während die Regierung in Den Haag nach einem passenden Aufenthaltsort für ihn suchte. In der Wartezeit, es war der Grenzübergang Eijsden, vertrat sich der Kaiser ein wenig die Beine,

«Mir san die lustigen Holzhacker-Buam.» Als Monarch tut man sich meist keinen Gefallen, wenn man eine Revolution überlebt. Wilhelm II. machte im holländischen Exil keine wirklich gute Figur.

ging auf einen holländischen Wachsoldaten zu, der für seinen Geschmack ein wenig zu bequem an seinem Posten herumlungerte, stieß ihn an und meinte: «Nehmen Sie Haltung an, Mann, ich bin der deutsche Kaiser.» Erst als die hektisch herumtelefonierenden Beamten in Den Haag endlich jemanden gefunden hatten, nämlich Graf Godard Bentinck, der bereit war, den Kaiser «für höchstens drei Tage» auf seinem Landsitz in Amerongen aufzunehmen, durfte der Zug weiterfahren. Bei Bentinck angekommen, rieb sich Wilhelm II. die Hände und verlangte nach einer «anständigen Tasse Tee». Er soll sich als recht anspruchsvoller Gast gezeigt haben. Aus den drei Tagen wurden, zum wachsenden Unbehagen des Grafen Bentinck, glatte siebzehn Monate.

Immerhin hatte die neugegründete deutsche Republik dem Kaiser einen Teil seines Vermögens belassen, so war es ihm möglich, im Frühling 1920 den Kaufvertrag für seinen Ruhesitz Doorn zu unterschreiben. Der Kaiser in Doorn wurde zu einer Touristenattraktion. Vom Kaffeehaus des Herrn van Harten, das an den vierundzwanzig Hektar großen Besitz grenzte, hatte man einen vorzüglichen Blick in den Garten des ehemaligen Kaisers. Herr van Harten verlangte umgerechnet fünfzig Cent für einen Terrassenplatz. Nicht wenige Gäste sollen sich über diesen Wucher beschwert haben, denn Sensationelleres als ein holzhackender alter Mann war ja nicht geboten. Wilhelm II. lebte noch zwanzig Jahre in Doorn, bevor er am Morgen des 4. Juni 1941 an einer Lungenembolie starb.

Da es, nach Helmut Kohl, ja die «Gnade der späten Geburt» gibt, muss man im Fall Wilhelms II. von der Ungnade des späten Todes sprechen. Zu seinem Nachruhm hat jedenfalls nicht beigetragen, dass er Hitler nach dem Sieg der Wehrmacht über Frankreich ein Glückwunschtelegramm schickte («Unter dem tiefergreifenden Eindruck der Waffenstreckung Frankreichs beglückwünsche ich Sie ...»). Allerdings hatte er sich angeblich nach den antijüdischen Pogromen im November 1938 empört gezeigt, was allerdings weitestgehend zwischen die Zeilen der Geschichtsschreibung gerutscht ist. Zumindest seine Beerdigung muss ziemlich würdevoll gewesen sein (obwohl eine Kapelle der Wehrmacht den letzten Zapfenstreich spielte). Der von ihm selbst gewählte Grabspruch ist jedenfalls grandios: «Lobet mich nicht, denn ich bedarf keines Lobes; rühmet mich nicht, denn ich bedarf keines Ruhmes; richtet mich nicht, denn ich werde gerichtet werden.»

Auch das Ende des letzten Habsburg-Kaisers war recht kümmerlich, setzt man es ins Verhältnis zu Ruhm und Größe des k.u.k. Reiches. Als ich Otto von Habsburg, den Sohn jenes Karl von Österreich, in seiner Villa in Pöcking am Starnberger See besuchte, erzählte er mir, wie er mit seinen Eltern in Schloss Schönbrunn das Ende des Habsburgerreiches erlebt hat. Im November 1918, sobald es brenzlig wurde, hatten sich die Offiziere der Leibgarde, die ihren Eid auf die Familie geschworen hatten, allesamt davongemacht. «Nur ein paar wackere bosniakische Wachsoldaten blieben bis zuletzt. Alle anderen sind davongelaufen. Darunter auch der Adjutant meines Vaters, ein gewisser Prinz Zdenko Lobkowicz.» Auch von den vielen Hofschranzen, den zahlreichen Onkeln, Vettern und Cousinen, war in Schönbrunn, als es nichts mehr zu feiern gab, plötzlich weit und breit niemand mehr zu sehen. Man erzählte Otto später, Graf Josef Hunyady, der ungarische Kammerdiener, habe sich damals seinem Kaiser genähert, die korrekte Haltung zur offiziellen Berichterstattung eingenommen und steif gesagt: «Melde gehorsamst: Eure Majestät haben eine Scheißfamilie.»

Otto von Habsburg war damals sechs Jahre alt. Nach dem Ende der «alten Weltordnung» musste er mit ansehen, wie seine Familie die Jahre nach ihrer Absetzung als zwischen den Großmächten hin und her geschobenes historisches Strandgut verbrachte. Der erste von etlichen Zufluchtsorten war ein Jagdschloss auf österreichischem Boden, bis die kaiserliche Familie in einen Zug gesetzt und in die Schweiz abgeschoben wurde, wo man mehrfach zum Ortswechsel gezwungen war – und schließlich lebte man auf der portugiesischen Insel Madeira. Dort starb Kaiser Karl 1922 bettelarm und gesundheitlich vernachlässigt in einer von einem gutmütigen Portugiesen zur Verfügung gestellten Villa. Die Zustände in der hoch über der Bucht liegenden Quinta do Monte sind uns durch Briefe einer alten Magd, die unentgeltlich für die verarmte kaiserliche Familie arbeitete, überliefert: «Es gibt kein elektrisches Licht, Wasser nur im ersten Stock und unten in der Küche (...) Unser einziges Brennmaterial ist grünes, feuchtes Holz, das fürchterlich raucht. Wir waschen nur mit kaltem Wasser. Die Wäsche wird hier nie ausgekocht, so wie zu Hause. Das soll hier die Sonne übernehmen, es ist eine tropische Sonne – wenn sie denn scheint. Leider hatten wir bis jetzt nur wenig Sonnenschein; oft schauen wir neidisch nach Funchal hinunter, wo die Sonne immer scheint. Das Haus ist so feucht, dass alles nach Schimmel riecht.» In einem weiteren Brief schreibt sie: «Wenn wir nur jemanden kennen würden, der Einfluss auf die Entente hätte, damit sich Ihre Majestäten ein anständiges Haus mieten könnten. Ihren Majestäten sollte ausreichend Geld zur Verfügung gestellt werden, um sich ein annehmbares Leben sichern zu können (...) Was uns allen am schlimmsten erscheint, ist, dass die Kaiserin im Mai ein Kind erwartet und sie sich weder eine Hebamme noch einen Arzt leisten können (...) Wir geben unser Bestes, um mit der schrecklichen Situation fertig zu werden. Manchmal fühlen wir uns ziemlich niedergeschlagen und deprimiert, aber wenn wir sehen, wie geduldig Ihre Majestäten all diese Missstände ertragen, dann machen wir mit neuem Mut weiter.»

Der letzte österreichische Kaiser war nicht der einzige ehemalige Monarch, der in Portugal gestrandet war. In den zwanziger Jahren entwickelte sich Portugal regelrecht zu einem Sammelbecken für abgesetzte Könige. Das Küstenstädtchen Estoril galt als Kolonie ehemaliger Monarchen. Die wenigsten machten hier eine gute Figur. Sie ließen sich von irgendwelchen reichen Gönnern aushalten und vertrieben sich ihre Zeit damit, sich auf Cocktailpartys von älteren amerikanischen Millionärsgattinnen als Attraktionen bestaunen zu lassen und Geschichten aus der guten alten Zeit zu erzählen. Andere wiederum, wie Faruk, der vertriebene König von Ägypten, trieben sich lieber an der Côte d'Azur herum und verspielten den letzten Rest ihres im Ausland geparkten Vermögens an Roulettetischen. Faruks Schwester, Prinzessin Fathia, hatte ein noch tristeres Schicksal. Fathia arbeitete erst als Putzfrau und heiratete schließlich den Angestellten einer Tankstelle, der sie später in einem Motel in Los Angeles erschoss.

Das französische Königtum setzte eben nicht nur mit seiner Existenz, sondern auch mit seinem Abtreten Maßstäbe.

Und wenn sie nicht gestorben sind ...

*E*s war spät in der Nacht. Bis auf die Wärter, die still ihre Runden drehten, schliefen alle im alten Königspalast von Kathmandu. Nur in einem Raum brannte noch Licht. Darin saßen zwei Gestalten über ein Spielbrett gebeugt. Eine der beiden war eine wunderschöne junge Frau. Ihre Schönheit war nicht die eines normalen Sterblichen, sondern eine geradezu übermenschliche, göttliche Schönheit. Sie verstand es sehr geschickt, acht ihrer zehn Arme zu verbergen. Genau in der Mitte ihrer Stirn hatte sie ein drittes Auge. Der König saß ihr in vollem Ornat gegenüber, auf dem Kopf trug er seine mit Yakhaar und Pfauenfedern geschmückte Krone, denn die Frau, mit der er spielte, war Taleju, auch Kali genannt, die zornvolle Manifestation der Göttin Durga, der Göttin der Vollkommenheit, der Weisheit und des Wissens, die in Nepal als Patronin des Königshauses gilt.

Die Göttin hatte eine Schwäche für den König, dessen Dynastie seit über fünfhundert Jahren nun über das Kathmandu-Tal am Fuße des Himalaya herrschte. König Jaya Prakash aus dem ehrwürdigen Hause der Malla war ein weiser und gerechter König, und deshalb gefiel es Taleju, in gewissen, nur ihr und dem König bekannten Abständen nachts in den Palast zu kommen, um mit dem König ein Würfelspiel zu spielen und ihm damit die Gelegenheit zu geben, von ihrer Weisheit zu lernen. Die Art, wie die beiden während ihres Spiels miteinander sprachen, hatte – trotz der ganz offensichtlichen Hochachtung des Königs – etwas sehr Vertrautes. Sie unterhielten sich wie zwei Menschen, die sich seit Jahrzehnten kennen und achten.

«Wie soll ich nur mit den aufrührerischen Stammesoberen von Lalipur umgehen? Und was ist mit diesem fürchterlichen Gurkha-Fürsten, der mit seinen Armeen immer näher rückt?», seufzte der König.

«Was die Ersteren betrifft», flüsterte Taleju und hielt kurz inne, um zu würfeln, «rate ich Euch zu Großmut. Die Pradhanen von Lalipur bedeuten keine Gefahr für Euch! Ihr müsst sie mit Eurer Güte und Eurem Geschick auf Eure Seite ziehen, dann werden sie keine Feinde, sondern Eure treuesten Verbündeten sein. Was den Gurkha-Fürsten angeht hingegen …» Taleju sprach nicht weiter. Denn plötzlich fiel ihr auf, dass der König sie auf eine ungewohnte Weise ansah. Sie hatte schon die letzten Male vermutet, dass sich etwas in seinen Blick geschlichen hatte. Doch diesmal sah sie es ganz deutlich. Der König hatte Begierde in seinen Augen.

«Wie könnt Ihr es wagen …», entfuhr es ihr. Ihr Gesicht verlor trotz ihrer Wut nichts von seiner Schönheit, aber plötzlich waren drei weitere, furchteinflößende Gesichter zu sehen. Sie erhob sich und breitete dabei drohend ihre zehn Arme aus, in denen sie bluttriefende Waffen hielt.

An ihrer Hüfte sah man jetzt auch den Gürtel, an dem die abgetrennten Menschenköpfe baumelten. Der Löwe, der bis dahin neben ihr geruht hatte, stand jetzt drohend neben ihr. «Ich dulde nicht, dass ein Mensch mich auf diese Weise betrachtet! Ihr werdet bitter bereuen! Dies ist das letzte Mal, dass Ihr mich erblickt habt! Seht, was Ihr mit Eurer schwachen, menschlichen Gier angerichtet habt: Ich werde nie mehr wiederkommen!»

Der König fiel auf die Knie, er bettelte um Vergebung: «Bitte tut mir das nicht an! Wie soll ich denn mein Königreich ohne Eure Ratschläge regieren?»

«Ihr werdet es nicht können, Eure Regentschaft wird nur noch von kurzer Dauer sein, und Eure Dynastie wird schon bald zugrunde gehen!», rief Taleju, bevor sie auf ihrem Löwen in die Nacht davonritt.

Der König wusste, dass er einen schweren Fehler begangen hatte. Ausgerechnet jetzt, in der schwersten Krise seiner Regentschaft, hatte er Taleju verärgert. Fast das ganze Tal von Kathmandu befand sich bereits in der Macht jenes Fürsten aus dem Westen des Landes, gegen dessen furchtlose und gutorganisierte Gurkha-Soldaten jeder Widerstand zwecklos schien. Die nächsten Tage verbrachte der König fast nur im Tempel, sämtliche Brahmanen seines Hofes mussten ununterbrochen im großen Durga-Tempel Opfer bringen – bis, eines Nachts, dem König die Göttin doch noch einmal erschien. Aber nur im Traum. «Wenn Ihr mich wiedersehen wollt», sagte sie zum König, «dann müsst Ihr ein jungfräuliches Mädchen aus der Kaste der Shakya finden. Sucht an ihr die zweiunddreißig Zeichen der Reinheit, wenn Ihr sie findet, wird dies das Mädchen sein, in deren Gestalt ich Euch künftig erscheinen werde. Betet sie an, so wie Ihr mich anbetet!»

Der König tat, wie Taleju ihm befohlen hatte. Seine Priester machten sich auf die Suche nach einem jungen Mädchen, das der Goldschmiede-Kaste angehörte und die zweiunddreißig Zeichen der Reinheit trug, und als das Mädchen, das Taleju ihnen beschrieben hatte, gefunden war, nahmen sie es in den Palast auf und verehrten es als lebende Gottheit. Noch bevor das Mädchen aber in das Alter kam, in dem sie das erste Mal blutete, wurde von den Priestern ein neues Mädchen aus der Kaste der Shakya gewählt, das die zweiunddreißig Zeichen der Makellosigkeit trug, denn nach Auffassung der hinduistischen Priester Nepals kann sich Taleju nur in einem Mädchen manifestieren, das vollkommen rein und unschuldig ist.

So blieb es über viele Jahrhunderte. Dem König aber, der diesen Brauch eingeführt hatte, geschah das, was Taleju ihm vorausgesagt hatte: Seine Dynastie, die Dynastie der Malla, ging zugrunde. Aber keiner der folgenden Könige wagte, mit dem von ihm eingeführten Brauch zu brechen. Man baute der Kumari, wie die Bevölkerung Kathmandus die lebende Gottheit nennt, einen Palast und hielt sich auch an den Brauch, einmal im Jahr die menschgewordene Göttin mit einem großen, acht Tage dauernden Fest, dem Indra Jutra, zu ehren. Der Höhepunkt des Indra Jutra ist die Prozession des Königs, bei der er mitsamt seinem Hofstaat zur Kumari zieht. Die Zeremonie, die sich im Innersten des Taleju-Tempels vollzieht, ist streng geheim. Nur so viel ist bekannt: Die Kumari ist der einzige Mensch, vor dem der König von Nepal sich verneigt. Der König muss etwa eine halbe Stunde lang eine exakt vorgeschriebene Puja, ein Anbetungsritual, vollziehen, bei dem er in Sprechgesang nur ihm und seinen Priestern bekannte Mantras beten und Mudras, rituelle Handgesten, vollziehen muss, dabei haben seine Hände verdeckt zu sein, weil die menschliche Seite der Kumari die Mudras nicht sehen darf. Dann offeriert er ihr ein heiliges rotes Pulver, Reis und Blüten. Auf dem Höhepunkt der Zeremonie händigt die Kumari dem König ein Schwert aus und zeichnet ihm ein safranfarbenes Zeichen auf die Stirn, das Zeichen ihres Segens für ein weiteres Jahr seiner Herrschaft.

Bis heute ist für die Menschen in Kathmandu das Indra-Jutra-Fest Anfang September der Höhepunkt im jährlichen hinduistischen Festkreislauf. Es ist ein Fest von einer unfassbaren Farbenpracht und dionysischen Ausgelassenheit. Ein alter Hippie, der vor dreißig Jahren hier in Kathmandu hängengeblieben ist, sagte mir: «Indra Jutra ist die einzige Möglichkeit, einen LSD-Trip zu erleben, ohne LSD zu nehmen.»

Im Jahr 2007 muss das Indra-Jutra-Fest allerdings eher ein Horrortrip gewesen sein. Sintflutartiger Regen, Polizisten, die mit Gummiknüppeln auf hinduistische Mönche einschlugen. Die Mönche hatten versucht, den Triumphwagen aufzuhalten. Im Wagen saß nämlich anstelle des Königs der Premierminister. Da jener sich gemäß der nun geltenden Verfassung als neues Staatsoberhaupt betrachtete, beanspruchte er auch den Segen der Kumari für sich. Die Kumari weigerte sich jedoch, den Premierminister zu empfangen. Ein Eklat. Sie hatte nach dem König verlangt, doch dem war untersagt worden, sie aufzusuchen.

Dieses Foto erschien am Tag nach dem Sturz der nepalesischen Monarchie am 29. Mai 2008 auf der Titelseite der Himalayan Times. *Der Mann, der so enthusiastisch die rote Fahne schwingt, ist, nehme ich an, gar kein Nepali, sondern ein Juso aus Mönchengladbach. Im Hintergrund: der Palast.*

Knapp neun Monate später wurde Gyanendra formell abgesetzt. Die neugewählte Verfassungsversammlung bestätigte mit diesem Akt den Artikel 1 der seit etwas über einem Jahr geltenden Übergangsverfassung. Seit dem 29. Mai 2008 ist Nepal eine Republik.

Nicht oft hat man als Journalist Gelegenheit, eine Revolution zu erleben. Also bin ich im Mai 2008 nach Nepal gereist, um im Auftrag von *Vanity Fair* zu beobachten, wie eine der ältesten Monarchien der Welt stürzt.

Meinen Besuch in Nepal kann ich ohne Übertreibung als historisch bezeichnen. Die Maoisten hatten – unter recht dubiosen Umständen – die Wahlen zur Verfassungsversammlung gewonnen, die Ausrufung der Republik stand unmittelbar bevor, mit jedem Tag überboten sich die obersten Kader der maoistischen Partei mit neuen Drohungen gegen den König. Der Maoistenführer Prachanda, den zu treffen ich ebenfalls das zweifelhafte Vergnügen hatte, sagte jedem, der ihm ein Mikrophon entgegenhielt, es wäre besser, Gyanendra würde den Palast «freiwillig» räumen, sonst könne es ihm so gehen «wie dem französischen König 1793».

Die maoistische Führung hatte eine Generalmobilmachung ihrer Kader veranlasst. Täglich strömten aus allen Landesteilen neue Schlägertrupps nach Kathmandu. Dem Augenschein nach waren sie scharf darauf, ihre Kampferprobtheit unter Beweis zu stellen. Vor dem Narayanhiti-Palast standen Panzerfahrzeuge. Von Tag zu Tag wurde die Zahl der Menschen, die sich vor den schwerbewachten Toren des Palastes einfanden, um dort gegen den König zu demonstrieren, größer. Viele waren bewaffnet, überall sah man rote Fahnen mit Hammer und Sichel.

Würde der Gründungsakt der Republik Nepal ein Blutbad werden? Bei einem Termin beim Polizeichef von Kathmandu erkundigte ich mich nach den Sicherheitsvorkehrungen im Königspalast. Die Erkenntnis: Was immer die Maoisten planten, es würde nicht leicht sein, den Narayanhiti-Palast einzunehmen.

Wie es mir gelang, eine Audienz beim König zu bekommen, ist mir bis heute ein Rätsel. Ich nehme an, es ist hilfreich gewesen, dass ich in meinen diversen Schreiben und E-Mails an Adjutanten und Vertraute immer wieder meinen Familienhintergrund ins Spiel brachte; auch dass ich für *Vanity Fair* in Nepal recherchierte, eine Zeitschrift, die auch auf dem Dach der Welt einen guten Klang hat, war hilfreich.

Unmittelbar vor meiner Fahrt zum Palast hatte ich einen Termin mit dem ehemaligen Innenminister wahrgenommen. Seltsamerweise war ich, obwohl das umständlich und zeitlich viel zu knapp war, von dessen Büro noch zurück ins Dwarika, mein Hotel, gerast, hatte mich noch einmal geduscht und umgezogen. Frisch gebügelter dunkelblauer Anzug, blitzeblankes weißes Hemd, rot-blaue Hermès-Krawatte. Ich nehme an, dass das so eine Art rituelle Waschung war. Für einen Premierminister oder Präsidenten hätte ich diesen Aufwand jedenfalls nicht betrieben. Wochen später erfuhr ich übrigens, dass der Chauffeur des Dwarika-Hotels, der mich zum Palast gefahren hatte, nach

Kurz vor seinem Sturz im Mai 2008 interviewte ich König Gyanendra von Nepal, den letzten Hindu-König. Die Atmoshäre im Palast war gespenstisch, der König wirkte erstaunlich gelassen.

meiner Abreise verhaftet und acht Stunden lang von maoistischen Milizen verhört worden war.

Als ich in einem der Vorzimmer im Privattrakt des Königs angekommen war und darauf wartete, vorgelassen zu werden, klopfte mein Herz so stark, dass es fast wehtat. Das Vorzimmer wirkte nicht so richtig palastartig, eher wie die etwas zu klein geratene Lobby eines Londoner Vier-Sterne-Hotels, deren Besitzer seit dreißig Jahren jede Modernisierung für überflüssig halten. Die Atmosphäre im Palast war gespenstisch. Ich bekam kaum Personal zu Gesicht, und die, die ich sah, hatten Angst im Blick.

Irgendwann kam der Adjutant des Königs, Brigadegeneral Binoj Basnyat, in das Vorzimmer, in dem ich wartete. Er meldete, dass es nun jeden Moment so weit sei, Seine Majestät mich gleich empfangen werde. Blieb also noch Zeit, um das Gemälde im Wartezimmer zu betrachten. Das Motiv: die Schlacht von Sindhuli 1767.

Dann ging die Tür auf. Ich stand vor einem freundlichen Herrn, so Mitte, Ende fünfzig. Er trägt eine Art Pyjama, darüber eine Weste. Mit leiser Stimme bittet er mich, Platz zu nehmen. Dieser zuvorkommende Gentleman mit Oxford-Akzent soll der gefürchtete König Gyanendra sein? Der Mann, der im Westen als Inbegriff eines schlimmen Autokraten gilt? Der 2001 nach einem bis heute nicht wirklich geklärten Massaker im Palast an die Macht kam? Der in Nepal die Demokratie abschaffte und unliebsame Politiker einsperren ließ, bis ihn der Druck der Straße zwang, seine Maßnahmen rückgängig zu machen?

Bevor ich mein Gespräch mit König Gyanendra wiedergebe, ist es wahrscheinlich ratsam, wenigstens den Versuch zu unternehmen, den Abstieg des nepalesischen Königshauses zu umreißen. Wie konnte es in einem Land wie Nepal, in dem der König als göttliche Teil-Reinkarnation in Ehren gehalten wird, überhaupt so weit kommen? Immerhin haben wir es mit einer Region zu tun, in der es – mit wechselnden Herrscherdynastien – seit über viertausend Jahren eine ununterbrochene Reihe von Königen gab.

Viele in Nepal glauben an einen Fluch. Die nepalesische Monarchie ist so alt, dass sich Geschichte und Mythologie verwischen. Die allerersten Könige, von denen die Chroniken erzählen, stammten aus der Dynastie der

Gopala und der Mahisapala, sie teilten sich die Macht im Kathmandu-Tal. Beide Dynastien hatten illustre Vorfahren. Die Gopala stammten von Mutter Mond ab, die Mahisapala von niemand Geringerem als der Sonne. Vereint wurde die Region, die man heute Nepal nennt, unter Prithvi Narayan Shah, der sich mit seinen Soldaten Mitte des 18. Jahrhunderts aus der Gurkha-Region westlich von Kathmandu aufmachte und fast die gesamte Region südlich des Himalaya mit seinen Dutzenden kleinen Fürsten- und Königtümern unterwarf. Als er gerade zum entscheidenden Schlag gegen das reichste und mächtigste der Königreiche, das von der alten Malla-Dynastie beherrschte Kathmandu, ausholte, soll es zu einer verhängnisvollen Begegnung gekommen sein. Auf dem Weg nach Kathmandu, so die Überlieferung, begegnete ihm ein Yogi. Der König erkannte ihn als heiligen Mann und offerierte ihm, wie es sich gehört, etwas geronnene Milch. Der Yogi spuckte die Milch auf seine Handflächen – und forderte den König auf, die ausgespiene Milch zu trinken. Als der König dies verächtlich ablehnte, wurde der heilige Mann zornig, offenbarte ihm, dass er von Shiva gesandt sei, um seinen Stolz auf die Probe zu stellen, und verfluchte ihn. Aus Dank für die Milch, sagte er ihm, werde ihm Shiva erlauben, das Tal einzunehmen und die Herrschaft der Malla-Dynastie zu beenden, aus Strafe für seinen Hochmut aber werde die von ihm gegründete neue Königsdynastie nur zehn Generationen Bestand haben. Eine Generation für jede seiner milchverschmierten Hände.

König Birendra, der mitsamt seiner Familie am 1. Juni 2001 von seinem eigenen Sohn ermordet wurde, war die

Nummer zehn in der Reihe der Könige der Shah-Dynastie. König Gyanendra, sein Bruder, war die Nummer elf. Man mag von Prophezeiungen halten, was man will, die Legende handelt von einem alten und in allen Zeiten akuten Problem: dem Hochmut der Herrschenden und deren unausweichlichem Fall. Dass König Gyanendra Opfer seiner Arroganz und Selbstüberschätzung wurde, sagen nicht nur seine politischen Feinde. Das Erste, was Gyanendra tat, als er nach dem Tod seines Bruders im Juni 2001 an die Macht kam, war, die Bevölkerung zu belügen. In einer Radioansprache versuchte er die wahren Hintergründe des Palastmassakers zu verschleiern. Er verkündete, bei einer Schnellfeuerwaffe hätten sich «versehentlich Schüsse gelöst», der König, die Königin, der Kronprinz, sein Bruder und seine Schwester seien «schwer verletzt». Nicht nur waren da – bis auf den im Koma liegenden Kronprinzen – alle Erwähnten bereits tot, es gab fast niemanden in Nepal, der zu diesem Zeitpunkt nicht gehört hätte, was wirklich geschehen war: Kronprinz Dipendra, neunundzwanzig Jahre alt, ehemaliger Eton-Schüler, ein Freund von Prinz William, ein halluzinogenen Drogen nicht abgeneigter, aber sonst nicht sonderlich auffälliger junger Mann, war an jenem Sommerabend – verkleidet in Kampfuniform und bewaffnet mit einer MP5 von Heckler & Koch, einem M-16-Sturmgewehr und einer 9-Millimeter-Pistole – ins Billardzimmer des königlichen Palastes marschiert und hatte seine gesamte Familie – Vater, Mutter, Geschwister – massakriert. Bis auf seine Tante Chester, seinen Vetter Prinz Paras, den heutigen Kronprinzen, die auf rätselhafte Weise das Gemetzel unverletzt überlebt hatten, und dessen Vater,

Prinz Gyanendra, der nicht anwesend war, löschte er auf einen Schlag die gesamte nepalesische Königsfamilie aus.

Die Maoisten, die damals vor allem Dörfer in entlegenen Regionen mit Schutzgelderpressungen terrorisierten, nutzten das Chaos nach dem Massaker, um ihre Terrorkampagnen und gewaltsamen Rekrutierungen zu intensivieren. Damals, 2001, begann der eigentliche Aufstieg der Maoisten.

Und Gyanendra leistete sich einen politischen Fehltritt nach dem anderen. Er brachte ganz Nepal gegen sich auf, als er den Premierminister absetzte und die parlamentarische Demokratie suspendierte. Sein Vorgänger, König Birendra, wurde von der Bevölkerung geliebt und von seinen politischen Gegnern respektiert. Gyanendra hingegen war binnen weniger Monate das Kunststück gelungen, bei der Bevölkerung gefürchtet, in royalistischen Kreisen unbeliebt und bei seinen Gegnern verhasst zu sein.

Das Interview, das ich wenige Tage vor seiner formellen Absetzung mit dem König führte, war das bei weitem kurioseste, das ich je erlebt habe. Er schien auf eine fast unheimliche Weise gelassen zu sein, während um ihn herum alle verängstigt wirkten.

Ich sagte ihm, dass ich gar nicht beabsichtige, ein Interview zu führen, da ich dies bei einer Inkarnation Vishnus als unpassend empfände. Dieser Akt vorauseilender Selbstentwaffnung erleichterte den König derart, dass er anfing, in völliger Offenheit über seine Lage zu sprechen – und mir ausdrücklich erlaubte, ihn zu zitieren. Er sprach sogar über Gefühle. Das ist bei Royals selbst in weniger brenzligen Situationen eher ungewöhnlich.

«Ich bin sehr traurig», sagte er mir mit leiser Stimme, «ich glaube, die Leute machen es sich ein wenig zu einfach, indem sie mich zum Sündenbock stempeln.» Besonders enttäuscht sei er von «unseren südlichen Nachbarn» (Indien), die offenbar ein Interesse daran hätten, ihn als Garanten der Souveränität Nepals loszuwerden, womöglich mit dem Hintergedanken, eines Tages Nepal zu vereinnahmen, so wie es mit der ehemals souveränen Monarchie Sikkim geschehen sei.

Am Tag meiner Audienz kursierte in Kathmandu das Gerücht, womöglich könne ein Referendum in letzter Minute die Monarchie retten. Ich fragte ihn, ob er etwas unternehme, um den Fortbestand der Monarchie zu retten. Er blickte mit der gütigen Miene einer heiligen Kuh geradewegs durch mich hindurch und sagte: «Das ist nicht meine Aufgabe. Meine Bestimmung besteht einzig und allein im Sein. Was mit mir geschieht, liegt nicht in meiner Hand.» Als ich das «Referendum» erwähnte, winkte er ab: «Das würde das Land spalten. Selbst wenn ich die Abstimmung gewänne, sagen wir mit sechzig Prozent der Stimmen, wie wäre dann meine Position gegenüber den vierzig Prozent, die gegen mich gestimmt hätten? Das ist doch absurd.» Das Wort «absurd» sprach er in diesem wunderschönen, etwas nasalen Oxford-Englisch aus – äbsööörd. Etwas vorwitzig warf ich ein, dass ich völlig seiner Meinung sei, dass sich ein König eher köpfen lassen müsse, als sich einer Volksabstimmung zu stellen. Er lächelte.

Dann fragte ich ihn, ob er je an Flucht gedacht habe. «Keine Sekunde.» Er werde bleiben, egal, was geschehe. Eine Flucht sei doch jämmerlich! Denke er manchmal über die Fehler nach, die er begangen habe? «Ja. Oft. Ich hätte damals den Premierminister nicht einfach absetzen sollen, ohne das Verfassungsgericht einzuschalten. Später gab es mir zwar recht, aber da stand ich bereits als Willkürherrscher da. Es wäre auch besser gewesen, ich hätte unsere Freunde im Ausland über meine Absichten ins Bild gesetzt. Ich habe ja nie die parlamentarische Demokratie abgeschafft, wie das oft dargestellt wurde, ich habe sie vorübergehend suspendiert, weil die Politiker so sehr mit ihren Machtspielen beschäftigt waren, dass sie darüber ganz vergaßen, das Land zu regieren.»

Und dann sagte er noch etwas Bemerkenswertes. Er sagte, dass er ein anderes Leben geführt hätte, wenn er geahnt hätte, dass er eines Tages die Bürde dieses Amtes würde tragen müssen. «Vielleicht hätte ich mehr Kinder in die Welt gesetzt? Vielleicht hätte ich auch meinen Sohn anders erzogen?» Sein Sohn, Kronprinz Paras, muss man wissen, ist in Kathmandu keine unumstrittene Figur. Er gilt als Trinker, als Schläger, als großspuriger Angeber. Ein Hofbeamter, der darum bat, dass ich seinen Namen nicht nenne, sagte mir im Vertrauen, er könne sich nur ein einziges Szenario zur Rettung der Monarchie vorstellen: «König Gyanendra dankt ab, Kronprinz Paras wird in der Thronfolge übersprungen, und dessen fünf Jahre alter Sohn wird zum König ausgerufen.»

Dafür war es natürlich längst zu spät. Wenige Tage nach diesem Gespräch, am 28. Mai 2008, beschloss die Verfassungsversammlung das Ende der alten nepalesischen Monarchie – nahezu einstimmig. Ein klägliches Ende für eine so alte Monarchie. Doch ihr Ansehen war durch das

Massaker vom Juni 2001 offenbar unrettbar beschädigt worden. In einem Land, in dem schon banalere Vorkommnisse als «Zeichen» gedeutet werden, musste ein Massaker einer solchen Dimension verheerend gewirkt haben. Mit seinem gescheiterten Staatsstreich hatte Gyanendra der Monarchie schließlich den Garaus gemacht. Ein alter, etwas schwermütiger Royalist, der zu den engen Vertrauten des ermordeten Königs Birendra gehörte, hatte mir gegenüber die ganze Krux der nepalesischen Monarchie, wenn nicht der Monarchie überhaupt, auf den Punkt gebracht: «Das Königtum ist die einzige annehmbare Form der Herrschaft, weil es die einzige Herrschaft ist, die auf Liebe gründet. Aber wenn diese Liebe nicht mehr da ist, ist die Monarchie tot.»

Zu einem Blutbad kam es – Gott sei Dank – nicht. Nachdem die Ausrufung der Republik verkündet war und der Präsident der Verfassungsversammlung den König offiziell aufgefordert hatte, den Narayanhiti-Palast binnen vierzehn Tagen zu räumen, rief der Haushofmeister im Auftrag Gyanendras das Personal im Palast zusammen, etwa vierzig Personen, und verkündete ihnen, alle von ihnen würden weiter vom König beschäftigt werden, dass aber die Hälfte von ihnen auf unbestimmte Zeit bezahlten Urlaub nehmen müsse.

Wenige Tage vor Ablauf des Ultimatums siedelte der König mitsamt dem übrig gebliebenen Hofstaat und seiner Familie in den Nagarjun-Palast vor den Toren Kathmandus um, der sich in seinem persönlichen Besitz und nicht im Krongut befindet.

Ich verließ Nepal mit dem mulmigen Gefühl, einer kulturellen Demontage beigewohnt zu haben. Vielleicht war die Menschheit durch den Wandel, der sich hier vollzogen hatte, tatsächlich ein wenig «gerechter» geworden. Vielleicht muss es ja wirklich als Errungenschaft gelten, dass sich wieder ein Zipfelchen Erde vom Feudalismus befreien konnte. Aber irgendwie war die Welt nun auch wieder ein Stückchen eintöniger geworden.

Zurück in Europa, las ich in einer amerikanischen Zeitung den Artikel einer Tierschützerin, die sich darüber echauffierte, dass der König von Nepal kurz vor seiner Absetzung in einem «bizarren Ritual» ein Tieropfer (ein Huhn, drei Ziegen und ein Büffel) dargebracht habe. Es sei skandalös, dass «wehrlose Tiere sterben müssen, nur weil irgendein König glaubt, damit seine Haut retten zu können».

Der neue Kulturminister von Nepal hat inzwischen angekündigt, er sehe seine vordringliche Aufgabe darin, «alte Zöpfe abzuschneiden». Als Erstes werde die neue Regierung Hand an den Kumari-Kult legen. Sie werde den Taleju-Tempel am Durbarplatz von Kathmandu baldmöglichst räumen. «Das nepalesische Volk hat uns beauftragt, Nepal in eine moderne demokratische Republik zu verwandeln. Alle Institutionen, die mit der alten Monarchie assoziiert sind, müssen weichen.» Das wird auch die UN-Menschenrechtskommission freuen, die schon seit langem argumentiert, es verstoße gegen die Menschenrechte, ein junges Mädchen in einen Tempel einzusperren und sie als Götzen zu missbrauchen. Der Maoistenführer Prachanda hat mir versichert, die Tradition des Indra-Jutra-Festes bleibe «schon aus Gründen des Fremdenverkehrs» aufrechterhalten. Aber eben ohne Kumari. «Wir müssen unsere Traditionen ein wenig der neuen Zeit anpassen.»

Bis in die fünfziger Jahre durften dem Gesetz nach keine Ausländer ins Land – und hätten das auch nicht gekonnt, weil die natürlichen Grenzen (im Norden das höchste Gebirge der Welt, im Süden die undurchdringliche, malariaverseuchte Tarai-Wüste) ziemlich stabil waren und die ersten Straßen, die Nepal mit Indien verbanden, erst in den sechziger Jahren gebaut wurden. Bis in die siebziger gab's dort kein Telefon, Fernseher erst seit den achtziger Jahren. Das erste Auto war, Einzelteil für Einzelteil, von Indien aus nach Nepal getragen worden. Ein gar nicht so alter Herr, mit dem ich sprach, erzählte mir, dass er noch vor zehn, fünfzehn Jahren die wenigen Autos, die es in Kathmandu gab, am Motorengeräusch erkannte ...

Glorreiche Zeit der Globalisierung. Ruhmreiche Zeit der universellen Gerechtigkeit. Wir schaffen uns eine gleichgeschaltete Welt – und dann pilgern wir nach Neuschwanstein und zum Serail, um der Kulturen zu gedenken, die wir ausradiert haben.

Schöne neue – langweilige – Welt.

Kurze Kunde europäischer Herrscherhäuser

ANHALT (Askanien) Der bedeutendste Askanier war Albrecht der Bär, der im 12. Jahrhundert mit importierten Rheinländern und Holländern die zivilisatorisch zurückgebliebene Region des heutigen Brandenburgs christianisierte. Das berühmteste Familienmitglied war Zarin Katharina die Große, die als sexsüchtiges Überweib in die Geschichte einging (obwohl die Behauptung, sie habe es mit Hengsten getrieben, erfunden ist).

BADEN (Zähringen) Der Aufstieg der Zähringer fiel mit dem Aussterben der Staufer zusammen, das der Familie im 13. Jahrhundert erlaubte, sich im heutigen Südwestdeutschland auszubreiten. Der Großvater des derzeitigen Familienchefs war der letzte Reichskanzler unter Wilhelm II., der 1918 (eigenmächtig) die Abdankung des Kaisers verkündete.

BAYERN (Wittelsbach) Kein anderes deutsches Herrschergeschlecht hat ein grandioseres Kulturerbe hinterlassen und wurde von seinem Volk derart verehrt – und zwar unabhängig vom Geisteszustand der jeweiligen Throninhaber. Ludwig III. weigerte sich 1918, die Republik anzuerkennen, und hat formell nie abgedankt. Der heutige Chef des Hauses, Herzog Franz von Bayern (geb. 1933), hat nie geheiratet und lebt in einem Seitenflügel des Schlosses Nymphenburg in München.

BELGIEN (Sachsen-Coburg) Als sich Belgien 1830 von den Niederlanden abspaltete, suchte man einen König und fand Leopold von Sachsen-Coburg. Ihm folgte Leopold II., der Belgisch-Kongo gründete (als sein Privateigentum!) und das Land grausam ausplünderte. Der heutige König, Albert II., hat sich zwar eine Reihe außerehelicher Seitensprünge geleistet, wird von den Belgiern aber dennoch verehrt.

BULGARIEN (Sachsen-Coburg) Das Haus Sachsen-Coburg galt lange als «Zuchtgestüt Europas», zeitweise waren vier Throne von Abkömmlingen dieser Familie besetzt (Belgien, Portugal, Bulgarien und Großbritannien). 1887 fiel der bulgarische Thron an einen etwas effeminierten Vertreter der Familie: Ferdinand I. Sein Enkel, Simeon, kehrte nach dem Zusammenbruch des kommunistischen Regimes 1996 nach Bulgarien zurück und war von 2001 bis 2005 Ministerpräsident des Landes. Er lebt heute als Pensionär in Sofia.

DÄNEMARK (Oldenburg/Schleswig-Holstein) Seit dem 18. Jahrhundert heißt das dänische Königshaus Schleswig-Holstein-Sonderburg-Glücksburg. Dessen Ahnen lassen sich bis ins frühe Mittelalter zurückverfolgen. Der Versuch Preußens, Schleswig und Holstein wieder unter deutsche Herrschaft zu bringen, war eine der verworrensten Affären des 19. Jahrhunderts. Niemand wusste, wem die Region historisch zusteht. «Es gibt nur drei Personen», merkte der britische Premier Lord Palmerston an, «die davon etwas verstanden haben: der Prinzgemahl, der kürzlich verstorben ist, ein deutscher Professor, der verrückt wurde, und ich, aber ich hab alles vergessen.»

FRANKREICH (Bourbon) Der erste Frankenfürst, der nachhaltig auf sich aufmerksam machte, war Chlodwig, dessen Männer 496 bei Zülpich in der Eifel die Alemannen vernichtend schlugen. Chlodwig hatte seiner Frau versprochen, sich im Falle eines Sieges zum Christentum zu bekehren. Wahrscheinlich hat ihm dieses Versprechen schlaflose Nächte bereitet, denn es bedeutete kaum Zumutbares: Verzicht auf Blutrache, seine Feinde lieben, keine Bäume anbeten ... Jedenfalls ließ er sich 499 taufen. Bis ins 18. Jahrhundert wurden sämtliche französischen Könige vor ihrer Krönung mit ebenjenem – angeblich auf wundersame Weise nie versiegenden – Öl gesalbt, mit dem einst Chlodwig bei seiner Taufe gesalbt worden war. Als Ludwig XVI. 1793 geköpft wurde, verlor Europa seine älteste Monarchie.

GRIECHENLAND (Schleswig-Holstein) Gehört in die Kategorie der Neomonarchien. Griechenland war das erste Stück, das aus dem Osmanischen Reich herausbrach. 1832 wurde dort zunächst Otto aus dem Hause Wittelsbach König. Nachdem der vertrieben worden war, einigten sich die Großmächte auf einen Dänen-Prinzen. Der heutige Chef des Hauses, Konstantin (genannt «King Kong»), flüchtete 1967 aus Griechenland und lebt in London.

GROSSBRITANNIEN (Windsor) Das Haus Windsor heißt erst seit 1917 so. Zuvor hieß es Sachsen-Coburg, davor Hannover. Das Haus Hannover wiederum ist, über Umwege, an die Macht gekommen, als sich die Briten ihres katholisches Herrscherhauses entledigten, der Stuarts. Diese hatten die Tudors abgelöst, deren normannischer Ahne Wilhelm 1066 England erobert und vereint hatte. Treue Hofgenealogen wollen aber nachgewiesen haben, dass über Dynastiewechsel hinweg alle englischen Monarchen von einer in grauer Vorzeit nach Irland gelangten jüdischen Prinzessin – und somit von König David höchstpersönlich – abstammen.

HANNOVER (Welfen) Gehört zu den ältesten Herrscherhäusern Europas. Der berühmteste Welfe war Heinrich der Löwe, der sich Ende des 12. Jahrhunderts weigerte, dem Staufer-Kaiser Barbarossa Heerfolge zu leisten, worauf jener Heinrichs Herzogtümer Bayern und Sachsen einzog. Heinrich blieben nur noch seine Stammlande um Braunschweig. Der zweitberühmteste Welfe ist der heutige Chef des Hauses, Ernst August, der manchmal Fotografen haut.

HESSEN (Brabant) Ein für royale Verhältnisse verblüffend kulturaffines Herrscherhaus, dessen thüringische Vorfahren bereits im Mittelalter auf ihrer Wartburg zu einschlägig bekannten Sängerwettbewerben einluden. Das Land Hessen verdankt seine Existenz der mit Heinrich von Brabant verheirateten Sophie von Thüringen (der Tochter der heiligen Elisabeth), die das Herrschaftsgebiet für ihren Sohn 1265 erstritt. Ihre Nachkommen gründeten Universitäten, machten Städte wie Kassel und Darmstadt zu Kulturhochburgen und verkauften ihre Untertanen als Soldaten.

ITALIEN   Bis 1871 gab es Italien nicht, dafür – ähnlich wie in Deutschland – einen Flickenteppich souveräner Fürstentümer und Stadtstaaten. Mit der Vereinigung Italiens verschwanden sie alle, darunter auch das von Neapel aus (von einer Seitenlinie der Bourbonen) regierte Königreich beider Sizilien. Die Könige des vereinten Italien stellte das Haus Savoyen. 1946 wurde die Monarchie abgeschafft, bis 2002 durfte kein Mitglied der Familie Savoyen ins Land einreisen. Der letzte König, Umberto II., verteilte im Exil – gegen Bares – Adelstitel.

JUGOSLAWIEN   Die türkischen Sultane rotteten im 15. Jahrhundert die ursprüngliche serbische Herrscherdynastie aus (und mit ihr gleich die ganze serbische Oberschicht). Als das Osmanische Reich im 19. Jahrhundert allmählich auseinanderbricht, rivalisieren zwei Clans um die Macht: die Karageorgewitsch und die Obrenowitsch, beide stammen von Kriegshelden ab, die sich im Kampf gegen die Türken hervorgetan haben. Und beide Sippen bringen Herrscher hervor, die sogar nach balkanischen Maßstäben als blutrünstig bezeichnet werden müssen. Marschall Tito bereitet dem Treiben der – man würde heute sagen – «Warlords» 1946 ein Ende.

LIECHTENSTEIN   Ursprünglich aus Niederösterreich. Wurden bei der postnapoleonischen Flurbereinigung Europas übersehen und fallen auch in dieser Liste zwischen die Ritzen.

LUXEMBURG (Nassau)   Das ursprüngliche Herrscherhaus starb im 15. Jahrhundert aus, danach fiel das Land an Burgund, dann an das Haus Habsburg, dann an Frankreich, dann an die Niederlande und schließlich an einen Seitenzweig von deren Königsfamilie, das Haus Nassau. Der amtierende Großherzog Henri heiratete 1981 (zum Erstaunen seiner Eltern) die kubanische Flüchtlingstochter Maria Teresa Mestre.

MONACO (Grimaldi)   Seeräuberfamilie aus Genua.

NIEDERLANDE (Oranien)   Seit den Kriegen gegen Frankreich im 17. Jahrhundert und der kurzzeitigen Übernahme des englischen Throns nach der «Glorious Revolution» ist das Haus Oranien deutlich ruhiger geworden. Seine Stellung sicherte es in den letzten Jahrhunderten vor allem durch betonte Bürgerlichkeit. Königin Beatrix ist ein Beispiel dafür, dass nicht nur grüne Intellektuelle gern Fahrrad fahren.

NORWEGEN (Schleswig-Holstein) Paradoxerweise gleichzeitig eine der ältesten und eine der jüngsten Monarchien. Zur Zeit der «Nordmänner» (Normannen) wurde die Normandie und von dort aus 1066 auch England erobert. Im 15. Jahrhundert geriet Norwegen in die Abhängigkeit Dänemarks und im 19. Jahrhundert in die Schwedens. Als die Unzufriedenheit darüber wuchs, wurde die Union mit Schweden friedlich gelöst und 1905 ein eigener König gewählt (!): Prinz Carl von Dänemark, der sich in Anlehnung an die frühgeschichtlichen Könige fortan «Haakon VII.» nannte. Sein Enkel, Harald V., regiert seit 1991.

ÖSTERREICH (Habsburg) Die erste Herrscherdynastie der Region waren die Babenberger. Als die im 13. Jahrhundert aussterben, übernehmen Aufsteiger aus der Schweiz das Ruder, die Habsburger, die dank geschickter Heiratspolitik Weltkarriere machen und jahrhundertelang die Kaiser des Heiligen Römischen Reiches stellen. Der vorletzte Kaiser, Franz Joseph I. (der mit dem Hausmeisterbart), regierte über ein halbes Jahrhundert (1848–1916), den Untergang des Abendlandes musste er nicht mit ansehen, er starb vorher.

PORTUGAL (Braganza) Ein nicht ehelicher Abkömmling (vulgo Bastard) der Burgunder-Herzöge gründet im 14. Jahrhundert das Haus Avis, unter dem Portugal zur führenden Seemacht Europas aufsteigt. Als das Haus Avis ausstirbt, fällt Portugal an Spanien – bis zum Putsch des Herzogs von Braganza (1640), dessen Clan bis 1910 regierte. Der heutige Thronprätendent, Duarte von Braganza, ist verheiratet, sehr sympathisch, völlig unprätentiös und nicht sehr charismatisch.

PREUSSEN (Hohenzollern) What goes up, must come down. Der Familienzweig, der die schwäbische Heimat verließ, um Karriere zu machen (erst Burggrafen von Nürnberg, dann Kurfürsten von Brandenburg, dann Könige von Preußen und schließlich Kaiser des 1871 geschaffenen Deutschen Reichs), steht seit 1918 mit leeren Händen da. Der in Schwaben gebliebene Familienzweig ist heute deutlich wohlhabender.

RUMÄNIEN (Hohenzollern) Entstammt (ähnlich wie Bulgarien) der Konkursmasse des Osmanischen Reiches. Diesmal ging der Thron nicht an einen Coburg, sondern an einen Hohenzollern. Der letzte König, Michael I., stürzte 1944 den Diktator Antonescu, nahm Kommunisten in die Regierung auf, die 1947 wiederum ihn stürzten. Ist mit einer Bourbonin verheiratet und lebt am Genfer See.

RUSSLAND (Romanow) Ist immer noch Monarchie, nur dass jetzt nicht mehr die Romanows (wie 1613 bis 1917), sondern Putin und sein Hofstaat regieren. Da die sich nach Grandeur sehnen, pilgern heute Ex-Generäle und Ex-ZK-Mitglieder nach Madrid zu Großfürstin Maria Wladimirowna, dem jetzigen Oberhaupt der Familie, und lassen sich «adeln». Was wäre wohl, wenn Russland ganz formell zur Monarchie zurückkehren würde, um der Putinokratie den gewünschten Glanz zu verleihen? Das alte Staatswappen haben sie ja schon und einen Thronprätendenten auch, Großfürst Georg (geb. 1981).

SACHSEN (Wettin) An seinem Sterbebett sagte August der Starke: «Mein ganzes Leben war eine einzige, große Sünde.» Er hatte unzählige Mätressen (seine beiden liebsten: Aurora, eine schwedische Gräfin, und Fatima, eine türkische Sklavin), hinterließ knapp vierhundert uneheliche Kinder und machte Dresden zu einer der prachtvollsten Metropolen der Welt. Als sein Nachkomme, Friedrich August III., 1918 gestürzt wurde, sagte er den denkwürdigen Satz: «Macht doch euren Dreck alleene!»

SCHWEDEN (Bernadotte) Nach langer dänischer Herrschaft gelangt im 16. Jahrhundert eine schwedische Familie auf den Thron, die Wasa-Dynastie, die kein schönes Ende finden sollte: Gustav III. wurde 1792 auf einem Maskenball erdolcht (was Verdi zu einer Oper inspirierte), sein Sohn, Gustav IV., wurde verjagt und endete geistig verwirrt als Herr Gustafson, als einfacher Basler Bürger. Die schwedische Ständeversammlung bestimmte Napoleons Freund Marschall Bernadotte zum König. Dessen Nachkommen regieren heute.

SPANIEN (Bourbon) Im Mittelalter bestand Spanien aus arabischen Emiraten und wurde erst peu à peu von Kastilien aus erobert. Durch die Heirat Johanna von Kastiliens mit Philipp dem Schönen gelang die Allianz mit dem Habsburg-Imperium. Johanna vermisste ihren Mann nach dessen Tod so sehr, dass sie ihn einbalsamieren ließ und allabendlich mit ihm dinierte. Sie ging als «die Wahnsinnige» in die Geschichte ein. Nach dem Erbfolgekrieg (1701–1714) regierten nicht mehr die Habsburgs, sondern die Bourbonen. Und das, mit kurzer Unterbrechung, bis heute.

WÜRTTEMBERG Der Stammsitz des Geschlechts ist die Burg Wirtemberg bei Stuttgart. Im 15. Jahrhundert wird das von den «Wirtembergern» regierte Gebiet zu einem der fortschrittlichsten Länder überhaupt, sie führen als Erste die Schulpflicht ein, gründen die Universität Tübingen, entfalten im Zeitalter des Absolutismus eine Pracht, die sie viel Geld kostet und den Finanzberater Joseph Süß («Jud Süß») das Leben. Der heutige Chef des Hauses, Herzog Carl, ist mit der Orléans-Prinzessin Diane verheiratet.

Statt einer Bibliographie

*D*as Thema beschäftigt mich schon zu lange, als dass ich in der Lage wäre, eine vollständige Liste meiner Quellen zu erstellen. Statt einer alphabetisch geordneten Bibliographie möchte ich den Lesern daher lieber jene Bücher nennen, die mich über die Jahre am meisten gelehrt haben.

An allererster Stelle muss ich einen Roman nennen. Nicht Thomas Manns «Königliche Hoheit»! Dieses Buch habe ich etliche Male versucht zu lesen und musste es immer wieder desinteressiert weglegen. Mögen andere urteilen, ob das an mir oder dem Buch liegt. Das Buch, das ich meine, ist Jean Raspails «Sire». Raspail, der übrigens noch lebt, ist selbst in Frankreich nur in «eingeweihten Kreisen» bekannt. Sein Roman ist kein Werk der «hohen Literatur», man könnte ihn sogar als ein wenig kitschig bezeichnen. Es geht darin um einen jungen Nachkommen des französischen Königshauses, der sich im heutigen Frankreich insgeheim zum König salben lässt. Bei aller überschäumenden Phantasie erzählt Raspail, wenn von der heiligen Ampulle, dem Akt der Königssalbung oder auch den Grabschändungen im Herbst 1792 die Rede ist, mit wissenschaftlicher Akkuratesse. Ich bin Jean Raspail vor allem deshalb dankbar, weil mir sein Buch die Augen für die spirituelle Dimension des Themas geöffnet hat. Und nach der Lektüre habe ich endlich verstanden, was Friedrich II. meinte, als er sagte: «Gegen den König von Frankreich sind wir anderen Könige nur kleine Edelleute.» Jean Raspails Buch «Sire», das 1991 in Frankreich herauskam, ist seit 2005 auch auf Deutsch erhältlich, dank des kleinen, aber feinen Bonner Verlags nova & vetera.

Für einen tiefen Einstieg in die sakrale Natur des französischen Königsamtes war vor allem der deutsche Gelehrte Josef Johannes Schmid ungemein hilfreich. Sein Werk «Sacrum Monarchiae Speculum. Der Sacre Ludwigs XV. 1722: Monarchistische Tradition, Zeremoniell, Liturgie» (Aschendorff Verlag, Münster 2007) ist eine einzigartige Studie der französischen Salbungsliturgie und eine grandiose Auseinandersetzung mit der Frage, was den Wesenskern des französischen Königtums ausmacht.

An dritter Stelle muss ich nun – endlich! – den legendären Cambridger Professor Sir James George Frazer (1854–1941) nennen. Sein hier immer wieder erwähnter «Goldener Zweig» ist eines jener Bücher, das einen, wenn man es gelesen hat, mit anderen Augen auf die Welt schauen lässt. «Der Goldene Zweig» war sein Lebenswerk, ja sein Lebensinhalt. Die ersten zwei Bände erschienen 1890 unter dem Titel «Adonis, Attis, Osiris. Studies in the History of Oriental Religion». Frazer fügte wie besessen einen Band dem nächsten hinzu, bis 1915 unter dem Titel «The Golden Bough. A Study in Magic and Religion» endlich stolze zwölf (!), jede Aufmerksamkeitsspanne überfordernde Bände vorlagen, die schließlich 1922 in einer «Kurzfassung» für das breitere Publikum zusammengefasst wurden. Diese «Kurzfassung» (weit über tausend engbeschriebene Seiten) erschien dann 1928 auch in Deutschland. Der Rowohlt Verlag hat dieses epochemachende Werk, ohne das ein Verständnis der Entstehung des Königtums unmöglich ist, 1989 als Taschenbuch herausgebracht und seither mehrmals wiederaufgelegt.

Zum Verständnis des europäischen Königtums des Mittelalters sind die folgenden Bücher sehr hilfreich: Patrick J. Geary: «Before France and Germany. The Creation and Transformation of the Merovingian World», Oxford University Press 1988 (auf Deutsch 1996 bei C. H. Beck erschienen als «Die Merowinger. Europa vor Karl dem Großen»), Dietrich Claude: «Adel, Kirche und Königtum im Westgotenreich» (Jan Thorbecke Verlag, Sigmaringen 1971) sowie Egon Boshof: «Königtum und Königsherrschaft im 10. und 11. Jahrhundert» (Band 27 der Enzyklopädie deutscher Geschichte, R. Oldenbourg Verlag, München 1997). Und natürlich: Ernst H. Kantorowicz: «The King's Two Bodies. A Study in Mediaeval Political

Theory»; das Buch des berühmten Princeton-Professors erschien erstmals 1957 und ist seither (in der Princeton University Press) etliche Male neu herausgegeben worden. Es ist das Standardwerk überhaupt über das mittelalterliche Königtum.

Um die Grundregeln der neuzeitlichen Monarchien zu verstehen, haben mir (und vielen vor mir) vor allem diese Bücher geholfen: Walter Bagehot: «The English Constitution», erstmals 1867 erschienen, inzwischen zigfach als Taschenbuch erhältlich (etwa bei Fontana Library, London 1963), und Marc Bloch: «Die wundertätigen Könige». Blochs (durchaus monarchiekritisches) Meisterwerk ist auf Deutsch 1998 im C. H. Beck Verlag erschienen.

Neben all diesen teils schwerverdaulichen Büchern habe ich über die Jahre natürlich auch etliche gelesen, die sich dem Königsthema auf erquickende Weise anekdotisch nähern. In keinem besseren Adelshaushalt fehlt zum Beispiel (nicht selten auf dem Nachttisch liegend) Ghislain de Diesbachs «Les Secrets du Gotha» (im Original bei René Julliard, Paris, und auf Deutsch als «Die Geheimnisse des Gotha» 1966 beim Paul Neff Verlag in Wien erschienen) oder auch Gordon Brook-Shepherds großartiges «Royal Sunset, the Dynasties of Europe and the Great War» (Weidenfeld & Nicolson, London 1987), das mit dem hübschen Titel «Monarchien im Abendrot» auch auf Deutsch erschienen ist (Paul Zsolnay Verlag, Wien 1988). Nicht ganz so berühmt, aber für Neulinge in dem Thema sehr empfehlenswert: Geoffrey Hindley: «The Royal Families of Europe» (Carroll & Graf Publishers, New York 2000), eine gute, kluge und allgemeinverständliche Übersicht über die europäischen Königshäuser, sowie das Buch des BBC-Journalisten Jeremy Paxman «On Royalty» (Viking / Penguin Books, London 2006), der besonders unterhaltsam, anregend und anekdotenreich über die heutige englische Monarchie schreibt.

Um sich ein Bild vom Leben am Hof zu machen, könnte man sein Leben lesend verbringen und doch ahnungslos bleiben. Zwei Bücher ersparen die Lektüre von etlichen anderen: allen voran natürlich die «Erinnerungen» des Herzogs von Saint-Simon vom wichtigsten aller europäischen Königshöfe, dem Ludwigs XIV. (Auszüge des mehrbändigen Originalwerks sind als Reclam-Heftchen erhältlich), und Norbert Elias' «Die höfische Gesellschaft»,

1969 bei Luchterhand erschienen (als Taschenbuch bei Suhrkamp erhältlich). Ein großartiges Buch eines Prager Kunstgeschichte-Professors mit schönsten Holzschnitten, das einem das höfische Leben im Hochmittelalter näherbringt, möchte ich auch noch erwähnen: Alwin Schultz: «Das höfische Leben zur Zeit der Minnesänger», davon insbesondere Band I (S. Hirzel Verlag, Leipzig 1889) und darin insbesondere das Kapitel «Dienerschaft, Zwerge, Narren». Mit etwas Glück findet man das Buch im antiquarischen Handel. Einen aufschlussreichen Blick hinter die Mauern des Zarenhofes kurz vor seinem Ende gibt Anna Wyrubowas «Glanz und Untergang der Romanows» (1927 beim Amalthea Verlag in Zürich erschienen).

Für mein Kapitel über die Erziehung bei Hofe war vor allem Charlotte Zeepvats unglaubliche Fleißarbeit «From Cradle to Crown. British Nannies and Governesses at the World's Royal Courts» (Sutton Publishing, Stroud 2006) hilfreich. Zeepvat hat sich jahrelang durch Briefe und Aufzeichnungen von Hunderten bei Hofe beschäftigten Kindermädchen durchgekämpft, dadurch ist ihr ein völlig konkurrenzloser Beitrag zum Verständnis des Hoflebens gelungen. Wer dann noch einmal Näheres wissen will, sollte sich die Erinnerungen des Kindermädchens Ethel Howard, «Japanese Memories» (Hutchinson & Co., London 1918), antiquarisch besorgen.

Ein Buch, das – solange es auf meinem Nachttisch lag – bei meiner Frau Unmut auslöste, ist: John C. G. Röhl, Martin Warren, David Hunt: «Purple Secret, Genes, Madness and the Royal Houses of Europe» (Bantam Press, London 1998). Der Inhalt ist leider nicht halb so aufschlussreich oder unterhaltsam, wie der Titel vermuten lässt.

Über Kronen, Throne und andere Herrschaftszeichen hätte ich natürlich nie schreiben dürfen, ohne Percy Ernst Schramms Monumental- und Standardwerk «Herrschaftszeichen und Staatssymbolik» durchzuackern. Es ist in drei Bänden erschienen; Schramm fungiert als Herausgeber, weil neben ihm auch andere Verfasser zu Wort kommen. «Herrschaftszeichen und Staatssymbolik» ist 1954 im Hiersemann Verlag, Stuttgart, erschienen, antiquarisch kaum noch erhältlich, aber in den meisten Universitäts- oder Staatsbibliotheken einseh- oder ausleihbar. Erquickender ist Joachim Otts «Krone und Krönung. Die Verheißung und Verleihung von Kronen in der Kunst von der Spätantike bis um 1200 und die geistige Auslegung der Krone» (Verlag Philipp von Zabern, Mainz 1998), ein sehr schöner Bildband mit tiefgründigen und kenntnisreichen Texten.

Eine Liste der Biographien über Könige, Königinnen, Prinzen und Prinzessinnen, die ich über die Jahre gelesen habe und die so Eingang in dieses Buch gefunden haben, würde diese Aufzählung sprengen. Folgende möchte ich dennoch herausheben: Jonathan Kirsch: «King David. The Real Life of the Man who ruled Israel» (Ballantine Books, New York 2000); Joachim Ehlers, Heribert Müller, Bernd Schneidmüller: «Die französischen Könige des Mittelalters. Von Odo bis Karl VIII. 888–1498» (C. H. Beck, München 1996); Hanna Vollrath, Natalie Fryde (Hrsg.): «Die englischen Könige im Mittelalter» (C. H. Beck, München 2004); Philippe Erlanger: «Louis XIV» (Éditions Arthème Fayard, Paris, auf Deutsch 1976 im Frankfurter Societäts-Verlag erschienen); Bernard Faÿ: «Louis XVI où la fin d'un monde» (Éditions Amiot-Dumont, Paris 1955); Nicolaus Sombart: «Wilhelm II.» (Verlag Volk und Welt, Berlin 1996; übrigens keiner dieser Schinken über Wilhelm II., wie sie Professor Röhl in seiner seltsam fixierten Abneigung gegen den letzten Hohenzollern-Kaiser geschrieben hat, sondern ein kleines, fast zartes Buch, das wie kein zweites das Phänomen dieses Mannes auf den Punkt bringt); Sarah Bradford: «Elisabeth. A Biography of Her Majesty the Queen» (William Heinemann, London 1996); Dorothy Marshall: «The Life and Times of Victoria» (Weidenfeld & Nicholson, London 1972). Besser noch als jede Biographie über Queen Victoria ist die Queen höchstselbst, in ihren Briefen nämlich. Nachzulesen in Agatha Ramm (Hrsg.): «Beloved & Darling Child. Last Letters Between Queen Victoria & Her Eldest Daughter 1886–1901» (Sutton Publishing, Stroud 1990).

Und zuletzt möchte ich noch eine Handvoll Texte nennen, die neben Bagehots «Constitution» und Raspails «Sire» entscheidend für das Verständnis der geistigen Grundlagen des Königtums sind: Philipp Wolff-Windegg: «Die Gekrönten. Sinn und Sinnbilder des Königtums» (Ernst Klett Verlag, Stuttgart 1958); «Essais und Einfälle», eine kleine, im Karolinger Verlag (Wien 2006) erschienene Sammlung von Texten Louis Vicomte de Bonalds, der zeit seines Lebens das intellektuelle Haupt der Gegenaufklärung und Restauration in Frankreich war; Günter Maschkes erhellendes Vorwort zu der im Karolinger Verlag (Wien 2007) erschienenen Textsammlung Juan Donoso Cortés' («Essay über den Katholizismus, den Liberalismus und den Sozialismus») und Donoso Cortés' Brief an die Königin-Mutter Dona Maria Cristina von Bourbon aus dem Jahr 1851 (in ebendiesem Buch); das 1796 unter dem Eindruck der Französischen Revolution geschriebene, apokalyptische Buch Joseph de Maistres «Considérations sur la France» (auf Deutsch erhältlich beim Karolinger Verlag, Wien 1991) und auch de Maistres «De la Souveraineté», das 2000 im Berliner Kulturverlag Kadmos erstmals auf Deutsch erschienen ist.

Viele andere wären noch zu nennen, von Märchenbüchern bis hin zum «Buch der Könige» im Alten Testament. Aber bei dieser Liste will ich es nun belassen und nun lieber jenen Lehrmeistern und Freunden danken, die man nicht ins Regal stellen kann. Allen voran Martin Mosebach und Guy Stair Sainty, die es mit engelsgleicher Geduld ertragen haben, dass ich sie immer wieder mit Bitte um Rat mit meinem Manuskript heimgesucht habe. Und Christopher Wentworth-Stanley, auch für seine wertvollen Literaturhinweise und seine geschätzte Gesellschaft bei unserem gemeinsamen Besuch bei Simeon von Bulgarien, sowie Stephan Storczer, der sich mir in Wien als kundiger Fremdenführer zur Verfügung stellte, und Laszlo Tabori, der diese Aufgabe in Budapest auf sich genommen hat. Zu ganz besonderem Dank bin ich der Familie Henckel-Donnersmarck und dem Kloster Heiligenkreuz verpflichtet, die mit ihrer Gastfreundschaft und Großzügigkeit meine Arbeit sehr unterstützt haben.

BILDNACHWEIS

akg images: S. 42, 48, 88, 100, 150, 220, 232, 236
getty images: S. 21, 166, 181, 246
privat: S. 14/15, 57, 101, 115, 249
© Sabine Brauer: S. 68

Leider konnten nicht alle Inhaber von Bildrechten ermittelt werden. Jegliche Rechtsansprüche bleiben gewahrt.